揭 开 历 史 的 神 秘 面 纱 ， 方 位 探 索 隐 藏 的 真 相 。

寻找时光中千丝万缕的遗迹，索悠久的渊源，直击苍茫的历史。

中国历史悬案

翟文明 编著

光明日报出版社

图书在版编目（CIP）数据

中国历史悬案 / 翟文明编著 . -- 北京：光明日报出版社，2012.6（2025.1 重印）
ISBN 978-7-5112-2394-4

Ⅰ . ①中… Ⅱ . ①翟… Ⅲ . ①中国成史 – 通俗读物 Ⅳ . ① K209

中国国家版本馆 CIP 数据核字 (2012) 第 077141 号

中国历史悬案

ZHONGGUO LISHI XUANAN

编　　著：翟文明

责任编辑：李　娟　　　　　　　　　　　责任校对：荣　华
封面设计：玥婷设计　　　　　　　　　　封面印制：曹　净

出版发行：光明日报出版社
地　　址：北京市西城区永安路 106 号，100050
电　　话：010-63169890（咨询），010-63131930（邮购）
传　　真：010-63131930
网　　址：http://book.gmw.cn
E – mail：gmrbcbs@gmw.cn
法律顾问：北京市兰台律师事务所龚柳方律师

印　　刷：三河市嵩川印刷有限公司
装　　订：三河市嵩川印刷有限公司
本书如有破损、缺页、装订错误，请与本社联系调换，电话：010-63131930

开　　本：170mm × 240mm
字　　数：203 千字　　　　　　　　　　印　　张：15
版　　次：2012 年 6 月第 1 版　　　　　印　　次：2025 年 1 月第 4 次印刷
书　　号：ISBN 978-7-5112-2394-4

定　　价：49.80 元

前 言 PREFACE

　　作为一个独立的学科，历史无疑是完整的。然而作为一个纯粹的认知对象，历史又是不完整的。许多关键的细节都因为年代久远或史料缺乏等原因而湮没于往昔的沧桑岁月，而历史的玄机往往正隐藏在这消失的细节中。扑朔迷离的历史悬案为历史真相披上了一层神秘的外衣，像磁石一样吸引着人们好奇的目光，并刺激着人们探究其庐山真面目、正本清源的兴趣。而在对种种历史悬案进行解析和破译的过程中，人们不仅能获得知识上的收益，还可以得到精神上的愉快体验。

　　为了满足广大读者的求知欲和了解历史真相的渴望，我们推出了这本《中国历史悬案》，收录了中国历史上影响最大、最有研究价值和最被广泛关注的16大中国历史悬案。编者应用"细说"理念，结合编写体例、图片和艺术设计等多种要素，从文献资料、考古发现、民间传说、学术论证、最新观点等多种角度，全面详细地探讨悬案的来龙去脉，科学严谨地分析其成因，深入解读历史，力争给读者提供有关悬案最权威、最丰富、最全面的信息。

　　全书内容涉及国宝之谜、帝王身世、战争悬案、宫廷政变、神秘宝藏、历史奇案等，气度恢弘的秦始皇陵兵马俑、扑朔迷离的雍正皇帝死因之谜、乾隆皇帝的身世真相、小白菜案件背后的政治阴谋，一个个亦真亦幻、起伏跌宕的离奇故事，引人入胜。同时，编者还精心挑选了

500 多幅弥足珍贵的图片，包括实物图片、历史遗迹、经典建筑、摄影作品、人物画像、出土文物、实物图片等。或刻画环境，或展示特点，或解释内涵，或提供佐证，弥补了单纯文字说明过于抽象的缺憾，使知识的传输更加直接、快捷，给读者以最直观、最具震撼力的视觉冲击。

生动的文字、简明的体例、新颖的版式和精美的图片有机结合，带您进入一个精彩、神秘的未知世界，去探究历史的真相。通过阅读本书，您不仅可以增长知识、开拓视野，而且还可以汲取前人的经验和教训，进而坚定向未知世界挑战的信心。

目 录 CONTENTS

目 录 CONTENTS

目　录 CONTENTS

秦始皇兵马俑

秦始皇身后
留下的悬案

　　秦王嬴政用了 10 年时间，横扫六合，一统天下，建立了中国历史上第一个多民族的中央集权的封建国家——秦朝。秦始皇是一个卓越的政治家，为了加强帝国的统一和稳固，在政治上、经济上、思想上实施了一系列措施，对历史的发展做出了巨大的贡献，堪称千古一帝，被西方人尊为"东方的拿破仑"。但是，他 12 年的统治也充分暴露了他狂妄自大、专制暴虐、穷奢极欲的本性。所以，有人对秦始皇下过这样的结论：秦始皇，因完成统一大业而名垂青史，因实施暴政遭千古骂名。

　　其实，千百年来，引人注目的不仅是秦始皇的功过，他的家事、他的死因，甚至他的陵墓也因众多未解谜团而备受关注。

谁是秦始皇的父亲

吕不韦像

秦始皇留给后人的一系列悬案中，第一个就是他的身世之谜。关于秦始皇身世的争论，可谓由来已久。有人认为他是大商人吕不韦的后代；有人认为他是正宗的秦国王室血脉，即子楚的儿子。

最先提出秦始皇是吕不韦的儿子的观点的人，应该是司马迁，因为在他之前的史书从未有过这方面的论述，直到《史记》问世后，人们才在《史记·吕不韦列传》中看到了这样一个信息：吕不韦把已有身孕的爱妾赵姬送给子楚为妻，时隔不久，赵姬生下一个男孩，取名为赵政。

司马迁的观点在汉代，乃至从汉到宋代这么长的一段时间里并未引起什么争议，甚至他的观点还被沿用到后来的权威史学论著之中，比如，东汉班固的《后汉书》，北宋司马光的《资治通鉴》。班固还直接称秦始皇为"吕政"。

无论是班固还是司马光，在中国史学界，乃至在中国历史上，都是让人尊敬、值得信赖的。人们相信他们之所以会采用司马迁的观点，应该都是经过考证的。所以班固和司马光对司马迁的认可，无疑更给"秦始皇乃吕不韦之后"的论断增加了可信度。

可是，随着社会的变迁和人们历史观、价值观的变化，后世之人开始对司马迁的观点产生了质疑。据记载，质疑的开端是从明人汤聘尹开始的。汤聘尹在自己的《史稗》中明确地提出了秦始皇是吕不韦之子这个传说不可靠，他认为"秦始皇为吕不韦之子"实乃"战国好事者为之"。

汤聘尹的论断一出，立即引发了"秦始皇乃吕不韦之后说"和"秦始皇乃子楚之后说"的持久论战。支持"秦始皇乃吕不韦之后说"的人首先以司马迁的历史地位和影响压人：司马迁治学严谨，不会贸然记述此事。言外之意就是司马迁的治学态度不该被否定吧。

支持"秦始皇乃子楚之后说"的人以牙还牙，同样以《史记》为论据来证明自己的观点。他们说，《史记》记载，（赵姬）至大期时，生子政。期，即一周年。就是说子楚娶了赵姬一年后，赵姬才生嬴政。十月怀胎，一朝分娩。从时间上看，嬴政是子楚所生还有什么可怀疑的吗？再说，如果赵姬真的在进宫之前已经怀孕，迁延日久，秦始皇就会不及期而生。身为一国之君的庄襄王子楚不会不明白这个简单道理的。如果他发现嬴政不是自己的骨血，又怎么能立他为继承人呢？

真是有理有据，言之凿凿。可是支持"秦始皇乃吕不韦之后说"的人并不认可，又提出了疑问：为什么汉代以后的诸多历史资料都认可该说法，承认"嬴政是吕不韦之子"呢？

支持"秦始皇乃子楚之后说"的人解释说，这很可能是后来的史学家为汉取代秦寻求历史依据。他们的逻辑是，秦内宫如此污秽，王位继承制这样混乱不堪，怎么能治理好一个国家，故秦二世亡是自然的。另外，秦末的人们愿意承认秦始皇不是秦王室的嫡传子孙，因为这样他们就会有很好的造反理由，为推翻秦朝在舆论上做准备。

《史记》书影

由汤聘尹引发的争论，激发了不少历史学家的兴趣，也赢得了一些历史大家对"秦始皇乃子楚之后说"的支持。与汤聘尹同朝的王世贞、清代的梁玉绳，都做了相关的考证，并分别在《读书后》和《史记志疑》中支持汤聘尹的观点。王世贞还提出了两种可能，一种是吕不韦故意编造，以求自己长保富贵；另一种是吕氏的门客泄愤，骂秦始皇是私生子，使天下人都知道秦比六国先亡。

认为嬴政是子楚骨血的学者也不甘示弱，又提出新的论据：秦昭王在位时，子楚还在赵国做人质，他会轻易地将王位传于一个在敌国当人质的王子吗？子楚的命运都握在赵国人手里，飘忽不定，他未来的儿子的命运更难料定。如此说来，当年吕不韦阴谋得逞的可能性极其渺茫。反对者则说，吕不韦本来就是一个大投机者。只要有一线希望，他是不会放过机会的。

20世纪70年代后期，秦始皇身世问题再一次成为史学家们争论的热点。这一轮争论是从历史学家钱穆先生的特别考证开始的。在《系年》中钱先生否定了始皇为吕不韦子之说，否定了吕不韦荐嫪毐替己之说，同时还指出了吕不韦与始皇之间可能

《吕氏春秋》书影

此书为吕不韦组织其门下食客集体创作而成，分12纪、8览、6论，共26卷，20余万字。

有政治上之冲突。紧接着，原中国科学院院长、著名历史学家郭沫若在《十批判书》中对吕不韦为秦王政生父之事也提出了怀疑。书中，郭沫若先生提出了三个疑问：为什么仅见《史记》中有记载，而《战国策》却半字未提呢？这个故事及类似春申君与女环的故事，情节就像小说一样，可信吗？在《吕不韦列传》中说"子楚夫人赵豪家女"，显然说赵姬不是吕不韦买来的歌姬，这不是自相矛盾吗？郭沫若还提出了一个特别的看法，即"嬴政是吕不韦之子"这种说法始于西汉初年，是吕后授意编造、散布的，目的无非是为她的夺权做铺垫。当时她就曾让诸吕散布谣言说天下本是吕家的，是被刘家夺去的。也就是说，吕家夺权是理所当然的。

针对郭沫若的三点质疑，获中国图书奖的《秦始皇大传》的编著者郭志坤先生作了针锋相对的批评。他以为《战国策》没有记载并不能说明《史记》的真实性就必然值得怀疑；尽管与春申君与女环的故事雷同，也不能就说《史记》的记载不真实。之所以相似，说不定这种斗争手段在当时是比较流行的也不可知；关于赵姬的来历，《史记》的说法并不是自相矛盾，《史记》记载的"邯郸诸姬绝好善舞者"献于子楚，把此"姬"说成"赵豪家女"也是完全可行的。

中国著名学者韩兆琦先生为了支持"秦始皇乃子楚之后说"，也就赵姬的出身提出了新的论点：既然赵姬出身豪门贵族，又怎么会给地位卑微的商人吕不韦做侍妾，进而被献给庄襄王呢？由此推断，赵姬先怀上吕不韦的孩子，再被献给庄襄王，封为王后，根本无从说起。韩兆琦还对司马迁记载这件事进行了解释："因为他贯有好奇之心，喜欢记载这种奇闻怪事。"

支持"嬴政是吕不韦之子说"的人们则针锋相对地说，即便赵姬出身豪门，也不是没有可能沦为歌姬。当时赵国的政局动荡不安，今天的贵族、官僚说不定明天就会失势，沦为乞丐和囚徒，妻女沦为供人玩弄的优伶、歌姬也不是什么新鲜事。加之当时的吕不韦财大势大，赵家若败落，赵姬投靠到他那里完全在情理之中。再者，凭着吕不韦高强的手段，暂时隐瞒赵姬已有身孕的事实亦非难事。况且，当时的子楚正在赵国当人质，孤苦伶仃。财大气粗的吕不韦送给他小妾，他高兴还来不及，难道非得刨根问底，查个水落石出不可？

当代秦汉史专家张传玺坚持认为嬴政应为子楚之子，他说："有关秦始皇身世的史料都出自司马迁之手，没有其他材料佐证。我个人不赞成这种说法。并且从嬴政的出生时间来看，嬴政是吕不韦所生这一点是值得怀疑的。"他说的"其他材料"主要指的是《战国策》，《战国策》确实没有"秦始皇是吕不韦的儿子"的相关记载。

而历史学家张大可教授则说："我个人赞成司马迁的说法，因为至少有两点是肯定的：一是嬴政之母的确为吕不韦所献，二是嬴政的确生于赵国。"

真是公说公有理，婆说婆有理。这场旷日持久的争论显得比以往更激烈了，一方观点一出，另一方必然应对自如：

支持"秦始皇乃吕不韦之后"的人说：《史记》虽然具有文学色彩，但它并不移花接木；支持"秦始皇乃子楚之后"的人说：司马迁因为受自身的遭遇影响，就给暴君涂上不良的墨迹也是可以理解的，所以，在《史记》中，"也不能排除，司马迁在记录秦始皇时，因反感而夸大其词"。

支持"秦始皇乃吕不韦之后"的人还提出了一个颇引人深思的问题：吕不韦由商人而为丞相、仲父，如果没有政治资本和有关隐私，能成就这样的"大业"吗？

…………

有关秦始皇身世的争论还在继续。但无论秦始皇是吕不韦的儿子，还是秦王室的血脉，都无法埋没他在中国历史上的重要地位及作用。也许正因为他的特殊地位，这场争论还会继续下去。

身形猥琐还是英武潇洒

说起秦始皇的长相，人们不免会联想到唐代画家阎立本的《历代帝王图》。在《历代帝王图》中，君主们都是方脸、高鼻、垂耳的形象，生来就是一副帝王相。所以，秦始皇，作为中国的第一个皇帝，肯定也不会差到哪里去，人们于是就根据晋武帝司马炎的画像推演出秦始皇嘴角紧闭，双目有神，挺腰站立，雍容华贵的样子。

不过，推测就是推测，是立不住脚的，北京师范大学历史系的晁福林教授认为：伟人也并非个个都是潇洒之人，由于历史资料对秦始皇的相貌记载不多，文人墨客描绘他的形象时想象的成分很大，所以多不足为凭。

那么，号称"千古一帝"的秦始皇，其相貌到底是

秦始皇嬴政像 | 始皇嬴政，公元前 246 年至公元前 210 年在位。两千多年来关于秦始皇的功过人们争论不休。说他有雄才大略也好，说他凶狠残暴也罢，都是轰轰烈烈的一生。

什么样的呢？史料上就没有确切的记载吗？当然不是。司马迁在《史记·秦始皇本纪》中，就曾引用尉缭子描述秦始皇体貌特征的话："秦王为人，隆准，长目，鸷鸟膺，豺声。"隆准，就是说鼻子呈马鞍形；长目，就是说他的眼睛细而长，这一点倒很像现在西北一带的人；鸷鸟膺，指胸骨突出，应该是今天所说的鸡胸。西汉解释儒学典籍的《纬书》中的《易纬》、《春秋纬》和《礼纬》等篇也包含有一些关于秦始皇相貌的记载。这些书中，除了说他具有"隆准"、"长目"、"鸷鸟膺"等特征之外，还说他"虎口"、"日角"。虎口，就是说他嘴巴外形像老虎的嘴巴；日角，就是说他的两眉之间有一块鼓起来的骨头。并且根据《礼纬》中的记载，秦始皇的个头特别高，有八尺六寸，腰围为七围，是典型的西北大汉形象。

郭沫若根据《史记·秦始皇本纪》中尉缭子的话分析，认为秦始皇有生理缺陷。其胸形（鸡胸）、鼻形变异（马鞍鼻）与气管炎（豺声即表明有支气管炎）等症状显示他是个软骨病患者。影片《荆轲刺秦王》中身形猥琐、身体孱弱的秦始皇形象就是迎合这种说法而设计的。

秦始皇的长相果真如此猥琐吗？中国人民大学历史系孙家洲教授提出了不同的观点，他认为尉缭子这么描述秦始皇不是客观的，带有恶意的夸张。由此可见，郭沫若推断秦始皇有生理缺陷也是不可靠的。

北京大学历史系秦汉史专家刘华祝比较认同《纬书》中关于秦始皇体貌特征的记载。《纬书》相当于汉代的经书，该书在我国失传，20世纪80年代末期才从日本运回。他特别对《礼纬》中记载的秦始皇身高和腰围做了推究。书中说秦始皇高八尺六寸，将其换算成今天的长度单位，大约相当于1.98米。对于秦始皇的腰围，书中说他腰围是七围。关于围，现在有几种解释，有人认为合抱为围，有人认为五寸为围，还有人说一尺为围。当时的一尺相当于现在的七寸。如果是五寸为一围，那么秦始皇的腰围就是三尺五寸。刘华祝教授根据上下文分析，认为一尺为一围的说法较为可信。这样算来，秦始皇的腰围应相当于现在的四尺七寸。刘华祝教授说："如果记载属实的话，那么秦始皇的形象在今天看来，肯定是异常高大威武。"

在史学界，和刘华祝教授观点相近的看法很多。已故历史学家翦伯赞先生就曾推断：秦始皇的相貌应是相当漂亮的。清华大学工艺美院的杜大凯教授说，秦始皇出生在秦地，属西北人，按照常理应该是典型的西北大汉，高大魁梧。

秦始皇到底长什么样还是说不清，道不明，于是，有人从秦始皇的性格、情感经历入手，判断他的长相。这些学者认为，特定的情感经历会影响一个人的外在形象和性格，像秦始皇这样有非凡经历的人，无论身材威武还是身形猥琐，在五官表情上肯定有他的特别之处。陕西历史博物馆的张铭洽研究员则表示，一个人的外在形象是其内在性格的外化，同时从一个人外在的性格也能大致推断出他的相貌。他根据秦始皇的种种性格分析，认为秦始皇的体貌特征应该是：身材高瘦，眼睛深陷，眉毛和眼睛较细长，鼻梁较高，腮帮突出。

真是各说各的理。秦始皇到底是身形猥琐还是英武潇洒呢？想必到目前为止没人能说个明白。

为何不立后

一般说来，中国古代的帝王登基时即立皇后，旷世之主秦始皇却终身未曾立皇后，致使秦始皇陵园内一墓独尊，没有皇后墓。究竟是什么原因使堂堂的始皇帝没有立后呢？

对于秦始皇未立皇后之谜，千百年来，历史学者们争论不休。先前有学者指出，秦始皇未立皇后可能是由于他在位期间，秦国内部政局动荡不稳，对外兼并战争频繁，以致忽视了立后大事。但是，2004年，参加"秦俑学第六届学术研讨会"的历史学家们提出了不同的看法，他们认为立后关系秦王朝的政权建设，秦始皇未立后不会是因为他不重视，或者是皇太后不操心，抑或大臣们不尽职尽责，其根本原因应在于嬴政的性格缺陷及家庭环境影响。

据秦兵马俑博物馆副研究员张敏分析，从13岁登基到22岁亲政，在这9年的太平日子里，秦始皇未立皇后的原因应该跟他追求长生不老和后宫美女过多有关。秦始皇在位期间，曾四次巡视六国故地，其中三次召见方士，以求长生不老之药，甚至还派徐福率3000童男女赴东海的神山求取神药。古代的皇帝立后，很大程度上是出于日后有嫡出皇子继承皇位的考虑。当时的秦始皇正有长生不死的愿望，所以，在一定程度上延迟立后的进程是很有可能的。

张敏副研究员还说："由怨母而仇视女人的心理阴影，使秦始皇长大后在婚姻能力上未能健康发展。宫中众多嫔妃，仅仅能满足他的生理需要。由母亲行为而形成

阳陵铜虎符　秦　此符是秦始皇调动军队的凭证。

秦朝咸阳宫遗址

的心理障碍，是秦始皇迟迟未立后的重要因素之一。"

说到这里，我们有必要把赵姬与嫪毐的故事交代一下。据史料记载，秦始皇的生母赵姬一度行为失谨，与嫪毐等人秽乱后宫。开始，秦始皇由于年幼无知，对此并不知情。他听信母后的话，请她迁往雍宫。从此母子不在一处。在雍宫，赵姬肆无忌惮地与嫪毐淫乱，连生两个男婴。嬴政仍不知晓，还在母亲的要求下，封嫪毐为长信侯，并赐给他数千奴婢，食邑山阳。

有一天，嫪毐与大臣饮酒，喝醉后彼此之间起了口角。嫪毐口出狂言："我是秦王的假父，你敢与我斗口，难道不识高下吗？"大臣不甘心受辱，遂将此言告诉秦始皇。嬴政听到这个消息，愤怒异常，密令人调查虚实。密报说，嫪毐本不是阉人，确有与太后通奸生子之事。

嫪毐得知消息，情急之下，伪造诏书调动卫兵攻打咸阳宫。秦始皇命御林军迎敌，嫪毐兵很快被击溃，嫪毐被擒。嬴政下令车裂嫪毐，又灭其三族，旋即派兵搜查雍宫，捕杀两个私生子。赵姬亦被拘禁，数年后赵姬亦死。

由此看张敏副研究员的推断不无道理。

另外，按照礼法，皇后为后宫之主，秦始皇深恐皇后对其不忠，觊觎他手中至高无上的皇权，所以才迟迟不立皇后。同时，秦朝后宫佳丽的行为处世态度也令秦始皇不满。后宫佳丽多为原六国子民，她们忘记了昔日的国亡主辱，一门心思地讨秦始皇的欢心。在秦始皇看来，"主辱而臣死"才是正理，因而对她们的不贞极为鄙视。因此，尽管他每日与宫女颠鸾倒凤，寻欢作乐，却从不以她们为意。

关于秦始皇重视贞节的观念，有学者以下面一则事例进行了佐证：当时，秦国有一位寡妇名清，青年丧夫，始终守节，克勤克俭，秦始皇极为赞赏，并破格赐令旁座。秦朝的等级制度是异常严格的，即便是当朝丞相，上朝时也只能站着。一个寡妇受到如此礼遇，实属难得。另外，秦始皇还为她筑造怀清台，以旌扬其节，至今蜀中尚有台山，亦称贞女山，相传就是这位寡妇的清居之地。

关于秦始皇不立后一事，张敏副研究员还提出了另外一个看法，即秦始皇统一六国后，东方六国的佳丽尽充秦始皇的后宫。从中选定一个既是名门之后又贤淑靓丽的女子也不是一件简单的事。况且秦始皇统一六国之后，认为自己功德无量，甚至超过了远古时代的圣王——三皇五帝，皇后的标准无从确定，选定皇后就更难了。

仅张敏副研究员一人就提出了如此多的观点，这个问题的复杂性可见一斑。

对于秦始皇不立皇后的原因，历代学者给出了各种各样的答案，但孰是孰非，至今仍然没有一个定论。

焚书坑儒了吗

据史料记载：秦始皇灭掉六国以后，采取了一系列措施加强中央集权。公元前213年，秦始皇在都城咸阳与文武群臣及众儒生大排筵宴。宴会之上，众儒生围绕分封制和郡县制孰好孰孬的问题，发生激烈争论。博士生淳于越等人主张恢复商周时代的分封制，丞相李斯等则赞同郡县制，并严厉指责淳于越等人"道古以害今"。淳于越等人不以为然。李斯遂向始皇帝进献《谏逐客书》，大力批驳儒生不识时务之后，建议焚书。

焚书的前后，秦始皇迷恋仙道，追求长生不老，派徐福、侯生、卢生等人四处寻求仙药。侯生与卢生等人未能找到仙药，心急如焚，又害怕受到惩罚。于是，他们咒骂了秦始皇一番，悄悄地逃走了。秦始皇闻讯十分恼怒，下令把诸生统统集中到都城咸阳，交给御史审查讯问，借以查出造

秦坑儒谷 | 坑儒谷在西安临潼区韩峪乡洪庆堡，但历史上是否真有其事，至今仍是个谜。

秦始皇焚书坑儒图

谣惑众的侯生、卢生两人的行踪。诸生人人自危，为保全性命，只得相互推诿。秦始皇失去耐心，亲自圈定 460 余人，悉数坑杀。

这就是千百年来一直流传的秦始皇"焚书坑儒"事件的始末。可是，随着时间的推移，史料的丰富，历史学界对秦始皇"坑儒"产生了疑问，认为把焚书坑儒的罪过一股脑推给秦始皇的做法值得商榷。

从以上有关记载来看，焚书的决策确实是秦始皇做出的。关键是他焚书之后有没有"坑儒"呢？分歧就在这里。有相当一部分学者认为，从"坑儒"事件的起因看，秦始皇坑杀的 460 余人应该是方士，而非儒生。这是符合逻辑的。但相关历史资料显示：当时始皇帝的长公子扶苏进谏："众儒生都学习孔子的学说。"这样一来，秦始皇坑杀的这些人又像是儒生，或者说有相当部分儒生。

另外一部分学者则认为，应把秦始皇的"坑儒"视为"焚书"的继续，因为这两项举措均为了钳制思想、防民之口，所以被"坑"的这些人应该是儒生，而不是装神弄鬼的方士。他们的有力证据是东汉卫宏《诏定古文官书序》的相关记载：秦始皇焚书之后，儒生多愤愤不平。于是，他命人在骊山的温谷挖坑种植瓜果，这些瓜奇迹般地在冬季成熟。秦始皇以评论这种奇异现象为名，召博士诸生集于骊山观看。正当众儒生们说东道西，争论不休时，秦始皇趁机命令兵士突然填土埋之，700 多名儒生全部被活埋在山谷中。根据这一点来看，秦始皇确实有过"坑杀儒生"的行为。

除以上两种观点外，研究正史的学者又有新说。他们认为，"坑儒"纯属子虚乌有，它应该是"坑方士"的讹传。史载，"坑方士"确有其事，它出现于始皇三十五年，原因就是侯生、卢生咒骂秦始皇并逃跑。这些学者分析指出，"坑方士"之所以讹传为"坑儒"，是因为当时的方士多兼通儒术，加之此前有焚毁儒书之举，后人由此附会，误把坑杀方士说成坑杀儒生。

这些学者强调，这不是说被杀的 460 多人中没有儒生，全是方士，也可能有一些倒霉的儒生由于为方士求情，而一同被裹挟其中。至于这些人被杀的原因则与儒家的政治主张和学派观点无关。所以即使被杀者有儒生，也并非因其为儒生而得罪，而是与方士们有某种牵连之故。因此绝无理由说秦始皇"坑儒"。

对于到底是坑杀了 460 余方士还是 700 多儒生，有的学者提出两者可能都是事实，或者说是前后两件事，即秦始皇集体坑杀文人可能不止一次。他们的理由是，秦始皇是一位典型的暴君，嗜杀成性，无论是方士找不到长生不老药还是儒生非议朝政，都有可能被坑杀。这种观点有一定合理性，但揣测、臆断的成分比较多，有力证据不足。

尽管秦始皇早已背上"坑儒"的千古骂名，但直到今天，秦始皇究竟有没有"坑儒"这一谜团还是没有解开。

真有阿房宫吗

"六王毕，四海一，蜀山兀，阿房出……楚人一炬，可怜焦土。"晚唐杜牧的一篇《阿房宫赋》，人们耳熟能详。它勾起了人们对阿房宫的无限憧憬，但它存在的真实性，是否建成、被毁，以及大小、地理位置等都成为让人费解的谜。

关于阿房宫，《史记》也有记载："东西五百步，南北五十丈，上可以坐万人，下可以建五丈旗。周驰为阁道，自殿下直抵南山。表南山之巅以为阙。为复道，自阿房渡渭，属之咸阳，以象天极阁道绝汉抵营室也。阿房宫未成；成，欲更择令名名之。作宫阿房。故天下谓之阿房宫。"无论是《史记》还是《阿房宫赋》都绘声绘色地描述了阿房宫的宏伟气势和瑰丽景象，但事实究竟是什么样子的呢？历史学家和考古工作者试图用他们的努力给我们一个准确的答案。他们通过对遗址的勘测，对史料的综合分析，得出的结论却让人大跌眼镜。

首先，阿房宫的真实性受到质疑。历史事物存在与否，只能依据当时的确切记述或实物。然而，中国社科院考古研究所研究员、阿房宫考古队领队李毓芳经过在阿房宫遗址长期考察，迄今没有发现任何实物实证。北大历史系教授刘华祝则分析认为，秦宫可能有阿房宫的档案，只是经过秦末八年的战乱，荡然无存了。"秦始皇造的长城、秦陵还看得见，但证明阿房宫的，也就只有后来《史记·秦始皇本纪》那句'先作前殿阿房'了"，他说。

对此有人提出质疑，生活在秦始皇百年之后的司马迁的话的可信度有多大？中国秦汉史研究会副会长张传玺谈到这个问题时说："的确值得怀疑。但司马迁距离秦朝不过100年，就像我们讲述民国初的事，应该不会出入太大。况且司马迁连商王世系年表都没写错，阿房宫的存在应该可以肯定。"

不过几乎所有的专家都认为，即便阿房宫存在，也没有杜牧说的那么大的规模，至多有其所说的百分之一大。

现在，我们姑且承认阿房宫存在过。那么，第二个谜又摆在面前：它有没有建成？西安市文物保护考古所所长孙福喜表示，阿房宫周围 14 平方公里内，有 60 多处夯土基址，一些地方可能建成了，另外一些地方当时还未建成。他对阿房宫的前殿是否建成持怀疑态度。2004 年 11 月，阿房宫考古队的最新调查显示，闻名遐迩的阿房宫只有一个绵延上千米的大土堆。

经过近两年缜密的考古挖掘，李毓芳领队整理出一份关于阿房宫的"身世报告"，报告中称"阿房宫'名宫无宫'"。她曾对记者说："目前在考古中发现，阿房宫没

阿房宫图卷　清　袁耀 | 此图所绘依山殿阁，傍水楼台，山水相连，花木并茂，并有龙舟、游艇、宫人等点缀。

阿房宫前殿遗址 | 尽管阿房宫在历史上存在与否还是个未知数，但人们对它的浪漫想象从未停止过。

阿房宫遗址

有宫，前殿遗址只有3堵墙（东、西、北），南墙都没来得及建。很显然，当时建得太仓促，而且尚未完成。"李毓芳分析说，前殿相当于皇帝的"办公楼"，但"办公楼"现场，除了上面谈到的3面墙，只有一个东西长1270米、南北宽426米、现存最大高度12米的夯土台基。

尤其令人费解的是，考古过程中，始终没有发现秦代建筑的痕迹。李毓芳就此分析："如果秦始皇当初建造的阿房宫气势那么恢宏，它的文化堆积到哪里去了呢？考古发掘的过程中，汉代堆积层内倒是出土了不少秦代板瓦片和筒瓦片。但目前为止，遗址内还没发现秦代宫殿建筑中最常见的，也是必不可少的建筑材料之一——瓦当。"

基于这些疑点，李毓芳初步给出了结论：阿房宫没有建成是不争的事实。同时，也有一些专家认为，所谓的阿房宫实际上仅指一个前殿，根本没有什么其他的配套建筑了。在阿房宫前殿的土台子中，考古队员的探铲接触到了非常坚硬的夯土，并发现了一堵东西走向的夯土墙。土墙建在台子的北沿，大体上中间较宽，两端较窄，最宽处有15米，窄的地方有6米多，全长近1000米。顺着夯土台的北沿，考古队员挖出了一个100米长的探方。他们把夯土台的边缘部分打开了一个纵向剖面后，夯土台地基的南面立即呈现出了一个坡道。古代，为了方便运输黄土，夯筑地基，通常都会修建一条坡道。如果阿房宫前殿已经建完，就没有必要再留一条运土坡道。这条不该出现的坡道，让李毓芳更加肯定了自己的论断——宫殿并未修建完毕。

况且在发现夯土墙的地方，探方底部又露出些许瓦砾，然而除了少得可怜的秦代瓦片，巨大的台基只是一个平平整整、干干净净的夯土堆，丝毫没有宫殿建筑的蛛丝马迹。

李毓芳领队为了印证考古发掘的结果，翻开了年代久远的历史典籍。她发现当初秦始皇开始建造阿房宫的时间是公元前212年，但在公元前209年他就突然病逝了。在这之前，规模宏大的秦始皇陵也正在施工。为了尽快建好陵墓，安葬秦始皇，秦二世不得不暂时停止阿房宫的工程，集中力量修建秦始皇陵。从开始计划修建阿房宫那天算起，阿房宫前殿的工程历时不到4年。这项庞大的工程，在当时的技术条件下很难在短短几年内完成。

同时，李毓芳从地基中部采集了一些土样。通过检测，土壤中不仅没有大块的炭灰，连植物细胞也少得可怜。土样检测的结果再次证实了李毓芳最初做出的结论：阿房宫前殿遗址上除了3面土墙之外，没有任何其他建筑，阿房宫根本就没有建成。

在阿房宫建成与否的问题还没有彻底解决的时候，另外一个关于阿房宫的谜团也引起了人们的极大关注，那就是它有没有被焚毁过。在《阿房宫赋》中，晚唐诗人杜牧不但用大量笔墨描述了阿房宫的恢宏，还为后人留下了"楚人一炬，可怜焦土"的传说。正是因为杜牧的极力渲染，才使很多人对此事深信不疑。

李毓芳领队当初来到西安时，脑子里也全是杜牧笔下的情景。考古发掘过程中，她一直在考虑这个问题："会不会阿房宫里那些秦代建筑都随着当初项羽的那把火付之一炬了？"她曾经对咸阳宫进行过挖掘，对于如何认定古建筑是否经过火烧很有经验。在考察阿房宫前殿时，李毓芳第一次对杜牧的说法提出质疑：整个遗址没有被烧的红土、灰迹和结块，勘探、试掘阿房宫前殿的台基时，发现其地层构成为耕土——扰土——晚期堆积——夯土台基或者是耕土——扰土——汉代堆积——夯土台基，没有一处被烧过的迹象。许多专家认为她下"阿房宫没烧过"的结论太草率，事情已经传到国家文物局，局领导要她写报告。李领队坚持己见，还是那两字：没烧。

李毓芳不仅坚持自己的结论，还做出了解释："火烧阿房宫应该是误传。"她说，关于项羽火烧阿房宫、火三月不灭的说法，秦汉时期的正史资料中并没有确切的记载。至于《史记·项羽本纪》中说项羽在秦都咸阳屠杀民众，"烧秦宫室，火三月不灭"，她分析指出："秦咸阳是秦朝都城，所烧毁的宫室应是首都宫殿，根本不是地处渭水之南的上林苑中的阿房宫。"

那为什么杜牧的《阿房宫赋》描写得如此惟妙惟肖，甚至还有图作证？对于这个问题，李毓芳这样解释："阿房宫图实际上出现于明代之后，得出

阿房宫遗址 12字瓦当 此12字为"维天降灵延元万年天下康宁"。

这个考察结果后，我又仔细阅读了杜牧的《阿房宫赋》。我认为杜牧所描述的阿房宫图景是他通过合理想象得来的，而明代之后出现的阿房宫图则又是建立在杜牧的这个合理想象上。"李毓芳还说，杜牧的这篇文章的主旨并不是为了描写阿房宫的真实图景，而是想讽古喻今，所以可信度并不高。"杜牧的合理想象，千年以来，无意间误导了大家对阿房宫的认识。"她最后说。

在李毓芳阐述"没烧"的观点时，记者却在现场听到支持"烧了"的一种新论据："文化大革命"期间，这里曾兴起过平整土地的"千亩会战"，外面那一层长不出庄稼的红烧土，早被刨得干干净净。对此，李毓芳领队反诘：考古队员是在打了一米多深之后才见到夯土层，上面那一层是"浮土"。难道说，谁会先刨掉了红烧土，再堆上一米多厚的"浮土"？

阿房宫遗址花纹铺地砖

北大的蒋非非教授则认为，人们争论的问题根本就是伪问题，不值得争论。《史记》中的确记载项羽放过一把火，但同时说得很明白，这把"三月不灭"的火烧掉的是"秦宫室"。至于项羽火烧阿房宫，那不过是诗人的附会妄言，哪里能当正史？

在争论阿房宫是否被烧过的同时，人们对它的建筑规模也十分感兴趣。阿房宫到底有多大呢？杜牧说它"覆压三百余里"，这可能正是阿房宫出名、甚至于成为历史地标的最主要理由。中国秦汉史研究会副会长张传玺对此分析说："杜牧偷换概念，要说300里，应该指从咸阳到临潼'关中计三百余'的全部秦宫，阿房只是其中的一个代表。或者说，300里仅仅是夸张的说法。"所以，他与众多专家都认为，阿房宫的规模应该如《史记》中所描述的那样大："东西五百步，南北五十丈"。

把汉代的计量单位换算成今天的长度单位，《史记》描述的阿房宫总体建筑面积约为11万平方米，相当于天安门广场的四分之一。对于这个说法，有专家马上质疑，因为这与最新探明的阿房宫夯土台基面积（54万平方米）对不上。张传玺副会长解释说，阿房宫有可能像故宫太和殿那样，采用托盘式台基。台基很大，有54万平方米，而主殿只占了11万平方米。

一波未平，一波又起。人们又开始质疑阿房宫的确切位置，因为它既没有地面建筑，又没有图纸保留下来，《史记》中笼统地说阿房宫建于"渭南"，如今划定的"遗址"就一定是真的阿房宫遗址吗？中国社科院考古所所长刘庆柱做了如下推演：根据《史记》所说，阿房宫的方位北不过渭河，南不过秦岭，在这个范围内，现在就发现这么一个大土台子，阿房宫应该就是它了。这显然难以服众。北大的蒋非非教授说："说到底，仅凭一个大土台子，很难断定它就是阿房宫。考古上的事没铁证就什么也定不了。"上海大学的谢维扬教授也说："谁都希望史存水落石出，但能讲几分就几分，不能急。"

几乎是同时，人们又问：阿房宫有"瓦"吗？2003年，某媒体报道"中国首次在阿房宫遗址出土完整秦宫铺瓦屋顶"。原来，考古队员探孔时一直往南打出去，找到了"土台子"的南边沿，还在边沿外发现6行筒瓦、5行板瓦的"铺瓦屋顶"。既然许多专家都认为，阿房宫根本就没建起，哪来屋顶的瓦？但这些货真价实的秦瓦，并非在54万平方米的"遗址"上出土的，而是在其南边沿的3米之外发现的。而且，严格地说这不是"秦宫"瓦，所以不能证明"土台子"上曾建过秦宫，更不能证明阿房宫的存在。如果不是阿房宫的瓦，又是什么建筑的瓦呢？李毓芳领队说，这些谜有待于进一步考古发掘，才能解答。

病死，还是被害而亡

公元前210年，秦始皇巡游至沙丘平台（今河北广宗西北），猝然病逝。他死后发生一系列重要变故。这不禁让人们怀疑，他究竟是怎么死的，是病死的，还是被谋杀的？如果是谋杀，那么又是什么人，出于什么目的谋杀威震四方的秦始皇呢？

关于秦始皇之死，司马迁在《史记·秦始皇本纪》中有明确记载，说他在第五次出巡时，途经平原津患病，之后扶病抵达沙丘平台一带，死在那里。人们普遍认为，秦始皇平时骄奢淫逸，纵欲无度，导致身体虚弱不堪，又加之出巡期间车马劳顿，以致一病不起。秦始皇死后，大家如临大敌，气氛一度很紧张。《史记》上说，丞相李斯恐宣布秦始皇的死讯会使天下有变，于是秘不发丧，把盛殓始皇帝遗体的棺木置于辒凉车中，让亲信宦官日夜守护，同时昼夜兼程赶回咸阳。每到一处，地方官要按例进膳。官员奏事时，李斯命宦者在车内应答。时值酷暑，尸

李斯像

荆轲刺秦王石像图

体发臭，李斯命人在车帐中放入一石鲍鱼，来混淆尸体的臭味。直到巡游队伍进入咸阳，才正式发丧。这种种做法，无疑给秦始皇之死蒙上了一层更加神秘的色彩。

后世历史学者通过分析《史记》中的《秦始皇本纪》、《李斯列传》和《蒙恬列传》等文章中关于秦始皇死亡的史料，指出秦始皇死得非常蹊跷，并非如人们所说的"病死于路上"。他们的理由是，秦始皇并不像历史上的某些封建帝王那样体弱多病。诸多秦汉史籍中，都未发现他患有暗病、宿疾的记载，从各方面的情况判断他的身体一向健壮。突出的事例是，秦王政二十年（公元前 227 年）他遭遇荆轲行刺时，还能在惊慌中挣脱衣袖，绕着柱子逃跑，而且没让荆轲追上。

秦始皇第五次出巡是前 210 年，当时他才 50 岁，并不算衰老。况且，他在平原津得病之后，又坚持走了 140 多里到达沙丘；即便在沙丘平台养病期间，还能口授给公子扶苏的诏书。种种迹象表明，当时的秦始皇思维清晰如故，根本不像患了什么致命的急病。最起码，他还不至于在沙丘一病不起。所以，学者们有理由把注意力转向其他方面。

值得一提的是，秦始皇养病的沙丘宫周围的环境。相传，它原本是殷纣王豢养禽兽的处所，四面极为荒凉，宫室空旷深邃。战国时期，一代枭雄赵武灵王因庇护叛乱的长子章，被公子成和李兑率兵包围于此，欲出不能。宫中储备的食物有限，武灵王和公子章竟然活活饿死在沙丘宫中。可见沙丘宫这个地方与外界隔绝的程度。在这种与世隔绝的封闭环境之中，发生不测的可能性是很大的，尤其是在关键的历史时期。

专家们根据秦始皇生前死后赵高的言行，以及他与扶苏、蒙恬、胡亥、李斯等人之间的利害关系推测，他弒君的可能性最大。赵高与蒙恬、蒙毅兄弟二人有宿怨。据说，赵高曾因徇私枉法之罪，被蒙毅（蒙恬的亲弟弟）依法判处死刑，后因秦始皇亲自过问，赵高才捡回一条性命。当时，蒙恬北击匈奴，有大功；蒙毅官至上卿，受秦始皇信赖。他们一个为武将任外事，一个为文臣在内谋划，不仅深得始皇信任，还与公子扶苏往来过密。一旦扶苏即皇位，蒙氏兄弟的地位必将更加巩固。因此，赵高对声望煊赫的蒙氏兄弟既恨又怕，如何解除蒙氏兄弟的威胁对他来说关乎生死荣辱。他认为，只有设法压制扶苏，扶持胡亥才是唯一的一条出路，这是比较可行的一个方案，因为秦始皇最宠爱胡亥，扶苏之外也只有胡亥最有可能继承皇位。同时，他也在寻找机会除掉蒙氏兄弟。当时，秦始皇在沙丘养病，给赵高提供了一个扭转命运的机会。始皇病重期间，下诏给扶苏："与丧会咸阳而葬。"很明显，这是要扶苏继承皇位。赵高思谋已久，当然不会错过这样的良机。那时候，秦始皇身边有丞相李斯和上卿蒙毅，李斯私心重，容易控制，蒙毅与赵高势不两立，是其行动的障碍。其他侍从均是赵高的同党。

秦始皇病重期间，作为皇帝亲信的蒙毅，竟然被遣，"还祷山川"。学者们认为这可能是赵高的计谋。因为当时蒙恬正领兵30万随公子扶苏戍守上郡，赵高从秦始皇身边赶走蒙毅，就去掉了扶苏的耳目，从而为自己后来计谋的实施清掉了一个绊脚石。

还有，从赵高当时的处境看，他只能走这一步险棋，否则就得坐以待毙。秦始皇口授诏书给扶苏时，赵高在场。诏书中有什么内容，他最清楚不过。诏书封好后，他却扣压未发，以便寻找机会说服胡亥和李斯，矫诏杀死扶苏、蒙恬。但诏书扣压的时间又不能太久，万一秦始皇病情有所好转，得知诏书未发，赵高肯定被处死。或者说，秦始皇弥留不死，李斯又没被说服，反而向始皇告发，赵高也是一死。所以，赵高在劝说李斯、胡亥之前杀了始皇，才能确保万无一失。秦始皇一死，就不怕李斯不就范，自然也不会有人再追问诏书的事了。可见，赵高在扣压诏书的那一刻起，就再也没有退路了。

赵高劝说胡亥取代扶苏自立时说："臣闻汤武杀其主，在下称义焉，不为不忠。卫君杀其父，而卫国载其往，孔子著之，不为不孝。狐疑犹豫，后必有悔，断而敢行，鬼神避之，后有成功。" 认为是赵高谋杀秦始皇的学者从这些弒君言论推断，他完全有可能对重病中的秦始皇下毒手，使其提前结束生命。他们分析认为，赵高可能早就有

赵高像

谋害秦始皇的想法，只是秦始皇平时深居宫中，戒备森严，无法下手。现在他在旅途中病倒，给了赵高一个机会。

另外，赵高不仅有肆无忌惮的弑君言论，而且在后来还有公开的弑君行动。秦末农民战争风起云涌之际，赵高曾指使亲信咸阳令阎乐率兵千余人，乔装为盗，闯入皇宫，逼迫秦二世自杀。阎乐还骄横地说："臣受命于丞相（赵高），为天下诛足下。"胡亥自杀身亡之后，赵高把玉玺佩在自己身上，来到大殿，欲自立为帝，无奈群臣不服，他才立皇族子婴为王。

尽管如此，秦始皇之死，仍然疑云重重，正如赵高对胡亥说的那样："沙丘之谋，诸公子及大臣皆疑焉"。从逻辑上分析，赵高弑君的可能性与必然性都存在，但事情毕竟过去了两千多年，无论是认为秦始皇死于疾病，还是遭他人谋害，都没有确凿的证据。

秦始皇陵墓中的重重谜团

秦始皇陵墓是中国历史上的第一座皇帝陵园，位于陕西临潼城东约五千米处。据史料记载，秦始皇自即位之初就开始营建这座陵墓，前后延续30多年，秦亡时仍未完全竣工。20世纪60年代后，考古界对该陵墓进行多次调查和探测，但出于保护文

秦始皇陵外景 秦始皇陵究竟有多少奇珍异宝？千百年来人们对这个中国第一座皇帝陵园充满了好奇心，而秦陵的神秘面纱还没有被揭开。

物的目的始终未发掘。20 世纪 70 年代，秦始皇陵墓中的兵马俑发掘出土。它们在让人们震惊之余，也使这座骊山脚下的秦始皇陵闻名于世。据中央电视台报道，骊山脚下的那座幽深而神秘的秦始皇陵，无论是从陵园的封土、地宫、内外城垣的形制上看，还是从其附属建筑和布局角度分析，与先秦时期的任何一座国君陵园都有很大差异。其陵寝规模之宏大、设计之奇特、用工人数之多、持续时间之久均属空前绝后。

秦始皇陵陵园

这座充满神奇色彩的地下"王国"，千百年来引发了无数人的猜测与遐想。地宫的深度、门户，以及其中的"上具天文"、水银、奇珍异宝、始皇帝棺椁和遗体、防盗装置等重重谜团不仅困扰着诸多专家学者，也使秦始皇陵更加引人注目。

秦始皇陵的众多未解之谜，首先引起人们注意的是其地宫的深度和广度。

彩绘铜车　秦　此为秦代的铜车，出土于秦始皇陵，前驾四马，单舆双轮，顶上有椭圆形车盖。秦始皇出游时乘坐的即是此种车。

地宫究竟有多深呢？司马迁在《史记》中说"穿三泉"，《汉旧仪》则言"已深已极"，说明已经深到不能再挖的地步。这个问题引起了华裔物理学家丁肇中先生与陈明等三位科学家的兴趣，他们利用现代高科技手段探测并推测地宫的深度应为 500～1500 米。

国内文物考古、地质学界的专家和学者对地宫的深度进行了多方面的研究与探索，得出的结论是：地宫并没有人们想象的那么深。他们说，实际深度应与芷阳一号秦宫陵园墓室的深度接近。这样推算下来，从地宫底部至坑口的实际深度约为 26 米，至秦代地表最深也就在 37 米左右。但事实是否如此，有赖于考古专家进一步勘探、验证。

至于秦始皇地宫的广度，最新的考古勘探资料表明：东西方向上，它的实际长度为 260 米，南北方向的实际长度为 160 米，总面积达 41600 平方米，其规模相当于 5 个国际足球场那么大，堪称秦汉时期规模最大的地宫。考古专家通过钻探进一步证实，幽深而宏大的地宫为竖穴式。所谓竖穴式，即由地面垂直向下挖成竖向土坑，利用坑壁作为墓穴的一部分或全部墙壁。

人们除了关心地宫的深度和大小，还对地宫设有几道门非常感兴趣。关于秦始皇陵地宫门道的数量问题，《史记》有明确的记载："大事毕，已藏，闭中羡，下外羡门，尽闭工匠藏，无复出者。""大事毕，已藏"，就是说秦

铜殳 此物出土于秦始皇陵，殳原是古代战车上使用的长兵器，后逐渐演变为宫廷卫士的礼仪兵器，秦殳为圆柱体，顶部为三棱锥体。

始皇的丧事完成了，棺椁及随葬品全部安放妥当。这时，工匠们正在中门以内忙活，外面突然间"闭中羡门，下外羡门"。工匠们"无复出者"，都成了陪葬品。这里涉及既有中羡门，又有外羡门，因而内羡门不言自明。地宫有三道门似乎已成无可辩驳的事实。但司马迁说到中羡门，用了个"闭"字；说到外羡门，则用了个"下"字。由此可见，中羡门是能够开合的活动门，外羡门则是由上向下放置的。专家们推断，中羡门可能是横向镶嵌在两壁夹槽中，是一道无法开启的石门，内羡门可能与中羡门类似。三道羡门极可能在一条直线上。

司马迁在《史记》中描述秦陵地宫时，写到"上具天文，下具地理"。其中的含义是什么呢？著名考古学家夏鼐先生经过反复考证，初步推断："'上具天文，下具地理'的含义应理解为，墓室顶有绘画或线刻的日、月、星象图。这一古老的传统可能仍保存在秦始皇陵中。"近年来，西安交通大学的考古专家在汉墓中发现类似"天文""地理"的壁画。其上部是象征天空的日、月、星图像，下部则为代表山川、河流的壁画。由此推断，秦始皇陵地宫的上部可能绘有完整的二十八星宿图，下部则为以水银代表的山川地理图。

说到"以水银代表山川地理"，人们不禁会问：秦始皇陵地宫真的埋藏有大量的水银吗？秦始皇陵以水银为江河大海的记载始见于《史记》，稍后的《汉书》中也有类似的表述。那么，陵墓中到底有没有水银始终是一个谜。2003年，地质学专家经过反复测试，终于发现秦始皇陵的封土中有"汞异常"现象。该处土壤中含有大范围、强异常的汞含量，而秦陵周围其他地方的土壤汞含量极低。这初步证实了《史记》所载"以水银为百川、江河、大海"的真实性。

在接下来的物探考古过程中，中国地质调查局研究员刘士毅还发现，秦始皇陵

封土堆的汞异常分布别具特色，颇为耐人寻味：北、东方向最强，南、西方向次之。根据秦始皇陵内以水银模拟天下江河湖海的传说推测，这样的分布可能与秦朝时期中国人的江河地理概念有关，也可能与秦始皇到过渤海、徐福东海求取长生不老药有关。考古专家由此进一步推断：《史记》中关于始皇陵中埋藏大量汞的记载是可靠的。

那么地宫为什么要以大量水银模拟天下的江河湖海呢？北魏时期的地理学家郦道元对此的解释为："以水银为江河大海在于以水银为四渎、百川、五岳九州岛，具地理之势。"历史学家的说法更为贴切：一是水银的形态、颜色像水；二是水银有毒，墓中有大量水银存在，微生物不易存活、繁殖，这样遗体、棺椁和陪葬品腐朽的速度会慢一些；三是大量的水银挥发到墓穴的空气中，一旦盗墓者潜入墓室吸进过量的汞蒸汽，轻则肌肉瘫痪、精神失常，重则一命呜呼，这在一定程度上起到防盗的作用。

地宫中埋藏的奇珍异宝当然也受到人们热切关注。《史记》中明确记载，秦始皇陵中有"金雁"、"珠玉"、"翡翠"等珍宝。《三辅故事》中说，项羽入关盗掘秦陵时，曾有一只金雁从墓穴中飞出，一直朝南飞去。斗转星移，几百年之后的三国时期，有人送一只金雁给名叫张善的官吏。他从金雁上的文字立即判断它出自始皇陵。秦始皇陵也因这个神奇的传说而笼罩上了一层神秘的色彩。但秦始皇陵中具体有什么稀世之宝现在不是很清楚。

20世纪80年代末，在秦始皇陵地宫的西侧，考古专家们还发掘出土了一组大型彩绘铜车马。车马无论从造型上，还是从装饰上看，都是极为精美、别致的。除了铜车马，考古专家还发掘出了一组木车马。之所以说它是木车马，因为车、马、御官俑等都是用木头制成的，而一些饰物，比如说辔头等，都是用金、银、铜铸成的。地宫的外侧尚且有如此之精美的随葬品，地宫内的随葬品之丰富、藏品之精美是可想而知的。

到目前为止，考古界对秦始皇陵的发掘断断续续地已经历40多年，发现的主要遗址和遗迹（主要包括帝陵封土、铜车马坑、寝殿、便殿、陪葬墓区、珍禽异兽坑、铠甲坑、百戏俑坑、文俑坑等）中有大量价值连城的文物。但据专家透露，这些重要发现仅是秦陵的"冰山一角"。由于条件所限，秦始皇陵的外城以外地层也只勘探了很小的一部分，至于地宫中的文物情况知道的还很少。

秦始皇陵的核心是地宫，地宫的核心是秦始皇的棺椁，备受瞩目的秦始皇棺椁是铜质还是木质的？对于秦始皇使用什么样的棺椁，早期的《史记》和《汉书》等重要历史典籍均未明确记载。司马迁只以一句"下铜而致椁"一笔带过。于是，学者们据此得出结论：秦始皇使用的是铜棺。但相关文献资料记载，秦始皇的棺椁"冶铜锢其内，漆涂其外"，并且"披以珠玉，饰以翡翠"，使得"棺椁之丽，不可胜原"。既然能够"漆涂其外"、"饰以翡翠"，那么棺椁恐怕只能是木质的，因为铜棺或石棺用不着用土漆涂其外，只有木棺才可能使用土漆。就此看来，秦始皇使用木棺的可能性大一些。

再者，从先秦及西汉的棺椁制度考察，天子使用"黄肠题凑"的大型木椁已是约定俗成的规矩。秦始皇生前自命功高盖世，胜过远古的三皇五帝，不可能放弃"黄肠题凑"的木椁而改用其他棺椁。

秦始皇棺椁的材质还没有搞清楚，人们又开始探索秦始皇陵地宫有没有空间的问题。秦始皇陵墓的主持者之一李斯描述地宫时曾说："凿之不入，烧之不燃，叩之空空，如下无状。"如果他的这段话记载无误，那么地宫明显有个外壳，总体上是一座密封的、真空的大地堡式地宫。但目前的考古勘探结果已经表明，秦始皇陵地宫为竖穴式。墓内可能有"黄肠题凑"的大型木椁。如果真是竖穴木椁墓，墓道及木椁上部都必须以夯土密封。这样一来，墓室内外就会严严实实，不会再有空间。

如果地宫没有空间的说法成立，显然与李斯"叩之空空，如下无状"的表述相矛盾，而相关文献资料则更多地支持"地宫是空的，且有较大的空间"的说法。事实怎样呢？由于目前的考古勘探尚未深入到地宫的主要部位，所以地宫内部是虚是实的谜还没有

彩绘铜车　秦　这是出土于秦始皇陵的立乘驷车，车前驾四马，形态矫健，头部配有金银络头。车舆上插高柄伞盖，伞下为驾驭者。车绘有云纹等彩图，富丽华美，车上装备弩、盾等兵器，威武不凡。

揭开。

人们在关注秦始皇使用的棺椁的同时，更关心的还是秦始皇的遗体。20 世纪 70 年代中期，长沙马王堆汉墓"女尸"出土，其尸体保存之完好令人瞠目结舌。由此，有学者推测秦始皇的遗体也会完好地保存下来。客观上，当时已经具备了保护遗体的技术和手段，但秦始皇遗体是否完好地保存下来呢？多数专家对此持否定态度。

公元前 210 年，秦始皇死在出巡途中，当时又正值酷暑时节。根据目前遗体保护的经验，一般遗体保护必须在死者死后即刻着手处理。稍有延误，尸体本身已开始变化，再先进的技术也回天乏术。而秦始皇死后辗转了数千里，才回到咸阳安葬，前后间隔近两个月。史载，李斯等人为了掩饰尸体的臭味，把一石鲍鱼放入运送秦始皇遗体的车帐中，可见，遗体在途中已经开始腐烂。照此推断，秦始皇的遗体不等运回咸阳处理早已面目全非了。所以说，秦始皇遗体保存完好的可能性很小。

秦始皇陵考古队队长段清波指出，秦始皇的遗体完好保存下来的可能性不是很大，但是根据目前在墓中探测到的水银和秦汉时期对人尸体处理的手段分析，保护完整的骨骼的可能性非常大。他说："一旦发现其骨殖，我们从骨架当中能提取出秦始皇本人的 DNA 片断，之后再结合与秦始皇相关的秦的祖先的 DNA 分析结果，就可以解决一个大的问题，即秦人的来源问题。"段队长进一步指出，根据秦始皇的骨架还可以复原他的长相。

秦始皇的遗体究竟有没有完好保存，以及利用它能做什么，还有待科学家们进一步研究探索。随着发掘秦始皇陵这个话题的升温，另外一个问题摆在人们面前：秦始皇陵地宫的防盗设施如何，有没有重重机关和弩箭？据《史记》记载：秦始皇陵地宫"令匠作机弩矢，有所穿进者辄射之"。按照这个说法，地宫中应该是安装着一套自动发射的暗弩。如果这些文字记载属实，它算得上是中国古代最早的自动防盗器。

光靠这段文字还不够，专家们联系当时的秦军装备情况分析，秦代曾生产过连发三箭的弓弩。而且秦陵附近已经出土秦代强弩的箭头，这些箭头为三棱流线型，三个弧面的弧度完全相等，原理类似于今天的子弹头。从力学角度考虑，这类箭头对铠甲有极强的穿透力。另外，从秦兵马俑复原和《六韬》的表述来看，当时秦军中射手所占的比例很大，按最低的说法也有 15%，而且射手中弓、弩手的比例为 1：2。

就以上资料分析，秦始皇地宫中布置弩箭的可能性极大。但是安放在地宫的暗弩是不是一套自动发射的弓弩（当外界物体碰到机关，弓便会自动发射）值得商榷。到目前为止，能够证明秦代制造自动发射弩箭的资料还很少。所以，秦代何以生产高超的自动发射器仍是一个谜。

图为唐代的《玄武门壁画》。在皇位争夺中，李世民本处于劣势，但是由于谋臣得力，举措得当，另一方面也因为李建成缺乏谋略，李世民最终通过玄武门之变夺取了皇位。

扫码获取更多资源

2

玄武门之变

真相之谜

唐高祖武德九年六月四日（公元626年7月2日）一早，太子李建成接到内线密报，说秦王昨夜入宫，向父皇密奏建成、元吉淫乱后宫，要他早做准备。于是，李建成与齐王李元吉立即进宫，一来向近臣打探消息，二来赶快向父皇解释。此时，李世民与长孙无忌等早已埋伏于玄武门。李世民对准李建成射一箭，李建成中箭身亡。李元吉急忙向西逃去，被尉迟敬德射杀。六月初七世民被立为皇太子，不久，李渊传位于太子，自己退位为太上皇。这就是史书记载的"玄武门之变"的始末。对于"玄武门之变"这一石破天惊、喋血宫门的宫闱大事，历来正史都认为秦王是在一忍再忍、被逼无奈之下，不得已而做出的自卫之举。事实果真如此吗？一切真如史书所述吗？历史学家对此多有分歧，说法不一。

李建成是个阴险狡诈的人吗

正史上对李建成人品的记载多有虚构的成分，大多评价他阴险狡诈、贪功好色、妒贤嫉能，与功勋卓著、光明磊落、英武仁厚的李世民不可相提并论。可是我们通过实际分析不难发现，李建成绝非平庸等闲之辈。从军功上看，李渊晋阳起兵后，李建成西渡黄河，攻克长安。后占据长安，使唐军声威大振，不但使威胁蜀地的势力依附了唐，也使西秦霸王薛举被切断在西北成为孤军，还断了王世充西逃之路，更有效遏制了虎视眈眈的突厥。长安城在隋末群雄并起、问鼎天下的过程中所起到的战略作用是相当大的，并不比洛阳逊色。

除此之外，李建成还有许多其他功绩：武德二年，李建成又率兵平定司竹群盗祝山海；武德四年，有稽胡数万叛乱为边害，李建成以计杀其壮男六千有余，敌首领逃走；武德六年，他和李元吉一起进攻刘黑闼，以王圭、魏徵之策擒之。

由此看，李建成的军功与李世民相比并不逊色多少。虽然史书中李建成没有李世民"虎牢一战"的经典战例，但也不能据此断定其用兵能力有多么差。再说玄武门之变后，李建成败北，舆论更是倾向李世民。即使有再经典的战例，想来也不会被详尽地记入史册，顶多一句"李建成纳计，乃克长安"。

再从人品上分析，《资治通鉴》引《新唐书》言其"性颇敦厚"，《通鉴纪事本末》道其"性宽厚"、"得众心"。试想，李建成能让魏徵、王圭等一代良臣为其效力，肯定也非庸碌无德之辈，不得人心之徒，甚至可以说礼贤下士，深得人心。并且据说，魏徵曾多次规劝李建成杀掉李世民，李建成都多存仁厚之心，不忍下手，这似乎也反映了李建成心怀仁德，并非阴险狡诈。至于头脑，李建成身为太子，很清醒自己所受到的威胁，他先团结李元吉，又与坐镇幽州的庐陵王李瑗联手，并笼络高祖身边的重臣，多为自己美言。他还能与后宫交好，注意团结那些皇亲国戚，宫内宫外大多是太子系。这些都说明他足够精明睿智。

由以上分析，不难看出李建成不仅有继承皇位的资格，还有君临天下的能力，并且得到了许多人的拥护，远非史书记载的阴险狡诈、贪功好色、庸碌无为之辈。既然如此，玄武门之变的真正起因就有待进一步推敲了。

谁是始作俑者

既然李建成具备君临天下的能力，如果他稳坐太子宝座，安分守己，不轻举妄动是否就能继任大统呢？玄武门之变确实是秦王无奈之下的不得已之举，且"既喜且怜"吗？李世民究竟是否真如史书所载，在玄武门之变中处于被动自保的位置呢？晋阳起兵后，他是否也就甘心只做秦王呢？我们再从事变的另一个主角秦王李世民入手来逐层分析。

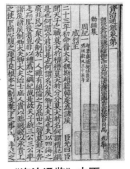

《资治通鉴》内页

《资治通鉴》引述唐史，有这样一段记载："……上之起兵晋阳也，皆秦王李世民之谋。上谓李世民曰：'若事成，则天下皆汝所致，当以汝为太子。'李世民拜且辞。及为唐王，将佐亦请以李世民为世子。上将立之，李世民固辞而正。"这段史实大有可疑之处，其实隋末农民起义此伏彼起，李渊自知无力挽回隋亡败局，又深晓隋炀帝猜忌嗜杀，政局动乱，难以自保，因而早有反意。再说，据史料记载，实际上首提造反的是刘文静，李世民只是鼓动者之一。怎么能"皆秦王李世民之谋"？况且这时天下未定，鹿死谁手不知，"皆汝所致"从何说起。特别是这个"请以李世民为世子"的"将佐"可谓料事如神，然而如此神明，能为太宗脸上贴金之人，并不见史书对其有载。由此可见，这段"废立"之说，实为捕风捉影，"事后诸葛亮"编造而来，是为后来李世民继任大统"正名"的。

而实际上，李世民觊觎帝位之谋，是随着自己军功的不断增长而日益膨胀的，这从记载李世民早期活动的史书中，也可窥见一斑。据《旧唐书·隐逸传》记载："道士王远知，琅玡人也……武德中，太宗平王世充，与房玄龄微服以谒之。远知迎谓曰：'此中有圣人，得非秦王乎？'太宗因以实告。远知曰：'方作太平天子，愿自惜也。'太宗登极后便要'加重位'，对方还是归隐山林，贞观九年太宗降诏曰：'朕昔在籓朝，早获问道，眷言风范，无忘寤寐。'"如果这一记载属实，李世民称"早获问道"，对道士的预言"眷言风范，无忘寤寐"，不正道出了李世民早就萌生了称帝之心吗？

武德四年，当李世民攻克东都洛阳，更是分散钱帛，笼络人心。设天策府、文学馆，招贤纳士，闲则共话古今，纵谈天下，俨然君臣气派，时人称其天策府为"小朝廷"。封德彝更是一针见血地指出："秦王恃有大勋，不服居太子之下。"此后，李世民还苦心经营洛阳，

唐太宗像 尽管李世民如何登上皇位是一个有争议的历史事件，但这不能改变他是一位杰出的帝王这一事实。他是儒家思想的典范，在他身上"修身、齐家、治国、平天下"得到了完美的统一。

杜如晦像 杜如晦,字克明,唐初明臣,官至相位,与房玄龄共事,人称"房谋杜断"。

并派陈亮到山东联络山东豪杰,扩大自己的实力。还让妻子长孙氏入宫活动,"孝事高祖,恭顺妃嫔,尽力弥缝,以存内助"。从而多方面培植自己的力量。其身边更是聚集了大批文臣武将。这些史实进一步证明,秦王不但有当皇帝的野心,更为此做了积极的准备。李世民后来还收买了李建成东宫官王晊等人,玄武门政变前夕,入秦王府告密的正是其人。收买一个人,也非一朝一夕之事,如果秦王没有预谋,至于如此吗?

从常理分析,如果李世民安于做秦王,不培植势力,虎视眈眈,可能会与太子相安无事。

正因为他自恃功高,有称帝的野心,无奈却是高祖二子,按"立长子以长不以功"的原则,长子在先,他岂有称帝的可能?正由于如此,李世民才处心积虑地积聚力量,寻找机会,企图除掉这个正统皇位继承人,为自己继任大统铺平道路。而李世民身边的文臣武将出于自身利益地考虑,当然也会怂恿李世民夺取帝位,当上皇帝。在这种背景下,"树欲静而风不止",李建成感受到了巨大的威胁,才拉拢四弟李元吉,结好朝中大臣,以稳固自己的太子地位。

从当时的形势发展来看,由于李建成得到了弟弟、宫中、朝中多数高官甚至父亲的支持,李世民不可避免地处于弱势地位,虽然于情于理他都应处在主动出击的位置。但是在东宫实力远远超过秦王府的情况下,逼迫李世民必须示弱退让,保存实力,营造环境,以求一击必杀。这就是说,李世民在夺取帝位这一事件上,在战略上始终是主动的,只是处于斗争的需要,才在战术中被动罢了。并且可以说这场政变的起因就是李世民。著名学者陈寅恪就明确指出:"唐自开国时建成即号皇太子,太宗以功业声望卓越之故,实有夺嫡之图谋,卒酿成武德九年六月四日玄武门之事变。"因而谈不上李世民对太子一忍再忍、宅心仁厚之说。

不过,可以肯定在夺取帝位和保住帝位的明争暗斗之中,李建成也并非坐以待毙,面对日益增强的秦王势力,李建成无疑十分担忧。《资治通鉴》曰:"世民功名日盛,上常有意以代建成,建成内不自安,乃与元吉协谋,共倾世民,各引树党友。"这自然是可以理解的。甚至有记载,起初,秦王随父皇临幸齐王府,李元吉在寝宫中埋伏护军宇文宝,劝说李建成杀掉秦王,李建成生性仁爱宽厚,阻止了。随着双方斗争的进一步深化,李建成曾试图重金收买秦府骁将尉迟敬德、段志玄等人;还准备调程知节(程咬金)往康州任刺史;并通过高祖之手将房玄龄、杜如晦逐出王府,并不许私见秦王等。想以此分化、瓦解秦王府的文臣武将，孤立李世民，逐步消除他的势力。然而事实上，李世民则更技高一筹，他将计就计，让手下假装离开长安，然后偷偷潜回秦府，示敌以弱，积蓄力量。之后他又以其人之道还治其人之身，收买了东宫集团中的要人，在后来事变中发挥了重大作用。

那么，史书中记载的太子屡害秦王是真的吗？

在众多有关李建成陷害李世民的事件中，以下两件事最为突出。第一件是，突厥退兵之后，李渊率领三个儿子一起狩猎，命他们驰射角胜，李建成有意把一匹健壮却易于颠扑的劣马授予李世民，并说道："这马善于急速奔驰，能够跨越数丈宽的山涧，弟弟善于骑马，可以试着骑它。"结果劣马连颠三次，每次李世民都跃到数步之外，才幸免于难，否则几死马下。李世民对宇文士说道："彼欲以此见杀，死生有命，庸何伤乎！"李建成、李元吉由此打小报告道："秦王自言，我有天命，方为天下主，岂有浪死。"给李世民扣上谋反的帽子，因此李世民被责。这一记载历来为人怀疑，要知李世民久经战阵，怎么能不知道战马对一个骑射者的重要作用呢？在双方剑拔弩张、明争暗斗之时，他又怎么会舍弃自己的战马，反而听信李建成劝骑之言呢？况且，李建成又怎么会授马于李世民呢？即使盛情难却骑上了劣马，一蹶当应换骑，又岂能容忍连蹶三次？由此看来，这件事很难自圆其说，破绽百出，有待考辨。第二件事尤为离奇，说的是武德九年六月，也就是政变前夕，史载，李建成与李元吉邀李世民入宫宴饮，并对酒中下毒。结果李世民饮后"心中暴痛，吐血数升"，他们的叔叔淮安王李神通挽扶李世民"还西宫"。这件事想必虚造，无中生有之嫌更大，历来让人质疑。如果李建成果真设下鸿门宴，谋行鸩毒之举，岂能在他中毒后，不斩草除根，轻易放他而去？李世民"吐血数升"，却安然无恙，是其内功高强，还是所卖毒药是假冒伪劣产品？假使果真中毒，有淮安王在，李建成不便动手，李世民能够回到西宫，怎么三天后，就康复得能够手握强弓，一箭射杀李建成性命？何况，双方矛盾已经相当激烈，哪还能彼此信任，聚宴狂饮？其真实性难免令人怀疑，而诋毁兄长的嫌疑极大。

还有一件事特别值得一提，史书上记载"玄武门之变"前夕李世民进宫"密奏李建成、李元吉淫乱后宫"。我们知道"淫乱后宫"，是最不堪的人伦大忌，也最易搞垮政治对手。如果此时李渊已有意接受李建成建议，削弱秦府势力，说明他已明确站在太子这一边。如果李世民在没有真凭实据的情况下，如何敢"冒天下之大不韪"密奏此事。高祖知道此事，怎会善罢甘休，必定会追查到底。再说李建成身为太子，自知秦王对其威胁极大，能否顺利登上皇位，还在两可之间，行为怎么会如此放肆，从而给政敌制造把柄。并且李世民又怎么可能会愚蠢到如此地步，在父皇面前直接揭发淫乱后宫这等丑事？对此，司马光认为此乃"宫禁深密，莫能明也"。由此看来，此事为史官恶意中伤的嫌疑极大，因为这样不但使李建成、李元吉名声扫地，也为太宗继任大统埋下伏笔。退一步说，如果这一事件属实，很可能就是李世民为玄武门之变所设的诱兵之计，因为高祖要三人第二天上朝对质，李建成、李元吉进宫必定经过玄武门，从而为该日政变提供了条件，至于李建成与李元吉是否真有淫乱后宫是值得怀疑的。

从以上分析来看，李世民并不甘心只做秦王，早有当皇帝的野心，并且招贤纳士，不断壮大自己的实力，对太子构成了威胁。随着形势的发展，秦王与太子争夺帝位的斗争也日趋紧张。史书中记载的李建成陷害李世民的史实，很有可疑之处。

此外，还有一点是很关键的，那就是玄武门总兵常何是谁的人。我们知道，玄武门乃入宫必经之地，所以，玄武门政变的双方谁能得到玄武门总兵常何的配合，无疑成功的概率就大大增加。那么，常何是否为秦王收买了呢？

对此曾有两种观点，一种认为玄武门总兵常何隶属李建成，为李世民所利用。政变之日，常何驻守，李建成不致生疑，李世民才能侥幸成功；另一种观点认为，常何早在攻洛阳时就跟随李世民，后虽曾跟随李建成征讨河北，但入长安却是奉李世民之命，所以是李世民的人。

著名史学家陈寅恪先生考证认为：常何原是太子李建成安插的人，后被李世民用重金收买。他能被收买还有一条重要因素：据《常何墓碑》记载其籍贯是汴州浚仪，他与李世民帐下的山东豪杰人物有着乡土连衣的关系。这也是收买可以成功的重要因素。正因当日常何是值班将领，从而放李世民领人进入宫内，提前设置下了伏兵。后在常何率领的禁军配合下，秦王集团迅速控制了宫城其他诸门。这可从《安元寿墓志》捕捉到一条线索："皇基肇建，二凶构逆。公特蒙驱使，委以心腹。奉敕被甲，于嘉猷门宿卫。"该墓志的主人守卫的嘉猷门，是宫城西面的北门。太极宫其他七门，也被李世民集团迅速接管了。从而顺利逼宫，促使高祖把兵权交付李世民，并下诏封李世民为太子。

现在看来，玄武门之变的始作俑者很可能正是秦王本人，只是不知历史真相是否如此。

史官是否篡改史实

通过以上分析，可以看出，玄武门之变也许并非史书所载，是唐太宗忍无可忍，不得已的自卫之举，甚至很可能是他主动出击，设下圈套，诛杀了太子、李元吉，从而为自己继任大统扫清了道路。司马光和范祖禹就指出李世民杀兄"贻讥千古"、"无君父也"。王夫之则直言痛斥曰："太宗亲执弓射杀其兄，疾呼以加刃其弟，斯时也，穷凶极惨，而人心无毫发之存者也。"那么，我们仍难免会产生疑问，玄武门之变的真相真的如此吗？正史上关于玄武门之变的史料又如何解释呢？这不禁让我们进一步产生疑问，李世民篡改史实了吗？

我们知道，历史是胜利者书写的，难免会依据胜利者的意旨和利益编撰。"玄武门之变"的史实，最早见于《国史》和《高祖实录》、《太宗实录》，这均为李世民继任大统后，由其亲信房玄龄等人删略，编撰而成。在"玄武门之变"中，李世民是胜利者，舆论无疑会导向他这一边，所谓"胜者王，败者寇"，房玄龄等人会依据史实，忠实记录"玄武门之变"的来龙去脉吗？他们难道不会顾及太宗的"龙颜"吗？这不能不让人产生怀疑。据《贞观政要》记载："贞观十四年，

《唐书》内页

太宗谓房玄龄曰：'朕每观前代史书，彰善瘅恶，足为将来规诫。不知自古当代国史，何因不令帝王亲见之？'对曰：'国史既善恶必书，庶几人主不为非法。止应畏有忤旨，故不得见也。'太宗曰：'朕意殊不同古人。今欲自看国史者，盖有善事，固不须论；若有不善，亦欲以为鉴诫，使得自修改耳。卿可撰录进来。'玄龄等遂删略国史为编年体，撰高祖、太宗实录各二十卷，表上之。太宗见六月四日事，语多微文，乃谓玄龄曰：'昔周公诛管、蔡而周室安，季友鸩叔牙而鲁国宁，朕之所为，义同此类，盖所以安社稷，利万人耳。史官执笔，何烦有隐？宜即改削浮词，直书其事。'"这段话颇值得玩味，"太宗见六月四日事，语多微文"，让房玄龄"史官执笔，何烦有隐？宜即改削浮词，直书其事"说明史书对"玄武门之变"所述，水分极大，不合史实处极多。奇怪的是《国史》既然不让当代帝王看，房玄龄已明确回答是为了保持"善恶必书"，唐太宗为何还非要亲自观看《国史》呢？并且又特别详细地看了"六月四日"玄武门一事呢？究竟是欲盖弥彰，故弄玄虚？还是真心规劝史官"善恶必书"呢？太宗阅后，房玄龄真的又"改削浮词，直书其事"了吗？这恐怕就不得而知了。

而后世编著的新、旧《唐书》等正史均取材于《国史》和这两部"实录"，所以，"玄武门之变"的本来面目究竟如何，是否为史官有意粉饰，肆意修改，只怕谁也说不清楚了。毕竟至今，我们还没看到有关李建成、李元吉的亲信之人所撰书的"玄武门之变"的史料。我们也只是从这些正史的蛛丝马迹之中，寻找一二破绽进行辨析、破译，但所知可能只是冰山之一角，离整个事件的真相差距尚远。当然，也不排除后人因为李建成本为太子，从"立长不立功"的封建礼教出发，同情失败者，而对太宗"玄武门之变"产生怀疑。

我们只有期待将来人们能从地下发掘出一二当时知情者的秘密记录，从而还原全部事件的"庐山真面目"了。

图为现当代画家徐燕荪的《华清宫》诗意图。李商隐的《华清宫》讲述了杨贵妃与唐玄宗之事，此图根据李商隐《华清宫》诗意绘制而成。

3

杨贵妃
死后之谜

　　杨玉环和西施、王昭君、貂蝉并称中国古代四大美女。17岁时，她被选为唐玄宗之子寿王李瑁的妃子。开元二十八年（公元740年）十月，风流天子唐玄宗到骊山温泉宫游玩时，被杨玉环"回眸一笑百媚生，六宫粉黛无颜色"的美貌吸引。天宝四年（公元745年）八月，正式册立杨玉环为杨贵妃。从此，唐玄宗沉溺于杨贵妃的姿色风情中不能自拔。天宝十四年（公元755年），安禄山以诛奸相杨国忠为借口，突然在范阳起兵，惊破了唐玄宗与杨贵妃的美梦。在西逃途中，唐玄宗无奈，只得与杨贵妃诀别，命高力士将杨贵妃勒死在马嵬坡。不过，有传闻说，杨贵妃并没有死于马嵬驿，而是流落民间，还有人说她逃亡到了日本，难道杨贵妃真的没有死？如果死了，又葬于何处？

杨贵妃死于何处，是怎么死的

如果杨贵妃确实在安史之乱中死去，那么她究竟是怎么死的呢？一种说法是，杨贵妃被缢死于马嵬驿佛堂。《旧唐书·杨贵妃传》载：禁军将领陈玄礼等杀了杨国忠父子后，认为"贼本尚在"，"后患仍存"，请求再杀杨贵妃以除后患。唐玄宗百般无奈，与杨贵妃诀别，"遂缢死于佛室"，葬于马嵬坡前。《资治通鉴·唐纪》中继承了这一说法，记载：唐玄宗是命太监高力士把杨贵妃带到佛堂缢死的。还有一说认为，并非缢死于佛堂，而是佛堂前的梨树下。比如李肇在《唐国史补》中说："玄宗幸蜀，至马嵬驿，命高力士缢杨贵妃于佛堂前梨树下，马嵬店媪收得锦靿一只，相传过客每一借玩，必须百钱，前后获利极多，媪因至富。"北宋传奇作家乐史的《杨太真外传》也记载：唐玄宗与杨贵妃诀别时，她"乞容礼佛"。高力士遂缢死杨贵妃于佛堂前的梨树之下。明确指出杨贵妃不仅被缢死马嵬驿梨树下，还有遗失的锦袜作证，拾袜的老板娘还因此大发横财。唐史学家陈鸿的《长恨歌传》也记载：杨国忠被处决后，"左右之意未决。上问之，当时敢言者，请以杨贵妃塞天下怨。上知不免，而不忍见其死，仅袂掩面，使牵之而云，仓皇展转，竟就死于尺组之下"。但是对于杨贵妃死于梨树下的观点，由于白居易在《长恨歌》中有赞美杨贵妃"梨花一枝春带雨"的诗句，陈寅恪先生在《元白诗笺证稿》中指出："所可注意者，乐史谓妃缢死于梨树之下，恐是受香山（白居易）'梨花一枝春带雨'句之影响。果尔，则殊可笑矣。"北宋乐史的说法主要来自于《唐国史补》，而李肇的说法恐怕很可能是直接受《长恨歌》的影响而来。

杨玉环像　清

杨玉环是唐玄宗最为宠爱的妃子，她天资聪颖，能歌善舞，为中国历史上四大美女之一。天宝年间，因安禄山叛乱，玄宗率众逃至马嵬驿，禁军将领要求杀杨贵妃以息众怒。然而若将大唐的衰败归咎于杨贵妃，难免有失偏颇。

不过，这些史书都明确记载杨贵妃不管是被缢死于佛堂内，或者在梨树下，总之都认为是死于马嵬驿。这一说法，也为日本一些著名学者所认可，比如日本汉学家井上靖先生，在收集了大量史实的基础上，写了《杨贵妃传》一书，把这位传奇人物的悲欢离合，描写得淋漓尽致。关于杨贵妃的死，他的观点与中国历代学者观点一致，认为是被缢死于马嵬驿，而且还细致描写了杨贵妃被赐死前的态度。

但也有的学者认为杨贵妃并非死于马嵬驿佛堂或梨树下，而是死于当时的乱军之中，这可算是杨贵妃之死的第二种说法。这一说法的主要依据是一些唐诗的描绘。比如至德二年（公元757年），杜甫在叛军占据的长安城作了《哀江头》一诗，其中有"昭阳殿里第一人，同辇随君侍君侧"、"明眸皓齿今何在，血污游魂归不得"的句子，有人认为诗中暗示了杨贵妃并非被缢死于马嵬驿，因为如果是缢死了，不可能有血迹，何来"血污"之说。李益所作七绝《过马嵬》和七律《过马嵬二首》中有"托君休洗莲花血"以及"太真血染马蹄尽"等诗句，描绘出的都是杨贵妃为乱军所杀，死于兵刃之下的情景。白居易在《长恨歌》中也有"君王掩面救不得"之句，既然"救不得"，如何还有被赐死的可能呢？分明是被乱军所杀。晚唐杜牧《华清宫三十韵》中的"喧呼马嵬血，零落羽林枪"；张祜《华清宫和杜舍人》的"血埋妃子艳"；温庭筠《马嵬驿》的"返魂无验表烟灭，埋血空生碧草愁"等诗句，也都认为杨贵妃是血溅马嵬驿，并非被缢死。试想，在当时的情况下，军士群情激昂，处于失控状态，加之认为杨贵妃是"贼本"，因而在诛杀杨国忠的情况下，再乱刀砍死杨贵妃也并非没有可能。但是这一说法也历来为人质疑，因为所谓诗歌难免带有夸张、比兴、铺陈的创作手法，有着明显的文学色彩，并非为史实的实录，不足为据。再说这些诗人也不是马嵬驿事件的见证人，以讹传讹的可能性极大。

还有一说，认为杨贵妃是吞金而死。中唐刘禹锡在《马嵬行》一诗中曾这样写道："绿野扶风道，黄尘马嵬行，路边杨贵人，坟高三四尺。乃问里中儿，皆言幸蜀时，军家诛佞幸，天子舍妖姬。群吏伏门屏，贵人牵帝衣，低回转美目，风日为天晖。贵人饮金屑……平生服杏丹，颜色真如故。"这首诗中，明确指出杨贵妃为吞金而死。陈寅恪先生曾对此说法颇感新奇，但在所著的《元白诗笺证稿》中提出质疑，他认为刘禹锡所作《马嵬行》一诗，是流于"里中儿"的传言，所以会有很多说法。但是，陈寅恪也没有排除杨贵妃在被缢死之前，也有可能吞过金，所以才为"里中儿"所传说。

总的来说，杨贵妃被缢死于马嵬驿佛堂，为正史所载，可信性较大。但是由于年代久远，史料记载多有分歧，杨贵妃究竟是死于佛堂或者梨树下，抑或是被乱军杀死或者吞金而亡，恐怕难以说得清楚了。不过，以上所说无疑都证明杨贵妃确实是死了，那么她死后葬于何方呢？

杨贵妃葬于何方

　　根据《旧唐书》记载，由于当时正在西逃途中，事起仓促，杨贵妃死后只是用紫褥包裹，葬于驿道西侧，时年38岁。也就是说连口棺材也没有，只是拿褥子裹在尸体上，草葬于大路西侧，随后唐玄宗就起驾向西继续逃亡去了。唐玄宗走了以后，当地流传有一种掘墓观美人说法，事实如何，不得而知。不过，据史料记载，西逃第二年，唐玄宗回銮时（当然此时他已经是太上皇），曾经下令，将杨贵妃的遗体改葬。但是据《旧唐书》记载，宦官启开坟墓后，却发现杨贵妃的尸体已经没有了，坟中只剩下一个香囊，于是也只能把香囊献给太上皇了。从杨贵妃死到改葬，中间只隔了一年半的时间，尸体不可能全部腐烂，连骨头都没了。因此，这一记载难免令人生疑：这里边究竟有没有埋过尸体？白居易《长恨歌》也证实："马嵬坡前泥土中，不见玉颜空死处"。可见在唐时就已普遍认为杨贵妃并未葬在马嵬坡。那么杨贵妃究竟被埋在哪儿了呢？

　　要回答这个问题恐怕也不那么容易，因为现存的杨贵妃墓地就有四处之多。一处是在今天陕西兴平市马嵬镇西。近年来，经过当地政府修葺后的坟墓为一半坡上的小陵园，大门顶额上横书有"唐杨氏贵妃之墓"七字，进入园内，正面是一座三间仿古式献殿，献殿后面是坟冢，高3米，封土四周砌以青砖。之所以砌以青砖，还盛传一种说法：埋过杨贵妃的坟虽然时日不长，坟土却细腻光滑像擦脸的粉一样，并且奇香无比，所谓"此地纵千天，土香犹破鼻"。而且妇女用杨贵妃墓上的土搽脸，可以去掉脸上的黑斑，使面部肌肉细腻白嫩，其墓土也因此被称为"贵妃粉"，远近妇女争相以土搽脸，连外地游人至此，也要带包墓土回去。于是墓堆越来越小，守墓人不断给墓堆添土，但不久又被人挖光，为了保护坟墓，只好用青砖将其包砌。当然，这只是传说而已。杨贵妃墓前有一石碑，上刻："唐玄宗贵妃杨氏墓"。围绕墓的周围

**司杏花神
杨玉环**

古人常用花名来表示一年中的十二个月，比如旧历二月在中国又称"杏月"，传说唐代开元年间，每次唐明皇与杨贵妃夜宴完毕，园中杏花都常深深叹息，所以人们在杨贵妃死后将她奉为杏花女神，以此来纪念她倾城倾国的美貌。

唐玄宗幸蜀图 | 此图描绘唐玄宗为避安史之乱而行于蜀中的情景，画中人物颇显艰难，江山不稳而又痛失爱妃的唐玄宗此时心情之沉重可想而知。

有三面回廊，上嵌大小不等的石碑，刻有历代名人游后的题咏。如上所述，唐玄宗回銮时，曾密令人将杨贵妃迁葬。由此看来，该墓是原来的墓，还是迁葬后的墓，或者说不定就是杨贵妃的衣冠冢呢，这一切也都是未为可知。如今，在杨贵妃墓后的半坡上，还修有一亭，亭边用洁白的汉白玉雕了一尊高近 3 米的杨贵妃站像。雕像表情凝重，目光向下，若有所思，若有所悟……

另外，在日本山口县大津郡的久津渔村二尊院，保存有相传为杨贵妃墓的一座五轮塔。在久津二尊院里还供奉着释迦牟尼和阿弥陀佛两座立像，传说是唐玄宗为了安慰杨贵妃而特意送到日本来的，现已被日本列为重点保护文物。这在后面还要介绍，这里不再赘言。

2005 年 9 月，四川大学的蔡正邦等学者提出了一种杨贵妃葬地的全新说法。他们从多个方面论证杨贵妃死后并未葬在马嵬坡，而是葬于四川省崇州市的三郎镇。从史料上看，《资治通鉴》曾载，唐开元二十三年，"朋故蜀州司户杨玄琰女（杨玉环）为寿王妃"；"杨钊（杨国忠），杨贵妃之从祖兄也……从军于蜀得新都尉……杨玄琰卒于蜀，钊往来其家"。他们认为这一记载说明杨贵妃的父亲曾在蜀地为官，并且死后家人留于蜀中，所以杨国忠才会"往来其家"。因而杨贵妃出生于蜀州，而今天的蜀州即崇州市的古称。另外，《唐书》载，"贵妃缢路祠下，课尸以柴茵，瘗道侧，帝至蜀密遣使具棺椁葬焉"；而日本井上靖在所著的《杨贵妃传》中叙述，"（唐玄宗）即派

杨贵妃墓 这是陕西兴平市马嵬坡的杨贵妃墓，但一代名妃杨玉环真的香消玉殒在此处吗？

敕使祭祀杨贵妃……悄命宦官将杨贵妃遗体移葬别处"，这说明杨贵妃虽死在马嵬坡，但遗体却曾被迁葬。另外从资料看，杨贵妃喜爱多汁水果，并且喜欢香辣味，这与蜀中人相似。在《马嵬方志》中记载，杨贵妃死前嘱，入宫后常思念故乡蜀州的佳山秀水，请求死后归葬于翠围山中。从这些记载看，杨贵妃死后，唐玄宗听从其意，将她移葬到蜀中的可能性极大，而蜀中山水最佳的地方莫过翠围山。蔡正邦在对崇州市三郎镇进行的实地调查时，还发现翠微山中还残留有"大唐天宝"字样的石碑。据说，多年前，崇州市收藏家陈忠仁曾在翠围山附近遇见两个盗墓者，向他出售唐代五爪金龙黄袍和五彩凤凰二马裙，"丝绸保存得当，千年不朽"。唐代丝绸保存到现在是完全可能的，而黄袍和凤裙，非帝王家不可能拥有，而唐朝和翠围山有瓜葛的就只有杨贵妃一人。他们还从翠围山兽医马少君家听到一个世代相传的故事："杨贵妃墓就在翠围山中"。蔡正邦还从人文地理方面进一步论证说，杨贵妃墓应在三郎镇南面，墓北正对长安，正印证了古时合魂归里，面对"三郎"、"皇宫"的意思。他甚至认为，三郎镇的名称也与杨贵妃有关。由于唐玄宗排行老三，三郎是杨贵妃生前对他的昵称，唐玄宗缢杀杨贵妃后，心中有愧，就改镇名为三郎镇，长伴妃墓，以求得心理平衡。并且三郎镇还有一个九龙沟，龙被喻为天子，即皇帝，这与凤栖山也恰好对应。不过，这种说法虽然论证充分，也有合理之处，但只是一家之言，也多有牵强附会之处，事实究竟如何，还需要进一步挖掘和论证。

中国台湾学者魏聚贤甚至在《中国人发现美洲》一书中声称，他考证出杨贵妃并未死于马嵬坡，而是被人带往遥远的美洲，因而杨贵妃死后也就自然葬于美洲了。不过这一说法太过于渺茫，也就不好论辩了。

如果没有死，流落何方

　　如果真如前文所述，在日本或者在美洲真有杨贵妃的墓，那就说明杨贵妃根本就没有死于马嵬驿。史学界也真有人作此判断，认为当时只是赐死了一个宫女当作替身，以假乱真罢了，实际上杨贵妃只是被贬为庶人，流落于民间。我国著名红学家俞平伯就持这种观点。他在《论诗词曲杂著》中对白居易的《长恨歌》和陈鸿的《长恨歌传》作了考证。认为如果以"长恨"为篇名，写至马嵬驿已经足矣，何必还要在后面假设临邛道士和玉妃太真呢？因而认为其分明暗示，杨贵妃没有死于马嵬驿，并且诗中明言唐玄宗"救不得"，怎么可能会有正史所载赐死的旨意呢？因此，当时决不会被赐缢死。陈鸿的《长恨歌传》所言"使人牵之而去"，是说杨贵妃被使者牵去藏匿远地了。白居易《长恨歌》说唐玄宗回銮后要为杨贵妃改葬，结果是"马嵬坡下泥中土，不见玉颜空死处"，连尸骨都找不到，这就更证实杨贵妃未死于马嵬驿。特别是，陈鸿作《长恨歌传》时，唯恐后人不明，特为点出："世所知者有《玄宗本纪》在。"而"世所不闻"者，今传有《长恨歌》，这分明暗示杨贵妃并未死，而只是流落到了民间。

　　与上面观点相仿，有人认为实际上杨贵妃出家当了女道士。这种说法的依据也主要是白居易的《长恨歌》：既然"马嵬坡下泥中土，不见玉颜空死处"，说明杨贵妃并没有死。后来唐玄宗又派遣方士四方寻找，"上穷碧落下黄泉，两处茫茫皆不见"，认为白居易实际上暗示杨贵妃没有香消玉殒，命丧黄泉，而是流落到了"玉妃太真院"当了女道士，而唐时的"女道士院"实质上与青楼无疑，从而认为杨贵妃沦落风尘，入了青楼。也因此，唐玄宗才"此恨绵绵无绝期"，悔恨难当，无以言表。不过这两种观点都带有臆测和断章取义的嫌疑，都没有有力的证据为依托，并且白居易的《长恨歌》只是文学作品，难免会带有作者自己的想象和创造，虽然包含有一定史实，但拿来作为杨贵妃没死的论据，毕竟勉强。

杨贵妃观音像　民间传说杨贵妃并未死于马嵬驿，而是东渡扶桑。时至今日，日本许多地方都有关于杨贵妃的文物，这件杨贵妃像便是其中之一。杨贵妃东渡日本的传说或许是人们的一种美好愿望。

还有一种说法，杨贵妃没有死于马嵬驿，而是逃亡到了日本。俞平伯在论证杨贵妃没有死于马嵬驿的基础上，还进一步论证她几经周折，逃到了日本，随她一起出逃的还有杨国忠的儿媳及孙子杨欢。传说，杨玉环寓居日本时，还帮助日本天皇挫败过一起宫廷政变呢！至今日本还有两座杨贵妃墓。在日本民间和学术界有关杨贵妃逃到日本的种种说法，广为流传。其中一种说法是这样的：当时，在马嵬驿被缢死的，乃是一个侍女。禁军将领陈玄礼怜惜杨贵妃貌美，不忍杀之，于是与高力士合谋，以侍女代死。高力士用车运来杨贵妃尸体，查验尸体的便是陈玄礼，因而使这一金蝉脱壳之计成功。然后，陈玄礼的亲信护送杨贵妃南下，到了现在上海附近，漂洋过海到达了日本久谷町久津，并在这里颐养天年，直到逝世。据传说，安史之乱平定后，唐玄宗曾派方士出海寻找。在久津找到杨贵妃后，方士还将唐玄宗所赠的二尊佛像交给了她，杨贵妃则赠玉簪作为答礼。这二尊佛像现在还供奉在日本的久津院内。日本历史学家邦光史郎在《日本史趣事集》中也言之凿凿地说：杨贵妃最终死于日本，葬在久津的二尊院内。至今当地还保存有相传为杨贵妃墓的一座五轮塔。日本《中国传来的故事》（1984 年《文化译丛》第 5 期）一文中则记载道："唐玄宗平定安禄山之乱，回驾长安，因思念杨贵妃，命方士出海搜寻，至久津向杨贵妃面呈唐玄宗佛像两尊。杨贵妃则赠玉簪以为答礼，命方士带回献给唐玄宗。虽然互通了消息，但杨贵妃未能回归祖国，在日本终其天年。"1963 年有一位日本姑娘甚至向电视观众展示了自己的一本家谱，煞有介事地声称自己就是杨贵妃的后人。日本著名影星山口百惠，也自称是杨贵妃的后裔。如今的久津渔村，更以"杨贵妃之乡"而闻名。

华清宫 华清宫位于今陕西省临潼骊山北麓的华清池畔，自秦汉以来，历代多次修葺增建。

在日本的杨贵妃墓附近，除了墓上的五轮塔外，还供奉着一尊造型优美的杨贵妃塑像。有关学者在此调查中发现，杨贵妃墓前有两块木板，一块是关于五轮塔的说明，一块是关于杨贵妃的说明，上面写着："充满谜和浪漫色彩的杨贵妃之墓——关于唐六代唐玄宗皇帝爱妾杨贵妃的传说"。调查中发现这里的人们对杨贵妃有着特殊的感情，好像杨贵妃就是他们这个地方的人一样。甚至有人说杨贵妃在这儿还有后代，后代姓八木。他们一直坚信一个古老的传说：当年杨贵妃在安史之乱的形势下，被逼无奈乘坐"空舻舟"飘在海中，经过漫长时日听天由命地漂泊，由于海流的作用，漂到了日本一个叫作"唐渡口"的地方，这里便是如今日本山口县的久津。杨贵妃死后，村人合力将其葬于隔山望海的地方。这里的日本人至今仍喜欢到杨贵妃墓朝拜，说这样做可以得到漂亮可爱的孩子。

2005年，著名作家叶广芩，在对日本"杨贵妃故乡"久津进行了大量调查的基础上，结合史料进行分析后，发表了《杨贵妃下落之谜》的演讲文。对杨贵妃在刀光剑影中，如何逃亡日本进行了详细的论述。她首先实地考察了日本久津的杨贵妃墓和二尊塔，向当地的百姓询问相关情况，并到"唐渡口"实地看了回流情况，还看了日本记载的有关杨贵妃逃往日本的记录。最后论述了杨贵妃逃亡日本的可能。按她的解释，杨贵妃最后能远逃日本，主要基于以下四个要素：第一，杨贵妃本人待人还算厚道，在宫中并没有得罪什么人，大家对她还是很有感情的；第二，杨贵妃得到了当时处于调节唐玄宗和军队各方面关系的前夫李瑁的帮助；第三，得到高力士的大力帮助，当初就是高力士设计让杨贵妃先当道士，后成为唐玄宗的杨贵妃，所以他不可能勒死杨贵妃；最后，关键一点是她得到了时任鸿胪卿的侄儿杨暄的帮助。由于鸿胪卿相当于外交部部长的官职，杨暄与日本遣唐使交情深厚。杨贵妃可能沿着傥骆道从骆驿口进来，洋县出去，沿着汉江南下，然后到长江，再往南到海边，最后在日本遣唐使的帮助下到达了日本。她也表示这只是一种说法，中国正史的记录和日本的记录谁是谁非，是不好说清的。

由上述可见，随着时间的推移，关于杨贵妃之死的传说也就越来越生动，越来越具体，不过离开史实也就越来越远，戏说的成分也就越大。这其中反映出了随着时代的推移人们对杨贵妃之死的同情和一种重新的认识，也不排除在当今形势下，人们大打杨贵妃牌，借杨贵妃的声誉，来活跃旅游业。

总的说来，杨贵妃被缢杀于马嵬驿的史料是比较翔实的，且已得到公认。然而，杨贵妃出逃当女道士和逃往日本的说法，也言之成理，证之有据，似乎也不能轻易否定。至于事实如何或许还需假以时日，看能不能有更加有力的考古发现或者有关证据的出现。

皇后骂殿年画。民间传言宋太祖的皇后曾在殿前大骂太宗弑兄夺位，但历史真相至今无人说得清楚。

4

宋太宗

即位之谜

　　宋太宗（公元939～997年），北宋第二位皇帝（公元976～997年在位），在位22年，享年58岁，是宋太祖赵匡胤的亲弟弟。宋太宗本名赵匡义，为了避赵匡胤"匡"字讳，曾改名赵光义。在宋代历史上，宋太宗算得上是一个有作为的皇帝，因为他勤于政务，关心民生，所以死后谥号神功圣德文武皇帝。不过，这位英明君主，在野史记载中也有见不得人的污点，说他有弑兄篡位的嫌疑。

　　今天的史学者，围绕这一记载和正史中的种种说法，形成了两种截然不同的观点，一种认为是宋太宗"弑兄篡位"，夺取了哥哥的江山；一种认为宋太祖之死与他没有关系，他的继位合于情理。那么事实究竟如何呢？

斧声烛影中杀兄夺位吗

开宝九年（公元976年）十月二十夕，“上御太清湖以望气，……召开封王，即太宗也。延入大寝，斟酒对饮。宦官宫妾悉屏之，但遥见烛影下，太宗时或避席，有不可胜之状。饮讫，禁漏三鼓，殿下雪已数寸。太祖引柱斧戳雪，顾太宗曰：‘好做，好做。’遂解带就寝，鼻息如雷。是夕，太宗留宿禁内，将五鼓，伺庐者寂无所闻，太祖已崩矣。太宗受遗诏，于柩前即位。逮晓登明堂，宣遗诏罢，声恸，引近臣环玉衣以瞻圣体，玉色莹然如出汤沐。”

宋太宗像　中国历史上为争夺皇位而残杀亲兄弟的事件屡屡发生，宋太宗也没能逃脱残害手足的嫌疑。

这就是宋朝初年文莹和尚著的《湘山野录》一书关于斧声灯影的记载。斧声灯影之所以引人关注，就因为事情如此发展于情于理多有不合：正值盛年的太祖突然驾崩于“万岁殿”，并且未传位于两个儿子，而由弟弟赵光义继承大统。人们于是产生疑问：斧声烛影中，是太祖力劝弟弟继任大统，还是光义谋杀病中的哥哥篡位？

《湘山野录》关于“斧光烛影”的记载于是成了宋太宗弑兄篡位和后人对其即位合法性怀疑的直接证据。除此之外，后人还找出另外一些太宗可能弑兄篡位的证据。

《宋史·太祖本纪》中对太祖之死的记录就有不少疑点。该书对太祖的死只简略地说：“癸丑夕，帝崩于万岁殿，年五十，殡于殿西阶。”根本没有说明猝死原因。太祖无病无恙怎么就突然崩逝于“万岁殿”呢？这难免让人怀疑。所以，后人认为太祖突然猝死，是个历史疑案，而太宗此夜“留宿禁内”，且有“斧声烛影”之说，其弑兄篡位的嫌疑明显。

南宋遗民徐大绰在所著《烬余录》中更是直接写道，赵光义对归降的后蜀主孟昶的妃子、花蕊夫人费氏垂涎已久。可是，孟昶去世后，宋太祖将花蕊夫人纳为己妃。后来，太祖因病卧床，半夜时赵光义叫他，见他不答应，便乘机调戏花蕊夫人，但“太祖觉，遽以玉斧斫地。皇后、太子至，太祖气属缕”，赵光义慌忙逃回自己的王府，次日太祖驾崩。从这段叙述来看，赵光义好像是在皇宫陪伴患病的太祖，并趁他昏睡不醒，想乘机调戏钟情已久的花蕊夫人，但被太祖发觉，可能是他盛怒之下欲砍赵光义，由于病体虚弱，力不从心，未中赵光义而砍了地。等皇后和太子闻声赶到之时，赵匡胤已气息奄奄了。

太祖是病怒交加而死，还是为赵光义所害？尚难下断语。

另外，从太宗继位的过程来看，也大有可疑之处。据司马光的《涑水纪闻》记载，"太祖初宴驾，时已四鼓，孝章宋后使内侍都知王继隆（按：其他书籍上作王继恩）召秦王德芳；继隆以太祖传位晋王之志素定，乃不召德芳，径趋开封府召晋王。见医官程德玄坐于府门，……乃告以故，扣门与之俱入见王，且召之。王大惊，犹豫不敢行，曰：'吾当与家人议之。'入久不出，继隆促之曰：'事久，将为他人有。'遂与王雪下步行至宫门，呼而入。……俱进至寝殿。宋后闻继隆至，曰：'德芳来耶？'继隆曰：'晋王至矣。'后见王锷然，遽呼官家曰：'吾母子之命，皆托于官家。'王泣曰：'共保富贵，无忧也。'"这段记载与文莹《湘山野录》中说，"是夕，太宗留宿禁内"不同，而是说赵光义当夜回到了自己的府中，是在半夜由宦官王继隆和心腹程德玄陪同下一同前往宫中的，似乎证明赵匡胤崩逝之时，他根本不在现场，与"斧声烛影"无关。即使如此，也不免让人怀疑，宦官王继隆何以知道"太祖传位晋王之志素定"，平时有诏书吗？他是"金匮之盟"的见证人吗？宋后命他去召秦王德芳，为何竟敢擅作主张？程德玄怎么这么巧也到了晋王府？至少，这段记述明确表明，宋后召的是秦王赵德芳，即太祖小儿子，而并非是赵光义。只不过赵光义先于诸王子，抢先进了皇宫。再说，假如太祖已经明确传位于赵光义，他又何必"犹豫不敢行，曰：'吾当与家人议之。'"这话从何说起？宦官王继隆又说："事久，将为他人有。"又说明了什么？司马光的这段记载，显然考虑到了为尊者讳，有意为太宗开脱，但是这些含糊其辞的记载，是否又暗示了什么呢？

《宋史·太宗本纪》中在肯定宋太宗是"贤君"的同时，明确指出了四点非议："若夫太祖之崩不逾年而改元，涪陵县公之贬死，武功王之自杀，宋后之不成丧，则后世不能无议焉。"用白话来说，就是后代人难免对太宗有以下四点不解：其一，太祖去世后，他荣登皇位，为何不尊惯例次年改用新年号，而是连仅剩的两个月也来不及等待，就迫不及待地将开宝九年，改为太平兴国元年呢？他如此急于改弦更张是不是心怀鬼胎，想以此先入为主，造成不可逆转的既成事实？这难免让人生疑。其二，赵光义的弟弟赵光美，既然是"金匮之盟"中"兄死弟及"的又一皇位继承人，为何赵光义继位后，先任命其为开封尹兼中书令，封齐王，后来却将这位因避讳而改名为廷美的弟弟莫名其妙地剥夺了王位，贬为涪陵县公，导致其不久就"抑郁"而死呢？其三，太宗继位后，曾封为节度使和武功郡王的太祖儿子德昭，为何征讨北汉之后，好意规劝太宗信

北宋皇帝大驾卤簿图

守诺言，奖励出征的有功将士，太宗非但不听，居然说："待汝自为天子，赏未晚也！"德昭由此感到自己受到了深刻的猜忌和防范，性命早晚难保，回家后自刎而死。这种行径，无异于逼其自杀。一年之后，太祖年仅23岁的幼子德芳，也神秘地暴病身亡。人们由此不免怀疑"共保富贵，无忧也"的诚意。其四，太宗曾经把皇嫂宋后加封为"开宝皇后"，但其死后，却不按皇后礼仪发丧，这又是为什么呢？所以"察其言，观其行"，太宗根本没有兑现"共保富贵"的诺言，只看到他斩草除根，逐一消除了皇位竞争中的最后隐患。以上四点的出现，难道全部源于偶然？

宋太祖像

最后，我们再听听宋朝民间的声音。由于宋太祖暴死，五六年内两个儿子也不明不白地丧生，当时，民间就流传有各种版本的太祖神秘暴死和因果报应的故事。除"斧声烛影"之外，还有"宋太祖转世为斡离不，灭北宋，杀太宗子孙几尽"的传说。其中还有一个颇有影响的说法是这样的：宋太宗弑兄篡位，大逆不道，丧尽天良。由于其得位不正，导致北宋末年，半壁河山被占，钦、徽二帝被掳，宋太祖借金太宗完颜晟之手，报了是夜刀斧之仇。值得注意的是，宋太宗的后世子孙似乎也相信此说不假。南宋高宗赵构时，因为他没有儿子，大臣们曾就皇位继承一事议论纷纷，多认为：太祖是宋朝创造者，应该在他的后代中选择皇位继承人。对这种含沙射影之言，高宗开始时严加斥责，但是，突然有一天，他彻底改变了主意。据说，是夜晚上他做了一个奇怪的梦，梦见宋朝开国君主赵匡胤带着他，逆转时光，回到当日的"万岁殿"，让他看了那夜"斧声烛影"的全部情景，并且说："你只有把皇位传给我的子孙，国势才可能有一线转机。"也许梦境之说，纯属后人附会，但是高宗传位于宋太祖后代却是事实。高宗最终找到了宋太祖的七世孙赵慎，并把皇位传给了他。这时距离"斧声烛影"之夜，已经有187年。我们也难免惊诧，宋高宗这一举动是否含有认识并承认了自己先祖的罪孽，并通过自己的努力，向宋太祖及其子孙偿还了亏欠的历史孽债的意思呢？当然，也可能太祖子孙继承南宋江山只是历史的巧合，这种因果报应之说只是后人附会而来。但是这些民间流传的故事，不也在某种程度上反映着历史的真实？

金匮之盟的真伪

　　前文多处提及的金匮之盟也是太宗即位的关键所在。围绕金匮之盟，学者们各执一词，有的认为确有金匮之盟，有的则认为那只不过是太宗为了稳固自己的统治在几年后的欺世盗名的杜撰而已。

　　据《杜太后传》记载："建隆二年，太后不豫，太祖侍药饵不离左右。疾亟，召赵普入受遗命。太后因问太祖曰：'汝知所以得天下乎？'太祖呜咽不能对。太后因问之，太祖曰：'臣所以得天下者，皆祖考及太后之积庆也。'太后曰：'不然。正由周世宗使幼儿主天下耳。使周氏有长君，天下岂为汝有乎？汝百年后当传位于汝弟。四海之广，万机至众，能立长君，社稷之福也。'太祖顿首曰：'敢不如教。'太后顾谓赵普曰：'尔同记吾言，不克违也。'命普于榻前为约誓书，普于纸尾书'臣普书'。藏之金匮，命谨密宫人掌之。"

　　这就是历史上有名的"金匮之盟"。

　　关于金匮之盟，《宋史纪事本末》、《续资治通鉴》及《续资治通鉴长编》也有类似的记载，只是言语上稍有些出入。但是由于年代久远，"金匮之盟"的真伪，很值得怀疑。因为从当时的情况看，杜太后去世的时候，赵匡胤年仅34岁，正当壮年，这时他的儿子德昭已经14岁，即使太祖三五年后去世，也不会出现后周世宗遗下7岁孤儿继承大统，造成群龙无首的危险局面。在这种背景下，杜太后怎么会做出有悖封建社会"嫡长子继承制"常理的决定，而说什么"汝百年后当传位于汝弟"的"金匮之盟"呢？退一步说，假定真有"金匮之盟"，且"藏之金匮，命谨密宫人掌之"。那么，

"同姓诸侯王子"
印　北宋

太祖去世后，赵光义就应该立即拿出来，正大光明地宣示天下，说服众人。为何直到5年后，才在众论哗然的情况下，如梦初醒般地记起这件事来，并煞有介事地列举证人，公布誓约。因此，这难免让人怀疑，所谓的"金匮之盟"只是出于政治需要，太宗才伙同赵普伪造而来，以达到掩人耳目，为自己继位"正名"的目的。

　　对"金匮之盟"的可信性也有许多学者持肯定态度。从背景来看，北宋政权是通过陈桥兵变得来的，赵匡胤能够黄袍加身，主要在于后周时期典兵将领权势过重，赵匡胤大权在握；另外后周恭帝年龄太小不能控制局面，从而使赵匡胤有机可乘，取而代之。杜太后亲身经历过五代，面对五代君主13人，在位超过十年者无一，有7人死于非命这样一个王朝更替频繁、"你方唱罢我登场"的混乱局面，杜太后凭什么能够自信宋太祖就可以摆脱"宿命"，而不像周世宗那样英年早逝、最终导致幼主执政失国呢？加之宋朝初建，国基不稳，成为又一短命王朝的可能性很大。再者，虽然当时太祖正直壮年，身体无恙，但是政治变化无常，"人有旦夕祸福"，谁敢保证他就不会暴死，不会被人杀掉。假如真的这样，只有十余岁的德昭能应付这样的局面吗？而在这种情况下，具有丰富政治经验的赵光义无疑是最佳的继位人选。《宋史·后妃传》上也明确记载杜太后得知赵匡胤当上皇帝时，不但没有什么喜悦，反而语重心长地告诫他"吾闻为君难，天子置身兆庶之上，若治得其道，则此位可尊，苟或失驭，求为匹夫不可得，是吾所以忧也"。在这种背景下，杜太后以史为鉴，打破"嫡长子继承制"的固定模式，由年长者为君，以确保赵氏万年江山，是完全符合当时的时代背景和客观实际的。近代以来，有人否定"金匮之盟"，认为是宋太宗的伪造，毕竟都没有强有力的证据来证明其是伪造的，很可能是"嫡长子继承制"的固定模式在作祟，并由此而否定"金匮之盟"的可能性。综上所述，"金匮之盟"具有存在的条件和背景，其可能性极大。进一步来看，假设没有"金匮之盟"的誓约，宋太祖当时尚存两子，为何不立太子呢？

　　当然，宋人王禹偁在《建隆遗事》中记载有太祖立太子一事："上将宴驾，前一日，遣中使急召宰相赵普、卢多逊入宫，见于寝阁……普等复曰：陛下艰难创业卒至升平，自有

杜太后像　相传五代动乱之际，相术大师陈抟曾路遇杜太后，大为感叹："莫道天下无真主，一副担子两真龙。"后来，杜太后的儿子赵匡胤和赵光义先后称帝。

圣子当受命，未可议及昆弟也。臣等恐大事一去，卒不可还。陛下宜熟计之。"这是见到的唯一商议立太祖之子的资料，但查证史实可知，赵普于开宝六年（公元973年）八月被罢相，出镇河阳，不可能在太祖临终时被召入宫并谈及继承人的问题。而且史料中也从没有记载太祖驾崩前一日，有大臣建议立太子之事。由此可见其叙述之荒谬。事实上，终太祖一朝，正史上也未见有立太子一事。宋太祖从公元960年即位称帝，到公元976年驾崩，在位达17年之久，有两位皇子在世。假设没有"金匮之盟"，太祖为何不立太子呢？再说，按照封建王朝的传统，"太子，国之本也"，是封建王朝历代帝王都非常重视的一件大事，从历史上看，很多皇帝继位之初，就立下太子，比如在唐朝，公元618年5月，李渊称帝，"六月，立李建成为太子"；唐太宗立李承乾也是"太宗即位，为皇太子，时年八岁"，

雪夜访赵普 明 刘俊

此画描绘的是宋太祖雪夜私访宰相赵普，商议统一大计的故事。

为何独宋太祖迟迟不能定夺呢？也有人认为可能是太祖当时年富力强，圣体康健，不会料到突然驾崩，所以才未来得及立太子。但是事实上太祖去世时已经50岁，这在古人绝非早逝，并且在位已经达17年之久，若沿古制，早该立下太子了。所以，说太祖突然崩逝或者说英年早逝，不是不立太子的充分理由。再从《宋史纪事本末》记载来看："燕懿王德昭字日新，母贺皇后，乾德二年出阁。故事，皇子出阁即封王。太祖以德昭冲年，欲其由渐而进，授贵州防御使。开宝六年，授兴元尹，山南西道节度使、检校太傅、同中书门下平章事。终太祖之世，竟不封以王爵。"另一皇子德芳

也仅仅是在开宝九年被封为贵州团练使，这就是说，太祖在世时，授予两个皇子的职位都不高，离太子的地位还有很大距离。通过这些史实可以看出，太祖在世时根本就无意于立太子。那么太祖为什么不立太子呢？对此合理的解释就是皇位继承另有其人，金匮之盟不假，太祖已经决意由弟弟光义继任大统。

可是反对者对此还是颇有微词，他们说，假设真的有"金匮之盟"，太祖着意传位于弟弟赵光义，以免重蹈柴世宗之覆辙，那么赵光义即位后为什么还有那么多的异常之举呢？

比如，太宗即位后，对皇位更替中涉及的关键人物都大加封赏。任命其弟赵廷美为开封尹兼中书令，封齐王；德昭为节度使和郡王，德芳也封为节度使。太祖和廷美的子女均称为皇子皇女，太祖的三个女儿还封为公主。太祖的旧部薛居正、沈伦、卢多逊、曹彬等人都加官晋爵，他们的儿孙也因此获得官位。而一些太祖在世时曾加以处罚的人，都予以赦免。这难免让人猜疑，如此举动正是因为有难言之隐，不正之举，所以才广播皇恩，以稳定人心。除此之外，太宗更是注重培养和提拔自己的亲信，其开封尹时的幕府成员如程羽、贾琰、陈从信、张平等人都陆续进入朝廷担任要职，慢慢替换了太祖朝的大臣。尤其是他在位时期，第一次科举取士人数就是太祖朝最多时的两倍，当然科举取士使不少出身寒微的有才之士能够入仕，是一项很好的施政措施。不过，试想这些平步青云的"天子门生"无疑对太宗心存感激，甘心为其效力，从而太宗自然也能够把权力集中在自己手中，将整个朝廷逐渐变成服从自己的机构。此外，太宗还陆续罢黜了一批元老宿将如赵普、向拱、高怀德、冯继业和张美等，将他们调到京师附近做官，便于控制。太宗重用亲信，大规模地取士，让朝廷中的官职大换血，是否有让自己培养的人充当各种要职，即使朝野内外对太宗继位有所非议，也能大权在握无所顾忌呢？当然，所谓"一朝天子一朝臣"，太宗培养亲信的举动也许根本就无可厚非，毕竟每位皇帝登基后都会培养自己的亲信之臣，以稳固统治。这些论述无疑包含有后人先验性的有罪推论的影子。

合法继位吗

有学者认为，后世治史者大多乐于从考证"斧声烛影"的各个细节出发，来推断宋太祖死于非命，赵光义弑兄篡位，从而否定太宗继位的合法性。而"斧声烛影"仅仅是稗官野史的传闻，可信度究竟有多大呢？这种研究问题的出发点本身可能就是一个误区。要论证太宗继位的合法性，根本不能简单地从斧声烛影出发，以讹传讹，应该从"金匮之盟"的真伪、太祖兄弟的关系、太祖生前不立太子、太宗继位后各方的反应等方面来分析。此话确有道理。

从前面史料分析可以推断，太祖驾崩之日，赵光义确实来过宫中。但留宿与否是正史与野史的分歧所在。由于年代久远，史料记载如此，我们不好判断孰是孰非，但也不能偏执一词，就断定太宗是夜留宿宫里，此处只好存疑。并且，如果是夜太祖不豫，怎么可能如《湘山野录》记述太祖出殿"引柱斧戳雪"？宫女与宦官听不到二人谈话内容，怎么就单单听到太祖"柱斧戳雪声"、"好做，好做"以及"鼻息如雷"的声音呢？再说，如果真的是太宗杀死了哥哥，如"引近臣环玉衣以瞻圣体，玉色莹然如出汤沐"。既然野史者都知道太祖是被谋杀，太祖的儿女们能不知道吗？要知道，他们是最后装殓、守灵的人呀。他们怎么就没一点反应呢？退一步来说，就算是慑于太宗淫威，敢怒不敢言、怕祸及家人，可是后来太宗北伐辽国失败后，赵德昭因向太宗进谏赏罚问题，太宗说了句"待汝自为天子，赏未晚也！"一句话就把德昭气得自杀身亡，由此看来赵德昭并非没有血性之人，如果真有不共戴天的杀父之仇，他真的就会在沉默中忍气吞声？通过以上分析，足可看出《湘山野录》所述之谬。司马光《涑水纪闻》等史料中记载宋皇后遣王继恩召德芳一事也有可疑之处。要知道太祖驾崩之时，从德昭与德芳在年龄和官职上的对比来看，如果有子继承大统，也应该是德昭而不是德芳。后人只是耽于"好做"与"好为之"的解释与区别，以及利用"王大惊，犹豫不行"、"事久，将为他人有"等语来进行臆测，提出各种疑问，难免牵强附会，以讹传讹。至少，在没有进一步发现可靠史料的情况下，单凭揣测而妄下结论，是一种极不科学的方法，也更不能单凭怀疑就去否定一方，肯定一方。

从太祖与太宗的关系方面看

河南封丘陈桥乡"宋太祖黄袍加身处"碑

宋太祖发动陈桥兵变遗址

太宗即位也是合法的。赵匡胤兄弟在夺取后周政权以及后来统一南方的过程中，向来配合默契，信任有加，史书上对他们之间的关系多有记载，比如，"开宝六年夏四月，召开封尹光义，天平军节度使石守信等赏花习射于苑中"、"开宝九年六月庚子，步至晋王邸，命作机轮，挽金水河注邸中为池"、"光义尝有疾，亲为灼艾，光义觉痛，帝亦取艾自灸"。据说，太祖每次外出，必留光义守护都城；决策军国大事时也都让光义参与谋划；太祖曾想建都洛阳，大臣们纷纷劝谏，太祖都不采纳，倒是光义的一番陈说使得太祖改变了主意。太祖还对人说："光义龙行虎步，出生时有异象，将来必定是太平天子，福德所至，就连我也比不上。"以上叙述难免会有后来史官附会之嫌，但也可从中窥见二人手足情深之一斑吧。再试想，如果太祖预备传位于皇子，以太祖之英明以及"杯酒释兵权"压抑武将的手腕，能不知道让弟弟大权在握，会对皇子的继位构成巨大的威胁吗？可是，事实上太祖从没有压抑太宗的举动，一直对其信任有加，委以重任。这从光义步步升迁直至晋王的过程就可看出："建隆六年正月甲子，赐皇帝殿前都虞侯、匡义为光义"；"建隆二年七月"壬申，以光义为开封尹"；乾德二年"六月己酉，以光义为中书令"；开宝六年九月，"己巳，封光义为晋王，兼侍中"；"壬申，诏晋王光义班宰相上"。特别是开封尹之职，是通往皇帝宝座的重要一环，职位相当重要。如果没有对光义的充分信任，太祖是不可能让其担任的。所以，从史书上看，太祖与太宗之间一直关系亲密，彼此没有什么矛盾和分歧。《烬余录》中所述赵光义欲调戏花蕊夫人，被太祖发觉一事，明显是承接"斧声烛影"而来，并且其本身就值得怀疑，徐大绰何以知道此事？《湘山野录》记述"太祖引柱斧戳雪"，这里成了"以玉斧斫地"，并且又冒出了花蕊夫人当夜也在现场的附会。这些叙述明显为文人借题发挥，附会而来，不足为凭。并且单凭这件事就否定了太祖和太宗兄弟几十年的交情，未免把历史看得过于简单，而把古人猜测得太过于残酷，不合人情。

从大臣幕僚的反应来看太宗即位也是合法的。我们知道宋太祖以军事起家，靠军功进至殿前都点检，在军队中有根深蒂固的关系，这也是他陈桥兵变能够黄袍加身的基础。建国之初，太祖就大封功臣，基本上有功之人都得到了合适的位置。后来虽有"杯酒释兵权"之说，但石守信仍在开宝六年秋被授予"信兼侍中"一职，石守信之子保吉还得以娶太祖第二女延庆公主，拜左衙将军，驸马都尉；高怀德也尚燕国长公主，"开宝六年，加同平章事"；王审琦之子承衍在开宝三年尚太祖之女昭庆公主，其他重臣如楚昭辅在太祖朝时即为枢密副使，曹彬也已为枢密使、检校太尉、忠武军节度使，薛居正为门下侍郎、平章事等。就是说太祖驾崩之时，其功勋重将和亲信大臣仍在朝野中占据重要职位，如果太宗真的大逆不道，弑兄夺位，为何朝野没有一点反应呢？至少在正史和稗官野史中都没有见到因为太宗继位不合法而有人特意发难的事例。况且，太宗即位后并没有刻意压制旧臣，相反还继续留用，虽然，后来通过扩大科举而逐步补充和替换了太祖朝内的旧臣，但那也是说得过去的，"一朝天子一朝臣"，太宗继任大统后为了稳固自己的统治，就是换上自己的人马，也在情理之中。历史上皇帝继位后，不都大多如此吗？有什么可疑的呢？通过臣下的反应以及太宗对这些旧臣的态度，可以得出这样的结论：太祖传位太宗之意，可能早有表露，朝中文武诸将对这种违反"嫡长子继承制"的情况早有心理准备，所以平稳接受。另外就是太祖开国之初，加强中央集权，削弱武将拥兵自重的政策收到了效果。但总的来说，在政权交接过程中，没有出现丝毫的震荡，不正说明太宗即位是合情合理的吗？

由以上分析来看，所谓的"斧声烛影"根本不是太宗能否继承大统的关键，太宗继承大统也并非是"烛影斧声"这个偶然因素所能决定的，而是由当时的历史背景、稳固统治的需要、兄弟之间的关系等多方面因素综合起作用的结果。所以，太宗没有弑杀兄长，而是根据当时的情况，顺理成章登上皇位的。

鄂尔多斯的成吉思汗陵

5

成吉思汗

陵墓悬案

　　元太祖成吉思汗，本名铁木真，姓勃儿只斤，乞颜氏，蒙古人。他出生于群雄争霸、杀伐不已的 12 世纪，凭借着高超的军事才能，逐步消灭了蒙古草原上的各方势力，于 1206 年统一了蒙古各部，并建立蒙古国，成为蒙古草原最高的统治者。他还率领强悍的蒙古骑兵横扫亚欧大陆，成为人类历史上最著名的征服者。他的作为不但让当时的整个世界震惊，也让后人赞叹不已，美国《华盛顿邮报》评价其"最完美地将人性的文明与野蛮两个极端集于一身，至今还未找到一位比成吉思汗更为合适的人选"。就在人们感叹这位叱咤风云的草原英雄的丰功伟绩的同时，不免心生遗憾，因为他的真正陵墓至今没人知道在什么地方。无数历史学家和考古学家试图解开这一历史之谜，却屡屡失败。

神秘的丧葬仪式

据史书上记载，1226 年，成吉思汗以抗命之罪领兵亲征西夏。经过所向披靡的一系列征战，同年 12 月蒙古军包围了西夏都城中兴府（今宁夏银川）。到第二年 6 月，在强大的蒙古军围攻下，加之中兴府地面发生了大地震，西夏军民抵抗意志尽失，西夏灭亡在即。然而，就在西夏灭亡前夕，成吉思汗这位叱咤风云的伟大征服者，也和所有人一样无法征服死亡，走到了生命的尽头。这次出征前，成吉思汗就已感到身体不适，但是由于西夏使者的出言不逊，大大激怒了他，便愤而前往。这时西夏天气炎热，年老体衰的成吉思汗终生征战，已很疲劳，加之又染上了斑疹伤寒，病情日趋严重。弥留之际的他，让儿子窝阔台继承汗位，号令天下，并让诸子立下了拥护窝阔台继承汗位的文书。临死前，他又对窝阔台、拖雷以及诸大将嘱咐了深思熟虑的灭金方略（窝阔台遵循这一方略于 1234 年灭掉了金国），并特别叮嘱他们，他死后先不要为他发丧举哀，以免让敌人知道他已经死去。

成吉思汗像 元太祖成吉思汗，名铁木真，1206 年建蒙古国。成吉思汗一生南征北战，以惊人的气魄扩张着蒙古的疆域，促进了东西方文化的交流。但他的扩张也是侵略、屠杀，可以说他的功绩有多辉煌，他带来的灾难就有多可怕，二者都是那么突出。

根据成吉思汗的遗命，成吉思汗死后蒙古军秘不发丧，将装有成吉思汗遗体的棺木用毡子裹起来，秘密放到用 12 头犍牛拉着的大车上运往葬地（成吉思汗之死还有另外几种说法，这里不再详述）。为了不走漏半点风声，送遗体的灵车，沿途所遇，不管男女老幼，全部杀死。实际上这也合着一种古老的风俗，为死者寻找其在阴间的奴仆。尤其是当西夏国王带领众臣打开城门向蒙古军投降时，蒙古士兵如恶狼般扑上去，将人统统杀尽，把整座都城夷为平地。蒙古兵在杀死这些人的同时，还杀死这些人的牛马牲畜，边杀边说："到阴间侍奉我主去吧！"因此，沿途所遇人畜均成为刀下之鬼，杜绝了走漏风声。

等到灵车运到位于克鲁伦河上游的皇家大营后，成吉思汗去世的消息才得以公布。成吉思汗的灵柩被轮流放进各个斡儿朵（斡儿朵是成吉思汗生前的宫帐或行宫，也是其主要妻室所居之宫）。诸亲王、公主和主要将领得到拖雷发出的讣告后，立即从这个庞大帝国的各地前来奔丧，哭泣着向灵柩告别，据说远道者走了三个月才赶到。

另据传说，蒙古军曾征发 2500 名工匠为成吉思汗陵建造陵墓，完工之后，800 名士兵将所有工匠集中在秘密处杀死，然后，这 800 名士兵也被全部处死。所以，成吉思汗墓到底在何处就彻底地成了"天字号"的机密。

除此之外，成

蒙古军作战图　元

吉思汗（后来的蒙古大汗，元朝皇帝等都是）密葬后的处理方式也是他的陵墓不知所踪的一个原因。据说，蒙古诸汗下葬后，会驱驰庞大的马群在其葬地来回狂奔，扫灭痕迹，然后派重兵守卫，方圆数十里内均为禁地，不准任何人靠近。等到来年草木丛生，人马散去，根本无法辨认墓葬所在。关于此点，《蒙古秘史》上就有记载：蒙古皇族下葬后，先用几百匹战马将墓上的地表踏平，再在上面种草植树，而后派人长期守陵，直到地表不露任何痕迹方可离开。南宋彭大雅撰写的《黑鞑事略》则记述："其墓无冢，以马践蹂，使平如平地。若忒没真（铁木真）墓，则插矢以为垣（阔逾三十里），逻骑以为卫。"就是说成吉思汗墓的周围插箭矢为墙，围成了一个方圆三十里的禁区，设有骑兵守卫。1246 年来到蒙古的罗马教廷使节就这样描述："他们秘密地到空旷地方去，在那里他们把草和地上的一切东西移开，挖一个大坑，在这个坑的边缘，他们挖一个地下墓穴"，放入死者后，"他们把墓穴前面的大坑填平，把草仍然覆盖在上面，恢复原来的样子，因此以后没有人能够发现这个地点。"蒙古伊利汗国（拖雷之子建立）波斯史学家拉施特在《史集》中记载：守卫成吉思汗墓地的是蒙古兀良哈部的一个千户。还说成吉思汗下葬的当年，"野地上长起了无数树木和青草，如今那里森林茂密，已无法通过，最初那棵树和他的埋葬地已经辨认不出了。甚至守护那个地方的老守林人，也找不到通到哪里去的路了。"另据元末叶子奇的《草木子》记载，成吉思汗下葬后，除马匹踏平墓地外，为便于日后能找到墓地，"国制不起坟陇，葬毕，以万马柔之使平。杀骆驼子其上，以千骑守之，来岁草既生，则移帐散去，弥望平衍，人莫知也。欲祭时，则以所杀骆驼之母为导，视其踯躅悲鸣之处，则知葬所矣。"就是说在成吉思汗的坟上，面对着一头母驼，杀死了一只驼羔，将羔血洒于其上，并派骑兵守墓。待到第二年春天小草长出以后，墓地与其他地方毫无二致，无法分辨出墓地所在，守墓的士兵这时才撤去。成吉思汗的后代想念他的时候，就让被杀驼羔的母驼引路，如果母驼久在一个地方徘徊、哀叫，就说明这个地方就是陵墓所在地。

骑兵牵马玉雕　蒙古

那么，成吉思汗为什么要实行如此诡秘残酷的密葬方式呢？这与成吉思汗残酷的征战和蒙古族的宗教信仰和文化习俗有关。首先，成吉思汗清楚地知道，无数生前不可一世的统治者，其身后的坟墓往往遭到肆无忌惮的破坏，盗墓者或者是因为攫取墓中的财宝，或者是一种政治上的仇视。那么，作为杀戮无数的残酷征服者，成吉思汗有着无数的仇敌，为了免遭如此厄运，选择秘葬理所当然。其次，蒙古族早期信奉的萨满教认为，生命是生、死、再生的过程，人只是自然界的一分子，死后回归自然是天经地义的事情。而且人间万物都有灵和灵魂，人的灵魂藏在人的血和骨中，所以特别重视对血和骨的保存。人死后秘密埋葬，避免后人对其尸骨的干扰，是对死者生前灵魂的尊重。再者，依据蒙古族的风俗，他们认为祭奠人主要是祭灵魂，不是祭尸骨。人将死时，他们的最后一口气——灵魂将会离开人体而依附到附近的驼毛上。因此，他们一方面秘葬人的肉体，以免被侵扰；另一方面，大张旗鼓地祭祀帝王依附在驼毛上的灵魂。由此人死后埋葬遗体的所在并不是后代祭祀的中心，也就没必要留下标记。当然这也与蒙古人长期从事牧业，没有固定的所在有着密切的联系。

正是基于以上原因，不仅成吉思汗，包括以后的蒙古贵族和元朝皇帝，从来不建高大宏伟的陵墓，均实行秘葬，并且帝王陵寝的埋葬地点不立标志、不公布、不记录在案。这种"其坟无冢"，有墓无坟的丧葬方式，正是秘葬的具体体现。后世有关墓址的许多记录，多是捕风捉影，道听途说的附会，与事实的真相可能相距甚远，加之年代久远，寻找成吉思汗墓显得异常艰难，这也正是成吉思汗的陵墓成为千古之谜的主要原因。

鄂尔多斯的成吉思汗陵仅是衣冠冢吗

说到这里，难免有人会产生疑问，我国内蒙古鄂尔多斯草原中部鄂尔多斯市伊金霍洛旗境内明明坐落着著名的成吉思汗陵，蒙古人对其视为圣地，每年都要举办隆重的大祭仪式，这又是怎么回事呢？这里为什么不是成吉思汗的葬地呢？它与成吉思汗有着什么样的关系呢？

据介绍，鄂尔多斯的成吉思汗陵，史称"八白室"。按一般的说法，这里并非成吉思汗的墓葬地，而只是成吉思汗和他的六位夫人，还有儿子拖雷及夫人的衣冠冢。上面已经有所叙述，由于蒙古贵族有死后秘葬、不留坟冢的习俗，埋葬地点不为人知，无从祭祀。蒙古族为了纪念自己最伟大的领袖，在漠北高原最早建立了成吉思汗陵寝——八白室（八座可以移动的白色蒙古包），收集成吉思汗遗物供奉。《蒙古源流》中是这样记载的："因不能请出金身，遂造长陵共仰庇护。于彼处建白屋八间，在阿勒台山阴，哈岱山阳之谔特克地方建立陵寝，号为索多博克达大明成吉思汗。其名遂流传至今云。"从这一记载看，"八白室"建成后，很长时间内并无固定的地点，大致是在阿尔泰山和肯特山之间的高原上随着蒙古族的迁徙而移动。后来，到了清朝初年，左翼中旗的札萨克额璘臣被封为多罗郡王以后，才把"八白室"迁到了他的封地"郡王旗"之内。"八白室"所在的地方遂命名为伊金霍洛，意思就是帝

成吉思汗陵内供奉的马鞍具　蒙古

蒙古黑山头古城遗址

成吉思汗灵帐 成吉思汗陵后殿供奉着象征性的灵帐，正中央黄色灵帐内安放三副灵柩，中为成吉思汗和夫人孛儿帖灵柩，东、西两侧是另两位夫人的灵柩。

王陵墓（主人的陵园）。自从额璘臣担任盟长把八白室迁到这里以后，虽然后来又多次更换盟长，但成吉思汗陵的位置从未更动过，现在已经有三百多年的历史了。1954年，人民政府特别新建了具有民族传统特色的陵殿。那么，鄂尔多斯的成吉思汗陵是否就是衣冠冢那么简单呢？据中国最后一代蒙古王爷奇忠义介绍（他也是成吉思汗的第34代嫡孙），成吉思汗陵不只是衣冠冢这么简单，它实际上更具有不寻常的含义。奇忠义老人曾担任过蒙古自治区伊克昭盟（现鄂尔多斯市）副盟长，几年前才从内蒙古自治区政协副主席职务上退休。他介绍说："外人不知道，位于伊金霍洛旗的成吉思汗陵很重要，并不仅仅是成吉思汗的衣冠冢。成吉思汗的灵棺中有很多秘密。记得1954年大祭灵时，曾开过棺，当时的内蒙古自治区主席乌兰夫亲眼看过，里面确实有部分人骨。"他还说："从蒙古人的习俗和过去信奉的萨满教讲，祭奠先人主要是祭灵魂，不是祭尸骨。按照蒙古民族的习惯，人将死时，他的最后一口气——灵魂将离开人体而依附到附近的驼毛上。根据史料记载，吸收成吉思汗先祖最后一口气的驼毛，几百年来就收藏于鄂尔多斯成吉思汗陵。"从奇忠义老人的叙述可以看到，鄂尔多斯的成吉思汗陵可能保存有成吉思汗的尸骨和负载着成吉思汗灵魂的驼毛（以萨满教的观点）。从蒙古族的信仰来看，这里无疑就是成吉思汗的灵魂之所，在蒙古人民心目中也自然具有非同寻常的特殊意义。

由此，鄂尔多斯的成吉思汗陵，不是成吉思汗的墓葬所在，那么成吉思汗究竟被埋葬在了何方呢？

陵墓位置竟有四种说法

近代以来，随着考古的兴起，成吉思汗的墓葬之地，吸引了无数中外历史学家、考古学家的关注和探索，成为考古界注目的焦点之一。经过考证，人们发现成吉思汗陵墓的真正所在地存在四种可能。

据《史集》记载：有一次成吉思汗去打猎，在一棵榆树下静坐长思，而后忽然起立，对随从说："在这里做个记号吧，我死后就葬在这里。"于是他逝世后就在那棵树下"营建了他的宏大禁地"。这个地方叫不儿罕——合勒敦，蒙古人称其为"也可忽鲁黑"，

五体文夜巡铜牌　蒙古

意为"大禁地"。《元史》则记载从成吉思汗开始，窝阔台汗、贵由汗、成吉思汗幼子拖雷等以及元世祖忽必烈及历代元朝皇帝均埋葬于"起辇谷"。近代以来中外许多学者经过研究考证，都认为"不儿罕——合勒敦"即今蒙古肯特山，位于蒙古首都乌兰巴托东面一条东北西南走向的山脉。而"起辇谷"，则是一个蒙古语地名的音译，在肯特山脉的最南端，位于今蒙古国肯特省曾克尔满达勒一带。所以，人们认为成吉思汗陵可能在蒙古国境内的肯特山南（不儿罕山）、克鲁伦河以北的地方。

另外，马可·波罗在所著的《马可·波罗游记》中如此写道："在把君主的灵柩运往阿勒泰山的途中，护送的人将沿途遇到的所有人作为殉葬者。"而考古专家在新疆北部阿勒泰山附近的清和县三道海附近发现了一座人工改造的大山，故推测有可能这里是成吉思汗的葬身陵墓。

还有，成吉思汗是在1227年盛夏，攻打西夏时死于六盘山附近，按照蒙古族过去的风俗，十分忌讳尸体腐烂，人去世3天内就应该处理掉，或者天葬，或者土葬，或者火化。因为按照萨满教说法，尸体腐烂后，灵魂就上不了天堂了。所以，有关学者据此认为成吉思汗去世后不大可能千里迢迢运到遥远的漠北草原，就地安葬的可能性很大。

成吉思汗圣旨牌　元

此牌长22厘米，宽6.8厘米，银制，应是当时的令牌。

除了以上三点，还有人认为成吉思汗陵应该在鄂尔多斯市鄂托克旗境内千里山，至于依据何来，我们将在后文中详细表述。

既然已经圈定了成吉思汗墓葬的四个大致位置，寻陵也算有了大致的坐标，成吉思汗陵墓是不是应该很快就被发现了呢？事实恰恰相反，考古学家们在这四个大致位置上进行的成吉思汗陵墓的考古发掘，总是一次次失望而归。

近年来，在寻找成吉思汗陵墓的考古发掘中，以蒙日联合"三河源"考察队和蒙美联合考察队最为著名，影响也最大。

蒙日联合"三河源"考察队主要活动于 1990 年至 1993 年间。这支考察队由日本 80 岁高龄的著名考古学家江上波夫带领，与蒙古国科学院合作，斥资上亿元，采用了各种先进技术，将蒙古肯特山南（不儿罕山）附近进行了地毯式的大勘测，总考察面积达一万多平方公里。

从技术上来说，如果某地葬有成吉思汗，这里的地表数据也一定有异常，因而会反映在相关的仪器上。为此，他们动用了航空勘察测量飞机，购买了几乎覆盖整个蒙古草原的卫星影像图、大比尺地形图等资料，使用了当时最先进的探测仪器，能对地下 30 多米深处进行考察。后来，针对有些人提出的，几个世纪过去了，沧海桑田，河流可能改变了原来的河道，流过坟墓，河水也可能在坟墓的上方汇聚成湖的情况，日本专家又利用各种先进技术，精确绘制了相关的湖泊和河流地图，寻找不正常的排水孔道，可谓挖空心思，精益求精。"他们动用了一大堆仪器，有些像是地雷探测器，有些是挂在脖子上不知名的黑盒子。这些人聚精会神地盯着仪表上的指数看，要不就倾听耳机里传来的声音，拨弄几个转钮或是开关。他们动用卫星摄影技术，照遍了不儿罕山的每个角落，空照图密得跟马赛克一样，然后用经纬仪跟距离测定仪进行田野调查。他们希望寄托遥感技术，彻底检查植物、土壤、岩石和磁场。"从这些记载可以看出这次探测的水平之高和规模之大，考察人员工作的敬业和仔细。但是，除了在肯特山（不儿罕山）附近挖掘了近 350 座 13 世纪以前建造的古墓外，没有发现一座皇陵，最后不得不放弃。

在日本大规模考察失败后，2000 年 8 月，美国的探险家、亿万富翁克拉维兹率领着由科学家、考古教授和翻译人员组成的考古探险特别小组，满怀信心地来到乌兰巴托，踏上了又一次寻找成吉思汗陵墓的征程。这次他们吸取了日本考察队固守一地的错误教训，先是把《蒙古秘史》中出现的 200 多处地名和道路名称标

战鼓　蒙古

在地图上，并将该地区在当时发生的历史事件进行对比、整合，绘制成《成吉思汗历史地理地图集》，标示出成吉思汗死后最有可能埋葬的地方，然后有重点地逐一挖掘、寻找。

2001年7月间，考古探险队在偶然的情况下，认识了一位76岁的蒙古牧羊人。这位牧羊人说他接受上辈的命令，几十年来一直在看守着一堵石墙，因为他父亲告诉他，那里埋葬着一位大人物。并且他们家很早就守卫在这个地方，至今已传了40代。这一发现让考古队怦然心动，后来在牧羊老人的引导下，考古队发现了这片墓地。据报道，这片大型的墓群离乌兰巴托只有10小时的车程，邻近俄罗斯边境，位于一片被茂密森林完全覆盖的偏远地区。墓群一面靠山，另外三面被高墙围住。从坟墓的建造工艺和大小判断，应该是元朝贵族的陵墓。据《蒙古秘史》记载，这里曾经是成吉思汗祭祀、朝拜的地方，据说，成吉思汗父亲的遗体就安葬在这里。并且墓群位置与史书上记载成吉思汗出生的地方和他1206年称帝的地方相距不远。随后探险队还在墓群附近发现了一些陶瓷的碎片，专家鉴定这些碎片的形成时间可以追溯到成吉思汗出生的年代，由此判断该墓群建成的时间应该与成吉思汗生活年代相吻合。

考察队成员再也掩饰不住内心的激动，克拉维兹对新闻界表示，成吉思汗的陵墓极有可能在这一墓群之中，因此他们的发现已经"十分接近成功"。2001年8月，世界各地的新闻媒体更是纷纷报道了"成吉思汗陵找到了"这一激动人心的爆炸性新闻，引起了整个世界和考古界的震动。蒙古历史学家称，如果这支探险小组真的找到了成吉思汗下葬的陵墓，这次发现将会比特洛伊城和图坦卡蒙陵墓发现更具有轰动效应。甚至一位不愿透露姓名的专家猜测，成吉思汗的陵墓里可能埋藏着大量奇珍异宝，比图坦卡蒙国王陵墓里出土的宝物绝不逊色，里面的工艺品甚至会比秦始皇陵出土的兵马俑还要壮丽。

蒙古专家的预言，使这次探险活动备受关注。2002年6月，克拉维兹宣称考古队拿到了所有必要的许可证，开始进入了紧张的挖掘阶段。几个星期后，考古队报告了一个奇怪的现象："我们往下挖掘，碰到了一层石板，石板下面是弯曲的甬道，其中大部分是弯向西方。我们因此认为，这些洼地并非我们以前所想的墓地，而是举行献祭仪式的场所。有一次，我们在甬道中发现了人的遗骸，但在甬道里面和周围更多发现的是动物遗骨。"随后，考古队又挖掘出了一些石制的蛇形墓葬品和一些萨满教的祭祀用品。但他们万万没有想到，在一面"施舍者墙"里竟然布满了毒蛇，而这些毒蛇被当地人看成是保护祖先英灵的守护者。这些毒蛇张牙舞爪地扑向考古队员，一个月内接连有数人被咬伤。特别奇怪的是考古队的汽车好端端地停放在山坡上，周围无人靠近，可就在考古队员眼睁睁地注视下，无缘无故地从山坡上滑动，翻下山坡。这样一来，在当地蒙古百姓中盛传的成吉思汗陵受到神秘符咒的庇佑，任何人不得惊动的言论愈加纷纷扬扬，都说这是成吉思汗"显圣"的表现，对考古队的敌对情绪陡增。其后不久，一位美方考古队员把挖掘出的一个头盖骨，随手放进了一个盆子里。这一失礼的玷污神灵的举动，经媒体曝光后，更是引起了舆论哗然。蒙古人对此极为愤怒，因为他们深信死者的尸骨不应受到打扰。所以，当蒙古民众纷纷强烈反对挖掘时，当地政府在调查中发现考古队的手续不全，于是蒙古国政府勒令考古队停止挖掘并撤出那个地区。主要投资人克拉维兹也不得不宣布停止考察活动。随后，蒙古政府组织专家对这片墓地进行了勘测，最后证明那只不过是一块假墓地，根本不是什么成吉思汗陵。克拉维兹的蒙古考古也至此结束。

此后，2004年10月6日，英国《泰晤士报》又突然报道称，一支蒙日联合考察队宣布：他们找到了可能打开成吉思汗陵墓之谜的"钥匙"——成吉思汗的"灵庙"！据报道，他们在位于距离蒙古首都乌兰巴托约150里的阿夫拉加市达尔根哈安村附近，发现一座建在四角形基座上的13到15世纪的灵庙遗址。在灵庙的下方是一座几乎已成废墟的石头平台，在石头平台的下方藏有许多坑洞，里面埋葬着许多战马的骨灰和遗骨。从战马遗骸的数目之众来看，这座陵墓的主人显然地位非同寻常。由此，如果"灵庙"身份得到确认，那么将会在灵庙方圆12公里范围内锁定成吉思汗的陵墓。不过，此后就再也没有下文了。至今，寻找成吉思汗陵墓的工作仍在继续，但是不知何时才能找到。

阿尔寨石窟可能是成吉思汗墓

在国外学者大规模寻找成吉思汗陵的同时，我国的考古工者也对我国境内的成吉思汗可能的埋葬地点进行了大量细致的考察、寻找工作。

2003年7月8日，有新闻报道：距离内蒙古鄂尔多斯市成吉思汗陵"八白室"不到200公里的阿尔寨石窟附近很可能存在成吉思汗的真正墓地。阿尔寨石窟位于鄂尔多斯高原西部，分布于高约80米、东西长约300米的褐红色砂岩平顶山——阿尔寨山上。据《蒙古秘史》中记载："冬，间于阿尔不合地面围猎，成吉思汗骑一匹红沙马为野马所惊。成吉思汗坠马跌伤，就于搠斡尔合惕地面下营。"据专家考证，"阿尔不合"，就是现在的阿尔巴斯；"搠斡尔合惕"，蒙语意为"多窟汇聚之处"，而蒙古高原石窟甚少，堪称"多窟汇聚之处"的目前发现的仅有阿尔寨石窟。《元

成吉思汗灵柩　蒙古 | 位于内蒙古鄂尔多斯市成吉思汗陵内。如果谁能在不久的将来发掘出真正的成吉思汗陵，那么几乎可以认为这将是 21 世纪最重大的考古发现。

史》记载："太祖 22 年围西夏，闰五避暑于六盘山，六月西夏降，八月崩于萨里川哈喇图行宫，葬于起辇谷。"可是"起辇谷"究竟是什么地方，说法众多，一直没有定论。清代张穆《蒙古游牧记》引证此话之后说明，"史称起辇谷其地在今赛因诺颜左翼右旗与鄂尔多斯右翼中旗之交无疑也"。而鄂尔多斯右翼中旗的俗称就是"鄂托克"，即今鄂托克旗，只不过是蒙语的相近汉语音译。彭大雅著的《黑鞑事略》中说："霆见忒没真（即铁木真）之墓，在泸沟河之侧，山水环绕。相传云：忒没真生于此，故死葬于此，未知果否。"而在鄂尔多斯地区的蒙古族中一直流传着成吉思汗葬于这一地区的说法，与《黑鞑事略》的记载是一致的。

经过多年考证，鄂托克旗史办主任、《鄂托克旗志》主编仁钦先生和巴图吉日嘎先生发现，鄂托克旗阿尔巴斯地区的地名，与上述历史记载的多有吻合之处，在鄂托克旗西北部靠近黄河的地方确实有一座千里山，山间的沟就是千里沟。其名的蒙古语为"其额勒"，与"起辇"谐音，汉意为人迹罕至的高山深峡，即龙潭虎穴。起辇、千里均从"其额勒"转译而来，史称起辇谷即今千里沟。

另据介绍，阿尔寨石窟东南侧的十号石窟为成吉思汗养伤时所住，成吉思汗那把战无不胜的苏勒德神矛就竖立在石窟的门前。石窟的门旁有一座佛塔浮雕，应该属于西夏风格。据说，为了方便成吉思汗坐着射箭，蒙古人还在门前的石崖边上凿雕了两道竖壕。

尤其是第 28 号窟中西面墙上的一幅壁画还被认为是"成吉思汗安葬图"。内蒙古社科院著名研究员潘照东说，呈梯形结构的壁画，除了绘有山川、河流、原野，还在突出位置描绘了两军交战时的场面，我们完全可以将其理解为成吉思汗征讨西夏时的写照。再往上，还能看到"红沙马为野马所惊，成吉思汗坠马跌伤"的故事。除此之外，壁画还详细描绘了成吉思汗入葬时的情形。透过这种安葬之礼以及壁画中对密宗法王的大篇幅绘制，我们可以判

成吉思汗陵壁画 | 此图表现了蒙古军队将帅庆祝胜利的场景。

断这幅画里的寓意应该是成吉思汗为密宗法王下凡，这一点与元朝泰定三年所刻《有元重修文殊寺碑铭》的记载也是一致的，碑文说"金转轮王皇帝南瞻部洲，为世之主，位传于成吉思汗皇帝……"值得一提的是，在壁画上，成吉思汗家族与密宗法王之间的背景上，绘有一座赭红色平顶山，极像阿尔寨石窟山。

潘照东研究员认为，虽然成吉思汗是否就葬于这一地区，目前尚不可下最后结论。但有几点不容忽视：其一，综上所述，这里的地貌、地名特征与《蒙古秘史》、《史集》、《蒙兀儿史记》等史料中所描述的成吉思汗葬地相吻合，这绝对不是巧合。阿尔寨石窟山石窟的壁画也不容忽视。其二，史籍一般都认为成吉思汗病逝于甘肃省清水县的六盘山，时值8月酷暑之时，遗体怎么能运回千里之遥的蒙古高原北部呢？况且，蒙古人没有肉身崇拜的传统，认为人的肉身来自大自然，去世后还应回归大自然。早日安葬，灵魂方可升天。因此，成吉思汗去世后，遗体不可能会存放太长时间，尸体运回蒙古高原北部的可能性极小。其三，成吉思汗去世时，西夏虽灭而金、宋犹存，清水县当时仍为兵家必争之地，不可能安葬在那里，而鄂尔多斯草原已有一年多的经营，且为大军驻扎的后方，距离六盘山的路程三天就可以到达，成吉思汗病逝后埋葬

于此的可能性很大。最后，至今这里还流传着成吉思汗的种种传说。比如，当年成吉思汗南征时，在这一地区驻屯大军，一日，正值秋高气爽，晴空万里，成吉思汗带着108只猎狗，在草原上围猎黄羊、狍子、狐狸。人困马乏之际，成吉思汗命兵器巨匠尧勒达日玛用最快的速度找到水源地，钻出108眼井，解了燃眉之急。而据当地牧民介绍，这里原来确有108眼深井，随着风吹沙卷，有些井毁弃了，目前仍剩下80多眼。由于生态恶化，水位下降，多数已无水可取。这里还有一个叫"驼羔梁"的地方，据当地人介绍就是成吉思汗墓上杀死驼羔的地方，以前还有一块拴母骆驼的巨石，在"文化大革命"时期被毁。并且阿尔寨山是长期祭祀成吉思汗的场所，并在该山的东、西、南面半圆形分布有13座敖包，分别祭祀成吉思汗的苏鲁锭军旗、成吉思汗的两匹骏马、他的幼子拖雷和弟弟哈撒尔的军旗等。神秘的阿尔寨石窟延续了700多年一成不变的祭祀活动，绝非偶然。

不过，这里究竟是不是成吉思汗的葬身之所，还需进一步考证，并找到确凿的、令人信服的证据才行。

墓中是否有大量珍宝

长时间以来，成吉思汗陵墓吸引了无数考古学家前仆后继地去寻找，一方面源于成吉思汗"人类之王"的巨大影响力，另一方面主要是盛传成吉思汗墓中可能埋藏有无数价值连城的珍宝。

那么，成吉思汗陵究竟有没有这么多无价之宝呢？对于这一问题，波斯和西方史籍的记载与中国史书不太一样。罗马教廷使节报告说埋葬帝王贵族时"同时也埋进大量的金子和银子"。波斯史学家志费尼在写的《世界征服者史》一书中称，成吉思汗死后，窝阔台即位，按习俗，下令为成吉思汗的英灵散发食物三天，并从氏族和家族中挑选40名美女，她们穿着用黄金和宝石装饰起来的贵重衣服，与一些骏马一齐成为成吉思汗的祭品。有的还记载成吉思汗之孙伊利汗旭烈兀下葬时"依蒙古旧例，掷黄金宝石于墓中"，由此推断成吉思汗的墓中一定埋藏着无数的珍宝。一位蒙古学专家也曾预言：成吉思汗的陵里埋藏的奇珍异宝可能比秦始皇陵出土的兵马俑还要壮观，因为成吉思汗的陵墓里可能埋藏着他东征西讨，从20多个王国得来的无价珍宝。还有人认为，土耳其考古学家在发现的蒙古帝国中亚统治者——忽必烈的弟弟——比尔格可汗的陵墓中，挖掘出了2800件金、银、珠宝。以此类推，成吉思汗的陵墓里一定埋藏着更多的奇珍异宝。

中国有关专家认为：事实上，中国的文献中并没有发现成吉思汗的陵墓中藏有大量宝藏的记载。《世界征服者史》一书中，提到用40名美女陪葬，但是这并非就意味着成吉思汗墓中也有许多价值连城的珍宝。另外忽必烈的弟弟比尔格可汗，当时已经是一个远离草原文化的蒙古族人了，他的墓葬难以代表生活在蒙古本土的蒙古可汗们，他的墓中发现了大量陪葬

扳耳金杯 元 ｜ 这是蒙古汗国的宫廷用品。

的珠宝、黄金，并不能代表成吉思汗的陵墓中一定存在鲜为人知的宝藏。从有关史料看，依照蒙古人的习俗，人死后随葬的物品大多都是生前常用之物，皇帝也不例外。成吉思汗陵中可能随葬的有他生前征战用的马鞍、金酒具和殉葬的美女，不过数量究竟有多少不得而知。另外，据猜测，成吉思汗生前用兵无数，蒙古帝国历经征战，所以他的陵墓中，应该有大量兵器随葬，如用过的刀剑、强弩、铠甲等物。不过，有没有所谓的从20多个国家掠夺来的宝藏，是很值得怀疑的。总的来说，成吉思汗墓中究竟有没有传言的那么多珍宝？也只有待到成吉思汗墓被找到打开后，才能大白于天下。

可能是天葬或葬于湖底

对于成吉思汗陵墓的探寻，虽然从没停止，并流传种种说法，但至今仍如大海捞针般缥缈。成吉思汗究竟埋身何处？这一疑问恐怕还将久久萦绕在人们的心头。

近年来，随着人们对蒙古族文化习俗研究的深入，考古界流传出一种全新的观点，认为成吉思汗可能采取了天葬，从而没有留下任何痕迹。这一观点的有力证据是，1935年在鄂尔多斯达拉特旗地下发掘出了一只铁制小柜，柜中藏有一本残破的蒙文小书，系曾随成吉思汗出征的蒙古将领突拔都所记成吉思汗病逝后的情况。据1939年成书的《伊克昭盟志》引述上面的文字说："大汗出征突藑，因大汗鬃鬃（因字迹残缺模糊，辨认不出，以相代，下同）议举天葬……丞相奉汗衣冠宝剑，熏沐置七宝箱内（即当今之银棺），使神驼载运，拟葬鬃鬃。行大漠四十七日……又行鬃日至平漠洼地，驼立不行，臣民以主喜悦，为营葬于洼地高原（当系今伊金霍洛旗），设戍守护……四处觅宝剑，至百里外草地上寻获，就其地置为宝库（即今内蒙古之苏勒定霍洛），四时享祭。"如果这一记载属实，成吉思汗逝后可能就择时、择地

实行了"天葬"。

实际上，这一记载与蒙古族曾流行的天葬习俗是一致的：人死了以后，要先给他穿上新衣服、新靴，再用白布缠裹身体放在车上，也有用马或骆驼驮的。一切准备停当，用皮鞭狠狠抽牲畜，让它拉着车任意颠簸、奔走，根本不用理会尸体会掉什么地方。等到第三天，再沿着车印寻找尸体。尸体如果被猛兽、野禽吃掉，就意味着死者的灵魂已经升入天堂，如果没被吃掉，还要请喇嘛为他念经，为他赎罪。还有传说，装尸体的车在有人驾驭的情况下，向山上走，或任其颠簸，尸体掉在哪儿，哪儿就被看作是吉祥之地，就在那里用土块、石块把尸体围起来。这种"求天卜地"的葬法流行的范围很广。

当然，我们不能据此就肯定成吉思汗被实施了天葬，但是根据当时天气炎热，遗体不便保存，蒙古人又忌讳尸体腐烂等情况看，成吉思汗遗体运回蒙古北部的可能性不大，而实行天葬的可能性不是没有。退一步说，就算成吉思汗和以后的蒙古汗国帝王和贵族全都是实行了诡秘的秘葬制度，那么，在当代这么多考古队，配备着大量先进仪器的大规模搜寻中，为何连一个蒙古汗国帝王的墓葬都没发现呢？这也难免让人怀疑。史书和后人所记载的成吉思汗去世后的安葬情况，可能仅仅是后人的猜想和臆断。也有可能蒙古皇帝和诸汗王都是采取了保留灵魂而忽视尸体的天葬方式。毕竟从成吉思汗开始，历代蒙古大汗和元朝皇帝的安身之所全都杳无踪迹。这也确实不失为一家之言，因为

成吉思汗放鹰捕猎图

这是一幅中国丝绸上的绘画。狩猎是蒙古人重要的生活内容，在狩猎时，鹰是猎人的向导，它负责搜寻猎物，引导方向，所以蒙古人出猎时往往将鹰带在身边。

蒙古族有着其完全不同于汉族的文化和宗教信仰，他们重视的是人的灵魂而不是肉体。如果真的如此，就不难理解考古队为什么屡屡空手而归，一无所获，因为不可能找到本来就不存在的东西。当然，这一说法还需要进一步的论证，现在还难下结论。

天葬说法以外，还有一种说法也甚为奇特，那就是有人认为成吉思汗可能被葬于吉尔

成吉思汗生平记事

1162 年	铁木真出生于蒙古乞颜部
1172 年	铁木真一家被逐出族，母子艰难度日
1178 年	蒙古泰亦赤兀惕部袭击铁木真一家，铁木真死里逃生
1182 年	铁木真被推举为乞颜部的可汗。
1204 年	铁木真攻乃蛮，杀其酋长太阳汗，又破篾儿乞部
1205 年	铁木真攻西夏，大肆掠夺
1206 年	铁木真统一蒙古高原，被推为成吉思汗，是为元太祖
1207 年	第二次攻夏，四处掳掠
1209 年	第三次攻夏，迫使西夏纳女求和，并答应每年向蒙古纳贡
1211 年	攻打金国，歼金军于会河堡。蒙古军入居庸关，分兵攻掠
1213 年	自将攻金，拔涿、易等州
1215 年	其部将攻陷金中都，焚宫室，掠妃嫔
1218 年	大将木华黎攻金河东诸州。灭西辽
1219 年	发动西征，历时七年，灭花剌子模等国
1221 年	率军攻陷西域玉龙赤杰等十余城
1222 年	召见全真教领袖丘处机，询问长生不老之术
1223 年	木华黎攻取金重镇浦州，不久积劳成疾而逝
1225 年	春，结束历时七年的西征，回到在斡难河源头的大汗汗廷
1226 年	率军攻打西夏，全胜而归。西夏王李睍降于蒙古，夏亡
1227 年	七月，成吉思汗病逝，终年六十五岁。四子拖雷监国

吉斯斯坦东北部的伊塞克湖湖底，所以至今难以找到。伊塞克湖，位于海拔 1600 米的高山上，面积约 6236 平方千米，平均水深 278 米，最深处达 668 米，湖容 1738 立方千米。伊塞克湖属于高山不冻湖，湖水清澈，风景优美，是与黑海和里海齐名的著名疗养地，也是吉尔吉斯人民引以为豪的高山明珠。对于这个湖泊的由来，至今在伊塞克湖附近的人民中间仍流传着少女跳崖，城堡变成湖的古老传说。传说很久以前，高山上有座美丽的城堡，主人是个贪婪、残暴的大汗。山脚下住着牧羊人美若天仙的女儿，许多人倾慕

骑射图　蒙古　此图绘箭在弦上蓄势待发的瞬间，表现出蒙古人的矫健，很有"弯弓射大雕"之势。

成吉思汗统一漠北图 | 骑兵的作用从成吉思汗率领的蒙古铁骑身上最能体现出来。

她的美貌前去求婚，但姑娘一直回答说，"我已有了心上人"。姑娘的心上人是一位英俊的骑士。这位青年骑着白马带她来到一个很高很高的地方，从手中摘下戒指戴在她手上说："我很快会再来。只要有戒指在，你将远离任何灾难。"姑娘一直等着他的心上人的归来，所以，大汗带着贵重礼物来求婚，同样遭到了拒绝。姑娘独自上山去找心上人，不小心弄丢了戒指。她哭着往家跑，半路上被劫持到城堡中。但姑娘宁死不从，纵身跃出窗外，落下悬崖。就在这时，地动山摇，大汗的城堡开始往下沉，从四周的山谷中涌出一股股洪水冲向城堡，直到山谷和城堡一起没入水底……

　　传说当然不可信，但是伊塞克湖底确实有古城堡遗迹却是真的。所以，伊塞克湖湖底考古也越来越引起史学家和考古学家的兴趣，并且他们已从湖底打捞出一些古代的生活用品和古钱币，经鉴定是成吉思汗时代的物品。因此对于伊塞克湖湖底秘密的猜想和推测越来越多，最具爆炸性的观点就是：成吉思汗的墓地就在伊塞克湖底。吉尔吉斯斯坦国不少历史学家和考古专家都支持这一推断。因为，从史书记载看，当年这一地区是成吉思汗儿子的属地。据说，成吉思汗去世后，其后人秘密地将成吉思汗遗体和众多的财宝运到湖区，并制作了巨大的石棺，将遗体和财宝装入其中并沉入湖底。然后将其他财宝藏在伊塞克湖地区的山谷中，引泉水将它们掩藏起来。后来所有参与引水工程的人都被杀死了，藏宝的秘密至今也没有被揭开。

　　成吉思汗是否真的是实行了天葬？或者是葬于湖底，不为世人所知？还是葬于蒙古国的肯特山？抑或是内蒙古的阿尔寨石窟中？新疆的阿尔泰山上？墓中到底有没有盛传的那么多珍宝呢？这一连串的疑案，在不时传来的所谓成吉思汗陵墓重大发现的新闻中，愈加显得扑朔迷离，真伪莫辨。

此图为明代建造的南京城垣。如果建文帝真的侥幸逃脱，无疑将成为明成祖朱棣的一块心病。

6

明建文帝朱允炆

下落之谜

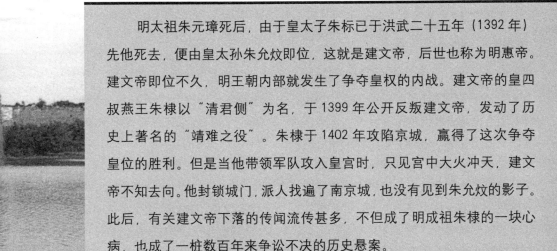

　　明太祖朱元璋死后，由于皇太子朱标已于洪武二十五年（1392 年）先他死去，便由皇太孙朱允炆即位，这就是建文帝，后世也称为明惠帝。建文帝即位不久，明王朝内部就发生了争夺皇权的内战。建文帝的皇四叔燕王朱棣以"清君侧"为名，于 1399 年公开反叛建文帝，发动了历史上著名的"靖难之役"。朱棣于 1402 年攻陷京城，赢得了这次争夺皇位的胜利。但是当他带领军队攻入皇宫时，只见宫中大火冲天，建文帝不知去向。他封锁城门，派人找遍了南京城，也没有见到朱允炆的影子。此后，有关建文帝下落的传闻流传甚多，不但成了明成祖朱棣的一块心病，也成了一桩数百年来争讼不决的历史悬案。

死于大火吗

"皇帝密旨"玉玺及印文 明

最容易得出的一个结论，就是建文帝死于大火。这也是正统史书记载最详的一种观点。当年，燕王兵临城下，建文帝见大势已去，悲痛万分，于是下令焚烧宫殿，建文帝携皇后马氏一同入火自焚。燕王朱棣入宫后清宫三日，在火堆里找到了被烧焦的尸体，八天后下葬。《明太宗实录》中是这样记载的："上望见宫中烟起，急遣中使往救助。至已不及，中使出其尸于火，还白上。上哭曰：'果然若是痴騃耶？吾来，为扶翼尔为善，尔竟不谅，而遽至此乎！'备礼葬建文帝，遣官致祭，辍朝三日。"就是说，燕王朱棣见宫中火起，派人前去营救，但已来不及了。于是，有太监从火中找到了建文帝的尸体，燕王哭着说："你真是太傻了，我来是为了帮助你做好事，你怎么就不能理解，以至于如此呢？"随后，厚葬建文帝，并派官员祭奠，自己辍朝三日以示哀悼。

近代也有人认同这种观点，认为建文帝确实是自焚身亡了，因为当时燕军把皇宫团团包围，建文帝就是想逃也来不及了。何况，建文帝深知他的四叔是个贪权无厌、心狠手辣的武夫，落在他手里绝无好下场，还不如一死了之。再说，朱棣也绝不会让建文帝活下去，否则，他就不能当皇帝。朱棣为了不留下"杀侄夺位"的臭名，后来故意苦心寻找建文帝下落，留下了历史疑案，这可能是朱棣的用心之机。

但是，这个看似最合理观点却遭到了后人的普遍反对。首先，据史料记载，当时火中尸体已经满身焦烂，四肢不全，燕王凭什么知道所找到的尸体就是建文帝呢？退一步说，如果建文帝死于大火，并且备礼葬之，那么坟墓在哪里？建文帝是明朝的第二位皇帝，要实行"天子之礼"，如此规模的宏大葬礼，怎么没有坟墓，并且不为世人所知呢？据载，连明崇祯帝也曾感慨想要为建文帝上坟，却不知墓葬何处。不过，也有人提出建文帝确已死于大火，只不过安葬时采取了"不封不树"（就是坟墓上不留标志物，没有封土也没有树立石碑）的方法，因而不为世人所知。但是，这种说法也为许多史学家所反对，如果确实埋葬了建文帝，且"遣官致祭，辍朝三日"，不可能对建文帝葬于何处不留下蛛丝马迹。何况，《明太宗实录》本身的可信度就值得怀疑，作为明朝的官方史书，肯定要避讳，而且据说明成祖还曾下令对此进行了三次修改，以删除不利于自己的言论。

其次，当时的燕王出于政治上的需要，宣告建文帝死于大火，并且把其中一具尸体当成建文帝，上演了一幕假葬建文帝的闹剧也是完全可能的。因为这样，那些追随和支持建文帝的人，看到群龙无首，也只有各自散去，从而有助于政治上的主动，也为自己称帝扫除了障碍。但是所葬者是否为建文帝，明成祖恐怕也不相信，至少将信将疑，怀疑居多。因为，明成祖即位后，曾派人四处寻找建文帝，比如派胡濙以寻找道士张三丰为名，多方察访建文帝的踪迹，达20余年；派郑和率领庞大的船队六下西洋，他们承载的第一使命就是"成祖疑惠帝亡海外，欲踪迹之"。如果确证建文帝已死，仅仅为了掩人耳目，不留下"杀侄夺位"的臭名，至于如此吗？况且，朱棣既然敢于发动"靖难之役"推翻皇侄的统治，还至于因顾忌"杀侄夺位"的臭名，而如此大规模地作秀？

再者，从后世史书记载中也可以找到这方面的论证。据记载，在建文帝被推翻的100多年后，万历二年十月，12岁的明神宗曾向首辅大臣张居正打听建文帝下落一事，张居正也模棱两可，不知所终，只是说道："国史不载此事，但先朝故者相传，言建文皇帝当靖难师入城，即削发披缁，从间道走出，后云游四方，人无知者。"从张居正的回答也可以看到，建文帝不大可能是自焚而死的。

另外，200多年后，清人在所修《明史》中，对建文帝下落记载的存疑态度也似乎佐证了建文帝死于大火不太可信。它是这样说的："谷王橞及李景隆叛，纳燕兵，都城陷。宫中火起，帝不知所终。燕王遣中使出帝后尸于火中，越八日壬申葬之。"说"帝不知所终"，又说出建文帝和皇后的尸体于火中，8天后埋葬了，这本身就自相矛盾，难以自圆其说。并且接着在后面又加了一句，"或云，帝由地道出亡"，就是说有人认为建文帝由宫中地道逃亡而去了。从中可以看出，清朝修《明史》的这些饱学之士，也不认同建文帝死于大火，但是由于对建文帝的具体下落他们也弄不清楚，只好存疑。不过，在当时燕军四面围困京城的情况下，建文帝有可能逃出皇宫吗？会不会真的死于大火了呢？这恐怕难以说得清楚。

总之，从史料分析和明成祖派人多方寻找建文帝的情况看，说建文帝死于宫中大火，是一个无法解释清楚，也无法令人信服的说法。

逃出皇宫说

　　假设建文帝没有死于宫中大火，他又到哪里去了呢？有人认为，建文帝根本没有死于宫中大火，而是以放火为掩护，乘机从地道逃出了皇宫，并出家为僧，云游四海去了。对于建文帝的出亡经过，传说十分复杂，流传着多种版本。

　　一种说法是这样的：燕军兵临城下，建文帝见大势已去，不知所措，想一死了之。这时一个叫王钺的太监向他奏道：当年太祖临终时，曾留下了一个匣子，遗命"临难时开启"，这个匣子放在奉先殿中。群臣让他赶快拿出了那个盒子，只见这是一只红漆匣子，四周均用铁加固，两把锁也都灌了铁。众人急忙把盒子打碎，看到里面放了三张度牒，分别写着"应文、应能、应贤"三个名字，里头还有袈裟、鞋帽、剃刀等物及白金十锭。匣内还有用朱笔写就的字条，上面说，你们要是不想跑就自杀，要不然的话你们就拿着度牒跑。并画出了逃跑的路线，明确指出应文要从鬼门出去，其他人要从御沟水门走，到薄暮的时候在神乐观会齐。显然，度牒中"应文"所指正是建文帝朱允炆，因为不但年号，就连他的名字也暗合"文"字，而在群臣中正好也有叫应贤、应能的。见此，建文帝不禁仰天长叹，说道："天数也。"随后，这三个人削了发，穿上袈裟、鞋帽，按匣中所示路线分两路逃出了皇宫。等建文帝从鬼门关（也就是皇宫的北门，宫中死了人要从后门抬出，因此也就叫作了鬼门）逃出，与另外两个人会合后，已是傍晚薄暮时分。他们一起来到神乐观，看见一只船停泊

大明天子之宝印　明　天子宝玺是皇权的象征，可建文帝不但丢了皇权，而且连性命也难保。

在岸边等候他们，站在船上的是神乐观的道士王升，他看到建文帝来了，说道："皇帝万岁，我在这里等候你多时了。"这又是怎么回事呢？原来，王升头天晚上做了个梦，太祖托梦让他今天预备好船只，在这里等候建文帝。于是一行上了船，逃出了京城，从此建文帝带着这批人到处云游去了。

　　还有史书记载，朱允炆出生不久，明太祖为其占了一卦，知道他将来必有大难，所以留下了这个匣子。也有的认为这是朱元璋册封他为皇太孙时所留。

　　这是历史上记载颇多、流传最广的建文帝出亡的故事。除此之外，建文帝出亡的经过还有多

南京皇城午朝门 | 即午门，是传达圣旨的地方，可惜建文帝已无旨可传。

种传闻，各种记载。有一种说法也极为奇特：燕军入城，形势急迫，建文帝左右均劝他逃亡，建文帝无计可施，情急之下，突然想起了翰林编修程济，便急忙招他问计。

程济是陕西朝邑人，是当时著名的奇术之士。建文帝即位不久，时任四川岳池教谕之职的程济竟斗胆上书，说某年某日北方将有战事。廷议认为，这不是一个小小教谕可以议论的事，于是就把他逮捕至京，引其入见建文帝。程济大呼："陛下且留臣，到时无战事，臣愿服罪。"这才留下了他的性命。等到"靖难之役"起，建文帝服其为奇异之人，任命他为翰林编修，视为军士。后来程济和诸将北伐燕军，在徐州获胜，军中诸将十分高兴，树碑立功，在碑上刻下了此次北伐诸人的名字。只有程济不以为喜，独自一人夜间前往祭吊，"人莫测其故"。其后，燕军再次占领了徐州，朱棣见碑大怒，命人以铁锤砸碑，砸了两下后，又命停下，让人抄录下碑上诸人的名字，以待日后按姓氏追查诸人灭其家族，而程济之名正好被铁锤砸毁，日后家人得免。

程济如此神算，颇为建文帝信赖，燕军强渡淮水后，急忙把他从前线调回。至此危难之际，建文帝急招入问计。程济答道："天数已定，出走可勉。"于是，他为建文帝剃发，换上僧人服，从御沟逃出城去。在程济等人的帮助下，建文帝以僧人的身份云游四海，到过了许多地方。

而在民间也确实流传着各种各样有关建文帝云游到什么地方，留下什么遗迹，作了什么诗词的记载和说法。比如，有传说建文帝曾在四川的平倡佛罗寺隐身，还常在寺里面向京城的方向哭泣，他死了以后被葬在了寺后的山上，这个寺也被改名为望京寺。还有说建文帝曾隐居在四川宜宾的隆兴寺，死后葬在隆兴山下的塔林里，甚至还传说康熙帝曾去那里寻访过。有的还说他在四川的永庆寺留下了"杖锡来游岁月深，山云水月傍闲吟。尘心消尽无些子，不受人间物色侵"的诗句；在广西还写了这样的诗："牢落西南四十秋，萧萧白发已盈头。乾坤有恨家何在？汉江无情水自流。长乐宫中云气散，朝元阁上雨声收。新蒲细柳年年绿，野老吞声哭未休。"这些传说都活灵活现，像模像样的，而这些诗句也与建文帝的身世遭遇，痛失江山，漂泊江湖的无奈、凄苦的心情十分相符。

到此，人们不禁疑问，在燕军重重围困的情况下，建文帝真有可能逃出皇宫浪迹江湖吗？因为，前面所述的建文帝在祖父所留匣子的指示下或者在神算程济的帮助下逃出皇宫，都明显带有附会的色彩。如果朱元璋真能猜知皇孙命运，甚至在关键时候托梦于道士王升，为何不在如何巩固皇孙的江山方面出点主意呢？再说如果天数如此，干脆当时就让朱棣继承大统不就一了百了，不也就可避免一场祸及大半个国家的内部权力之争了吗？程济的神算也太有点神乎其神，让人难以相信。

明成祖朱棣像

那么，从技术角度考虑，建文帝有逃出南京城的可能吗？在此后的一些典籍中，还真出现了有关建文帝可能逃出皇宫所走密道的描述。如明史专家黄云眉教授在《明史考证》中引《马生龙凤凰台记事》云"宫中阴沟，直通土城之外，高丈二，阔八尺，足行一人一马，备临祸潜出，可谓深思熟虑矣"。如果能够找到这条地道，对于佐证建文帝出亡，无疑具有显而易见的意义，可是这条地道确实存在吗？

几百年后的一个偶然的发现，仿佛使这段历史豁然开朗了。对这段历史很有研究的江苏省社会科学院历史研究所季士家研究员发现，早在1978年南京太平门附近一家工厂在建新工厂楼

时，曾挖出了一段地道，而当时发现地道的地方就在原来明皇宫的旁边。从挖出情况看，地道高度大约在 2.5 米左右，宽度在 2 米左右，与史料记载基本相符。这无疑是一重大发现，如果当年建文皇帝出逃，很可能就通过这个地道逃出皇宫的。可是这一个地道是否能通出皇宫当时并不知道。

一直到 2005 年 6 月，季先生又得到一个消息，说在南京清凉山旁边的国防园发现一个明代涵洞。季老先生随即到现场考察，发现涵洞位于原明故宫的宫城外，推断这个涵洞在当时主要是为排水用的，但不下雨时，就是一个没水的旱洞，完全可以容纳一个人通过。

联系多年前发现的皇宫内地道，这个涵洞很可能就是地道的出口。一位不愿透露姓名的考古专家也说，20 世纪 80 年代，南京市考古工作者在明故宫基建施工过程中，的确挖掘出一条"大阴沟"的故道遗址，此沟可能就是御沟暗道。不管所说地道是否为一条，明代南京皇城有地道通到外面，看来确实是不争的事实。由此推断，为了求生，建文帝很可能使了一个火烧皇宫，自己则从地道逃出了皇宫的金蝉脱壳之计。明史专家潘群也认为："建文帝就是出亡了，因为到今天为止并没有一个过硬的史料，证明他是死在宫中的。"

至于从火中检出的尸骨，有一个传说认为根本不是建文帝的，而是一个太监的。据说，建文帝在绝望中下令烧毁宫殿，自己也准备赴火自焚。这时，一个太监拉住他说：小臣没有办法保住陛下的江山，但不惜为陛下一死。愿赐御衣冠，代陛下一死，陛下则可脱身逃出，以图将来。建文帝听从了太监的劝告，将自己的衣冠赐予这个太监，然后趁乱从地道逃出。这个太监则穿上皇帝衣冠，乘白马，加鞭奔入火中。众人从远处看去，还真以为是建文帝自焚了！朱棣起先也相信了这种说法，但后来也略微听到了一些传闻，但为了稳定人心，还是以假乱真，以王礼安葬了太监。

传说自然不可靠，但是通过以上分析，建文帝在众人的协助下，从地道逃出皇宫的可能性很大。

穹隆山为僧说

如果建文帝真的逃出了皇宫，在明成祖不断地搜寻之下，他又能藏身何处，终老何方呢？

有人说建文帝到穹隆山出家为僧了。这种说法主要源于《明史·姚广孝传》。姚广孝是明成祖的心腹谋士，他在成祖夺取帝位的过程中出谋划策发挥了重要作用。明成祖夺取帝位后，他舍弃了成祖所给予的所有功名利禄，毅然归隐禅寺，深为成祖敬重。

摩尼宝珠 明　这枚明皇宫内藏的圆形印玺，体现出皇室对佛教的尊崇。

根据《姚广孝传》记载：姚广孝"十六年三月，入观，年八十有四矣，病甚，不能朝，仍居庆寿寺。车驾临视者再，语甚欢，赐以金睡壶。问所欲言，广孝曰：'僧溥洽系久，愿赦之。'溥洽者，建文帝主录僧也。初，帝入南京，有言建文帝为僧遁去，溥洽知状，或言匿溥洽所。帝乃以他事禁溥洽。而命给事中胡濙等遍物色建文帝，久之不可得。溥洽坐系十余年。至是，帝以广孝言，即命出之。"

从这段记载可知，当年有人怀疑建文帝出逃后，被自己的主录僧溥洽救出，藏匿在自己的寺院中，明成祖因此把溥洽关押在狱十余年。

最奇怪的是姚广孝在生命垂危的暮年，特地从苏州赶到北京，请求成祖将溥洽放出。这很有点匪夷所思，姚广孝不会仅仅因为佛门中人博爱的情怀而这么做吧？由此难免让人怀疑其中另有隐情。而穹隆山位于当时的江苏吴县（苏州），也就是今天的苏州市附近，查阅史料可知，穹隆正是当年明成祖分封给姚广孝的佛门禁地。

那么这与建文帝可能在穹隆山为僧究竟有什么关系呢？难道辅佐燕王朱棣夺取帝位的姚广孝与建文帝有什么关系吗？

上海《文汇报》记者徐作生先生，从1983年到1990年，利用7年时间查阅大量史料和方志，进行多方实地考证，对建文帝可能在穹隆山为僧的说法进行了合乎情理的大胆论证。徐先生查阅史料和多方考证后推测，当年建文皇帝逃出皇宫后，很可能确实被他的主录僧溥洽和尚收留了，藏匿在自己的普济寺里。但是，由于朱棣很快就听到了风声，派人把溥洽抓了起来，逼其说出建文帝去向，据载溥洽什么也没说。朱棣派大队人马继续搜查建文帝，却杳无踪迹。

那么如果建文帝确实逃出了皇宫，他会到哪里去了呢？会不会被溥洽藏到了什么地方？或者被另一个强有力的人接走保护起来了呢？这个人有没有可能就是神秘的姚广孝呢？徐先生又对姚广孝这个人物进行了分析，其中徐先生在姚广孝的家乡（今天的苏州相城）调查时听到了一个故事很值得玩味：姚广孝功成名就后，向成祖请求回归故里，成祖准许了他的请求。姚广孝充满着衣锦还乡的喜悦踏上了归途，快到故土时，还拿出大量的钱财救济

红崖天书

极具神秘色彩的"红崖天书"位于贵州省安顺地区晒甲山的一面山崖上，字形似文似图，若篆若隶，因字为红色，又无人破译，故被称为"红崖天书"。几百年来，很多人试图破解其中的奥秘，但都失望而归。当代学者林国恩先生经过九年的精心研究，提出了惊人的观点，他认为"红崖天书"是建文帝秘写的讨伐朱棣的檄文。他认为建文帝出逃之后曾藏匿于贵州的山谷之间，并在这里写了这份讨伐朱棣的檄文，让随从刻于山崖之上，号召臣民支持他推翻朱棣，重登帝位。由于不敢公开书写，随从们便以金文的变体加上篆体、隶体、象形文字、草书及图画的形义综合而成的一种"杂体"刻写了这一檄文。其内容可译为："燕反之心，迫朕逊国。叛逆残忍，金川门破。残酷杀害，致尸横、死亡、白骨累累，罄竹难书。使大明日月无光，变成囚杀地狱。须降伏燕魔做阶下囚。丙午（年）甲天下之凤凰——允炆（御制）。"林国恩的这一观点已得到有关专家的认可。

周边的灾民，十分志得意满。可让他想不到的是，回到老家时，人们给予他的竟然是指责与唾骂，指责他的人当中还有他的姐姐。原来，由于明成祖夺取了自己侄儿的皇位，不合封建礼教，而姚广孝"助纣为虐"，大家觉得没有什么值得为你高兴的。再说，你姚广孝是个和尚，念好自己的经就是了，干吗去管朱家皇帝的家事，帮他去打仗，死了那么多人，你算什么好和尚？这无疑使姚广孝大为震惊。姚广孝虽然帮助成祖夺取了帝王，可终究是个心地善良的出家人。在这种情况下，为了偿还良心的谴责，"既然能请求成祖释放了溥洽，也有可能庇护起一个已经没有复国之能的皇帝"。并且在当时，他完全具备这个能力，其穹隆山福地就是当时最安全的地方。另外，姚广孝在所写的《逃虚子集》中，也曾叙述自己救过一个五马贵人，这个五马是不是就是建文帝呢？

在这种推测的基础上，徐先生又围绕穹隆山进行了大量的史料和实地调查，发现了一些线索。首先他从苏州明清时期的《苏州府志》中的《吴县志》上找到了这样一条记载："积翠庵，一名皇驾庵。明建文帝逊国时曾移驾于此。"而所谓的"积翠庵"正位于穹隆山脚下。他还在这里发现了一座奇怪的皇坟，从守墓人那里发现了从皇坟附近挖出的两座雕龙柱础，而能够享用龙这个规格的人，非天子莫数。1983年，他还在穹隆山脚下的一个小村子发现了一块石碑，上面有："皇驾庵明建文帝逊国于

此"的字样，这与《吴县志》的记载完全一致。而在穹隆山附近民间还流传着许多有关建文帝的传说，一说穹隆山里藏有建文帝带来的宝贝。

甚至在 1944 年，因为这个传说，这里还发生了一起凶杀案。当时穹隆山住着一群尼姑，某天夜里，一群土匪冲了进来，抓住了一个叫觉性的尼姑，威逼她交出建文帝藏在这儿的宝贝。因为交不出宝贝，被土匪吊在树上活活刺死。穹隆山的这些奇怪现象和各种遭遇，也让人难免怀疑，曾经请求释放溥洽的姚广孝，很可能也真的将建文皇帝藏在了穹隆山上。在此基础上，徐先生又推测：永乐十六年，姚广孝曾不远万里来北京冒死请求明成祖放过溥洽，因为，姚广孝深知如果自己不在了，穹隆山就等于失去了防范，那么建文帝的安全就没有了

万里江山印玺 明

保障。他的冒死之举名誉上是为了溥洽，实际上是为了建文帝，他是在暗示成祖自己藏匿了建文帝，并希望成祖能饶过建文帝。明成祖当然能理解他的用意，所以在姚广孝死后，就派出探子胡濙去穹隆山寻找建文帝，并且还真的找到了建文帝。那么明成祖为什么没有采取行动呢？可以推测，当时朱棣想要杀掉这个手无寸铁的皇侄易如反掌，但是，他不愿意背负"杀侄夺位"的恶名，因为建文帝不死反而更有利于自己的统治需要。所以，当胡濙找到建文帝后，明成祖没有杀害他，而是将他幽禁起来。到了永乐二十一年，据《明史·胡濙传》有这样的记载："二十一年还朝，（胡濙）驰谒帝于宣府，帝已就寝，闻濙至，急起召入，濙悉以所闻对，漏下四鼓乃出。先濙未至，传言建文帝蹈海去，帝分遣内臣郑和数辈，浮海下西洋，至是疑良始释。"对这段记载，徐先生认为很可能是在这一年心力交瘁的建文皇帝走到了生命的尽头，一直紧密监视他行踪的胡濙急忙赶赴京城，将这个消息奏报成祖。至此，明成祖才对建文皇帝一案"疑良始释"，彻底放下心来。而建文帝死后被葬在了皇驾庵后的小山包里。如果这种说法为真，不但说明了建文帝藏身之所，也说明建文帝就是死在了永乐二十一年（1423 年）。

建文帝穹隆山为僧的说法具有合理的成分，得到了部分史学者的认可。但是也为许多史学家所反对，毕竟到目前为止，还没有出现过任何一个强有力的证据可以证明事实确实如此。而且这种论断本身就因为缺乏强有力的证据，而包含着大量主观推测的成分。徐先生个人也认为，"作为一个史学工作者，我只认为建文帝是出亡了，那么至于他出亡之后的种种关于他的记载，到现在我们还不能够把它当作真实的东

西"。所以建文帝穹隆山为僧说，也只是建文帝下落之谜的一种说法而已。毕竟历史疑案的破解，是需要大量具有说服力的证据来说明的，仅凭臆测是不行的。

改姓隐居说

2004 年 8 月，南京有线电厂一位 84 岁的退休工程师让庆光先生带着一本自家保存多年的《让氏家谱》向媒体透露了一个惊人的消息：说建文帝当年并没有自焚于宫中大火，而是逃出南京，改名让銮，晚年在湖南、湖北一带定居。并且世代繁衍生息，他本人就是建文帝的十五世孙。由此，提出了建文帝为让氏先祖的全新说法。

让庆光先生介绍，建文帝当年从地道逃出皇宫后，隐居民间，改名让銮，并假扮僧道，云游于滇、黔、蜀、粤、桂、湘、鄂各省，在游历名山大川期间，还题写过许多诗词和符号，向世人暗喻自己就是建文皇帝。晚年，让銮隐居于武昌，死后就葬在武昌洪山。

这些情况在《让氏家谱》中均有明确记载。至于建文帝隐居民间后，为何改姓"让"姓，让庆光解释，建文帝认为自己是逊位退国让出江山的，所以改名"让銮"，就是让出皇位的意思。他还指出，自己出生在武昌，而先祖建文皇帝就葬在洪山宝通寺的宝塔旁。在他小时候，宝通寺的和尚能明确指出建文帝的墓地所在，他们还常指引让庆光的祖辈前去祭扫。不过，经过这么多年的岁月变迁，这座本就隐匿的帝王陵寝，已经无法找到。

那么这本《让氏家谱》是否可信呢？经考证，这本家谱是 1945 年由让氏后人让廉修根据历代先祖口授心传的描述和家藏中元烧包单（上有历代祖先名讳）修撰而成。当时还得到了著名学者张其昀、昌彼得的认同，张其昀为该家谱题写书名，昌彼得则作《＜让氏家谱＞叙录》，都肯定让氏为建文帝后人的说法。而让庆光的舅舅、中国台湾的陈万鼐教授在 1950 年由台北百成书店出版的《明惠帝出亡考证》一书中，也认为让氏是建文帝的后裔。不过，他的观点在当时并没有引起史学家们的关注。让庆光介绍，对于自己家族的这段历史，他自小就听父亲讲过，一直深埋心底。但是由于"先祖被夺去了皇位后，朱棣还多方寻找，想斩草除根，明朝的时候，祖先们自然是不敢暴露身份。而到了清代，更不能讲自己是明朝皇族后裔。这 600 年来，让氏只好一直隐瞒先祖身份，家族的历史也只能口耳相传，这本《让氏家谱》也是到 20 世纪 40 年代才敢公开编纂的。"到今天，"靖难之役"已经过去了 600 多年，让先生认为，是到了建文帝的后人站出来解开这个千古之谜的时候了。

中国社会科学院历史研究所博士生导师商传充分肯定了《让氏家谱》的价值，他不但详细考证了《让氏家谱》，还在《＜让氏家谱＞与建文帝出亡考》的论文中肯定了《让氏家谱》的历史意义。但是，他也说，虽然据"让氏家谱"所载让氏就是建文帝后人，但苦于没有实物证据，也就很难下结论了。不过，《让氏家谱》中说"公（指建文帝）生前书法甚佳，武昌候补衙范衷愚家有祖遗一联，是其墨宝。殁后葬于武昌洪山之阳，生殁不详，惟知其享寿一百岁整"。可见，如果真能找到建文帝留下的一副对联和他在武昌的墓地的话，谜团将被彻底解开。

据史料记载，建文帝曾有两个儿子，大的叫朱文奎，建文元年立为太子，燕军攻入南京的时候太子已经 7 岁，下落不明；老二叫朱文圭，当时年仅两岁，朱棣后来把他囚禁在中都（安徽凤阳）的广安宫。从 2 岁一直囚禁到 57 岁，等放出时牛马不辨，如同傻子，并且不久死去。是否如同有的史学者所推测的那样，让氏后人很可能是和建文帝一起逃出的太子朱文奎的后人呢？

总的说来，《让氏家谱》本身的真实性还有待进一步论证，说建文帝改名让銮，也有点让人难以置信。试想，在当时明成祖派人四处察访建文帝的情况下，让銮的称谓也未免太过于张扬了，简直有点"此地无银三百两"的味道。所以，建文帝为让氏先祖的说法，还需要进行充分的论证，必须找到强有力的证据才行。

流亡海外说

建文帝流亡海外的说法流传很广，说是建文帝在随从掩护下逃出皇宫后，到了东南沿海一带，并在泉州开元寺当过和尚，最后经泉州潜逃到了南洋一带。而历史上明成祖曾先后多次派太监郑和率领庞大的船队出使西洋，其首要目的就是为了寻找可能逃亡海外的建文帝。《明史·郑和传》中更明确记载："成祖疑惠帝亡海外，欲踪迹之。"寻找建文帝为出使西洋的首要使命。另据史料记载，出使西洋的船队上有锦衣卫，有人推测这些人的使命就是寻查和追捕建文帝。

1997 年第四期的《光华》杂志上发表的一篇题为《最近在印尼发现了建文帝的后代》的文章，使这一说愈加神乎其神。这篇文章说是在印尼苏门答腊岛东海岸的某个岛上，发现了一个遗世独立的偏僻小村落。这里世代居住着一群华人，他们只懂华语，不晓印尼话，多以捕鱼为生。并且一直保持着古老浓厚的华人习俗，特别奇怪的是在这里每年农历五月十六日这天，都要举行罕见而隆重的祭拜"皇爷"仪式，其中以焚烧龙船节日最为隆重。而这一天，正是建文帝当年的登基之日。在这一天，除了村中男女老少全出动外，也吸引了邻近小岛村民来观看这一年一度的盛典，场面极为壮观。

而询问"皇爷"究竟是何方神圣？村里的人也都不知道。耐人寻味的是，这里的华人大多姓"洪"，而明太祖朱元璋的年号为"洪武"。据说，他们很可能是建文帝及其随从们逃遁到印尼后，为了表示对故土的忠贞和怀念，也为了避免被朱棣派人追杀，而改称洪姓的。

建文帝真的在泉州开元寺当和尚，并最后逃到了海外吗？

早在多年前，中国台湾学者陈水源所著《杰出航海家郑和》和日本学者上杉千年所著《郑和下西洋》两本著作中都提出建文帝曾到泉州开元寺当过和尚。不过这种观点至今也没有找到强有力的证据。泉州地方史专家、泉州师院原历史系主任吴幼雄教授对此基本持否定态度。他认为在当时的大背景下，收留建文帝要冒杀头的危险，而开元寺只是个中型寺庙，不具备这个能力，再说开元寺又何苦要冒这个风险呢？另一方面，泉州开元寺地处当地政治中心，泉州府和晋江市的办公地点都在附近，建文帝到此极不安全，还不如到偏僻深山中的寺庙去。此外，明朝泉州港已不如从前繁华，建文帝为什么非要从泉州外逃？

但也有的学者认为，并不能完全否定这种可能，他们通过对大量史料的考证认为，当年建文帝顺着长江坐船到了武昌罗汉寺，得到了主持达玄和尚的帮助，而泉州开元寺的念海和尚是达玄的弟子。经达玄的介绍，建文帝到了泉州开元寺，并最后伺机逃到了海外。不过这种观点仍然没有特别有力的证据证明，就是念海和尚是否真有其人，也没有得到确认。而《明史》中的记载，确实也透露出明成祖派郑和出使西洋，寻找建文帝的意图。明代史籍，如许相卿的《革朝志》等也明确记载郑和下西洋主要就是为了寻找建文帝。至于建文帝是否真的逃到了海外，恐怕难以说得清楚，至少还需要进一步的论证。

关于建文帝下落的传说还有很多，为什么会有这么多的说法呢？一般的解释是，建文帝在位期间，不但对明太祖的一些暴政进行了一定的修正，做了一些有益的事，还能礼贤下士，深得士子之心，况且他又是被自己的皇叔朱棣夺取了皇位，人们对他抱有同情心，希望他不死。特别是朱棣当了皇帝以后，采取了非常残暴的手段镇压反对派，人们就更加怀念、同情实行宽仁政策的建文帝，越发关注建文帝的死因，所以才有了那么多的以讹传讹的说法。

至于建文帝的最后下落之谜，至少到目前为止，历史学家还没有找到一个令人信服的答案。

图为明光宗朱常洛像。明光宗是明朝历史上最短命的皇帝，明末三大悬案均与他有关联。

7

明末三大悬案

　　明万历朝，因立太子一事引起了朝廷的激烈争论。万历四十三年（1615年）五月发生了有人持棒闯入慈庆宫、欲谋害太子的案件，震惊了朝廷内外，史称"梃击案"。万历四十八年（1620年）八月，万历帝去世后，太子朱常洛即位，改元泰昌，历史上称为明光宗。可是明光宗在位仅一个月，就一命呜呼了。随后明光宗长子朱由校即位，是为明熹宗。在短短两个月内，皇位一下子由祖父传到孙子手中，可谓明史之最。

　　更为引人注目的是从明光宗到明熹宗的皇位更替过程中，又相继发生了两个宫廷大案："红丸案"和"移宫案"。"梃击案"、"红丸案"和"移宫案"，被总称为"明末三案"。由于"三案"发生在皇位递嬗和各方斗争的过程中，各种势力纷纷介入，使得案件因无法正常审理，而变得异常扑朔迷离、错综复杂。

"梃击案"的幕后主使是谁

万历四十三年（1615年）五月初四，正是端午节的前夜，太子居住的慈庆宫里的人们正沉浸在节日即将来临的喜气当中，突然，一个手持枣木大棍的男子出现在慈庆宫前。他将守门的老太监一棒打倒，冲进门内，直奔前殿檐下，并拾阶而上，试图加害太子。这时，太子内侍韩本用闻讯赶到，与同来的七八名太监一拥而上，将陌生男子擒获，交由东华门的守卫指挥使朱雄收监。第二天，朱常洛将此事禀告明神宗，得旨立即派人审查。于是，案子交到了巡城御史刘廷元等人手里。

联系多年来宫廷内部围绕立储一事而进行的明争暗斗，刘廷元等人隐约觉得此事干系重大，非同寻常。但是他们又左右不敢开罪，于是草草了案。将讯问的结果奏呈万历皇帝：闯宫的男子名叫张差，是蓟州井儿峪人，经再三审讯，"本犯呶呶称吃斋讨封等语，话非情实，词无伦次，按其迹苦涉疯魔，稽其貌系黠猾"。就是说犯人说话颠三倒四，看起来有点癫狂，话里头经常提到"吃斋讨封"等语，但又有些狡猾。报告本身模棱两可，可以理解为犯人看上去是个疯子；又说"貌系黠猾"，似乎预谋不轨。而且认为：这样的案犯，应该严加审讯，从重拟罪；而刘只是个巡城御史，当然不胜此任。

于是，案子被推到了刑部。刑部郎中胡士相、岳骏声等人，深知该案发得蹊跷，干系重大，而以郑氏与东宫的矛盾而言，审案稍有不慎，便会开罪郑氏。由此，他们便想就此了结此案，因而拿"稽涉疯癫"大做文章。初十日，他们上报了审问结果：张差是蓟州人，因当地刚开了一座官窑，一时柴薪走俏，张差变卖田产，收购了大批柴薪前往卖给官窑。由于当地人李自强认为他抢了他们的生意，一把火把张差的柴薪烧光。张"日夜气忿，失态癫狂"，得了疯病，并于本年四月进京审冤告状。路上，受人欺骗说拿一木棍可以当作冤状。张差信以为真，拿着木棒，四处乱撞，最后打伤太监，误入慈庆宫。不知为何，前后两审的结果却不相同，前审中的"吃斋讨封"的结论不见了，代之而来的是纯粹"疯癫"的结论，就连狡黠的性格判断都没了。胡士相等人的处理意见是：按照法律，将张差立即问斩。

可是，此事早已传遍了宫廷内外，大街小巷，人们议论纷纷，闹得满城风雨。人们推测，此事一定与郑氏一伙有关，说刘廷元、胡士相等人的审讯虎头蛇尾，有意包庇幕后主谋，郑氏无形中成为众矢之的。明神宗朱翊钧对外界传闻十分恼怒，在郑氏的鼓噪下，他下令刑部对张差严加看管，不准任何人探望，想等到舆论平息后，再作处理。然而一些平时对皇太子的安危十分关心的正直官员们对案情的判断也深为不满，慈庆宫虽然禁卫不严，但又怎么是一般人说进就进的呢？这背后肯定有隐情。刑部衙门中有一个叫王之寀的主事，极有正义感，他就抱着这种疑问，暗中探牢，巧审张差，结果再一次引起了轩然大波。

王之寀曾做过县令，颇有审案经验。十一日，王之寀带领一班狱卒为牢中囚犯散发饭菜，他故意留置了张差的饭菜，最后才送。饭拿到张差的狱室后，王之寀见张差身强力壮，神情紧张，决不像疯癫之人。于是，他命令狱卒把饭菜放在离张差一定距离的地方，对他说："实招与饭，不招当饥死。"张差久久低头

明神宗朱翊钧像

不语。这时饭时早过，张差忍不住饥饿，小声说："不敢说。"于是，王之寀命牢中其他狱吏回避，只留两名狱卒在旁，亲自对他进行审问。张差在招供中说："我小名张五儿，父张义病故。有乡人马三舅、李外父，叫我跟不知名的老公，说：'事成与尔几亩地种！'老公骑马，小的跟走。初三歇燕角铺，初四到京。……到不知街道大宅子，一老公与我饭，后来又交给我一根枣木棍，说：'你先冲一遭，撞着一个，打杀一个，打杀了我们救得你！'领我由厚载门进到宫门上。守门阻我，我击之堕地。已而老公多，遂被缚。小爷福大。"

到这里谁都看得出，张差棒击小爷（皇太子）是受太监指使的。于是，王之寀立即上奏，不但认定张差"不颠不狂，有心有胆"，还请求皇上立即准予朝审或由九卿、科道及三法司会审。

王之寀的奏疏引起了轩然大波。有敢说话的官员，如陆大受，就开始影射背后指使之人必有"奸畹"，暗示此事是郑贵妃之父郑国泰所为。而明神宗对王之寀及陆大受的奏疏，皆扣留不报。但是，舆论已经无法控制，宫廷上下，人心沸腾。大臣们要求查明真凶，彻底查清张差所说太监何人的呼声越来越高，各种奏章纷至沓来。而且有人指出，这个案子是危急太子生命安危的一种讯号，如果不查清，后患无穷，所以"务在首恶必得"。

越来越多的人参与到此案的调查中来。御史过庭训通过蓟州知州戚延龄调查张差的为人，得到的结果是张差实属疯癫之人，大臣中间又有人想以"疯癫"二字定案。五月二十日，刑部会同十三司官，原参审人员王之寀，再次提审张差。在这一审中，

张差又交代了一些新的内容："马三舅名三道，李外父名守才，同在井儿峪居住。又有姊夫孔道住在本州城内。不知姓名老公，乃修铁瓦殿之庞保。不知街道大宅子，乃住朝外大宅之刘成。三舅、外父常往庞保处送炭，庞、刘在玉皇殿商量，和我三舅、外父逼着我来，说打上宫中，撞一个打一个，打小爷，吃也有，穿也有。刘成跟我来，领进去，又说：'你打了，我救得你。'"张差如是说。

原来是太监庞保、刘成主使张差棒击太子的。那么，太监为什么要谋害太子朱常洛呢？背后肯定另有隐情。由于庞保、刘成二人是郑贵妃的人，所以人们不禁把目光投向了郑贵妃。

审讯情况传出后，群情激昂，无法遏制。大臣们的上疏不断，其中多涉及外戚。大臣们并没有把矛头直指郑国泰，郑国泰却坐不住了，为了澄清自己，五月二十一日那天写了一个揭帖。没想到，此举让事中何士晋抓住了把柄。何士晋说："陆大受疏内虽有身犯奸畹凶锋之语，……并未直指国泰主谋。此时张差之口供未具，刑曹之勘疏未成，国泰岂不能从容少待，辄尔具揭张惶，人遂不能无疑。"郑国泰可谓是弄巧成拙，不打自招，竟将自己卷入了案中。他的愚蠢之举同时也让郑贵妃陷入了麻烦之中，好在郑贵妃因为得皇帝宠，可以日夜向明神宗哭泣。碍于郑贵妃的情面，再加上明神宗本人也不愿让事态进一步扩大，就让郑贵妃去请求太子朱常洛的原谅。在太子面前，郑贵妃为了开脱自己的罪责，求得太子的谅解，一再向太子下拜。太子为了照顾坐在旁边的明神宗的颜面，只好回拜，并原谅了郑贵妃。

五月二十八日，已经25年不见群臣的明神宗，在无可奈何的情况下带着皇太子、皇孙、皇孙女在慈宁宫慈圣太后灵前召见了诸大臣。

明神宗身穿白袍戴着白冠，面向西而坐，右边站着穿青袍的朱常洛，左边阶下并排站着皇孙、皇孙女四人。明神宗拉着朱常洛说："你们都看见否？如此儿子，谓我不加爱护，譬如尔等有子如此长成，能不爱惜乎？"边说边让太监们将皇孙、皇孙女引上石级，"朕诸孙都已长成，还有什么说的！"

明神宗神态自若地对朱常洛说："你有什么话，跟大臣们都说出来，别顾忌。"朱常洛道："似此（张差）疯癫之人，决了便罢，不必株连。"又说："我父子何等亲爱！外廷有许多议论，尔辈为无君之臣，使我为不孝之子。"

父子俩简直在给"梃击案"定调子——张差所为源于疯癫，不要株连他人。见此情形，大臣们也就作罢了。五月二十九日，张差被凌迟处死。六月一日，明神宗密令将庞保、刘成处死，梃击一案就此再无从查起。

综观全案始末，郑贵妃为"梃击案"的主谋是毫无疑问的，否则，郑贵妃因何要拜太子？刘成、庞保又为何被秘密处死？然而，就是这已近昭然若揭的真相，却成了历史上的一大悬案。

朱常洛死于红丸吗

"梃击案"以后，朱常洛的地位提高了不少，他在处理"梃击案"中的表现，深为万历帝赞赏。万历帝也觉得这个孩子已经长大，而朱常洛的几个儿女也给垂暮之年的他带来了几分欣慰和喜悦，因此对朱常洛的态度有了很大转变。"梃击案"中大臣们的表现，也使郑贵妃一伙看到了大势所趋，人心所向，意识到太子的地位已经不可动摇。由此，郑贵妃为了保住自己的地位，并为以后打算，对朱常洛的态度骤然判若两人，倒一味逢迎起来，不时派人给太子送去金银珍宝和美食酒馔，并选了美女送来侍奉太子。朱常洛有些受宠若惊了，因为长时间以来，朱常洛的生活都是不尽人意的，

明孝端显王皇后像 | 曾抚养皇长子朱常洛长大成人，支持立皇长子为太子。

突然之间有人可以讨好善待自己，他怎么能消受得了，于是，本就荒唐的生活变得更加放荡。尤其在万历四十一年（1613年），太子妃郭氏去世，朱常洛少了约束，行为更加不羁，结果本就虚弱的身体更加虚弱。

万历四十八年（1620年）八月初一，明神宗归西天之后，做了19年太子的朱常洛登上了皇帝宝座，次年改元泰昌。即位之初，朱常洛算得上是一个有为的君主，做了许多值得称道的事，比如，连续两次发内帑共计160万两，用来赏赐在辽东及北方的前线防军；撤回万历末年引起官怨民愤的矿监和税监；召回在万历一朝因为上疏言事而遭处罚的大臣，补用空缺的官职。

此时的郑贵妃因害怕朱常洛会计前嫌，就向朱常洛的宠妃李选侍示好，还请求朱常洛立李选侍为皇后。李选侍也知道投桃报李，就请朱常洛封郑贵妃为皇太后。郑贵妃还极力讨好朱常洛，向他大献美女。而朱常洛则是照单全收。

或许是出于感激，朱常洛还处处以先皇为借口，优待郑贵妃，似乎他已经忘记了郑贵妃曾经的所作所为，甚至在明神宗驾崩的第二天，朱常洛就传谕内阁："父皇遗言：'尔母皇贵妃郑氏，侍朕有年，勤劳茂著，进封皇后'，卿可传示礼部，查例来行。"

庆陵 明 庆陵位于北京昌平天寿山陵内黄山寺二岭南麓，是明朝第14位皇帝明光宗朱常洛和皇后郭氏、王氏、刘氏的合葬陵寝。

见此情景，礼部右侍郎孙如游急奏："臣详考历朝典故，并无此例。"朱常洛感到为难了，只好将奏疏留中不发直至收回。

虽然如此，郑贵妃仍然不死心，继续向朱常洛献美。这样一来，瘦弱不堪的朱常洛不但要承担诸多政事，还要"退朝内宴，以女乐承应"，"一生二旦，俱御幸焉"，结果身体累垮，到八月初十日已经一病不起，形容憔悴，"圣容顿减"。

十四日，郑贵妃指使自己的亲信太监，时为司礼监秉笔太监兼掌御药房的崔文升给皇帝进"通利药"，即大黄。大家都知道，大黄可以攻积导滞，泻火解毒，相当于泻药，朱常洛服用后一昼夜间连泻了三四十次，身体已经接近衰竭状态。

廷臣们见状不妙，就对崔文升产生了怀疑，给事中杨涟说："贼臣崔文升不知医……妄为尝试；如其知医，则医家有余者泄之，不足者补之。皇上哀毁之余，一日万几，于法正宜清补，文升反投相伐之剂。"杨涟认为，按照朱常洛当时的情况，实应该进补药，而崔文升却给皇帝进泻药，可见其心阴毒。外戚们也都认为其中有阴谋，就向朝中大臣哭诉："崔文升药，故也，非误也！"

八月二十二日，朱常洛召见大臣，郑重其事地对杨涟等人说："国家事重，卿等尽心。朕自加意调理。"随后，朱常洛下令逐崔文升出宫。八月二十九日，鸿胪寺丞李可灼想给皇上进献仙丹，太监们实在不敢做主，只好禀告内阁大臣方从哲。方从哲说："彼称仙丹，便不敢信。"

此时的朱常洛预感到自己的时日已经不多，就一边安排后事，一边召见众大臣，嘱咐大臣们小心辅佐太子。说话间，朱常洛突然想起仙丹之事："有鸿胪寺官进药，何在？"方从哲说："鸿胪寺丞李可灼自云仙丹，臣等未敢轻信。"朱常洛抱着死马当作活马医的想法，让人招李可灼进宫献药。

很快，李可灼就来到了宫里。他先为明光宗诊脉，述说了诊断结果，得到明光宗的赞同，然后调制好一颗红色药丸，请皇上服用。服完红丸后，朱常洛感觉不错，就让内侍向外传话："圣体用药后，暖润舒畅，思进饮膳。"

傍晚时分，朱常洛不顾御医们的反对，又服了一粒红丸。服用后，见皇帝没有什么不良反应，李可灼就对询问病情的内阁大臣说：皇上服药后，传如正常。可是，九月初一凌晨，群臣被急召入宫，当大臣们急匆匆赶到时，仅做了一个月皇帝的明光宗朱常洛已经驾崩了。在这种情况下，方从哲仍认为李可灼诊病有功，以皇长子令旨，赏李可灼银五十两，彩缎两匹。

明光宗朱常洛的驾崩引起了朝臣们的议论，大家都认为皇帝之死与进药有关：原郑贵妃属下崔文升先上泻药，使明光宗大泻不止；一贯依附郑氏集团的方从哲引荐的李可灼再进红丸，初服有效，连服三丸，就一命呜呼了。或许正是这两人的特殊身份，才引起了群臣的争议。

联系前面发生的"梃击案"，以御史王安舜、南京太常寺少卿曹珍为首的正统派大臣，认为崔文升、李可灼是有意杀君，实属罪大恶极，不但要立正刑典，还要追查出幕后的指使。所谓的幕后指使，大家也是心知肚明的，当然是指郑贵妃一伙。

首辅大臣方从哲为了表明自己是清白的，就反复强调进药时的情景，然而，明光宗去世后，他极力对李可灼进行奖赏，难免让人生疑。直到内阁大学士韩爌将进药的前后始末详细地上奏给新即位的明熹宗，才让方从哲脱了干系。

事态发展得越来越严重，为了控制局面，阁臣建议明熹宗将崔文升发遣南京，李可灼发配远方充军，这件事才算告一段落。

如果细细琢磨的话，我们会发现"红丸案"中存在许多疑点，比如，崔、李二人的进药究竟是出于自愿，还是受人主使？这个幕后主使真是郑贵妃吗？可是，我们已经很清楚，崔文升是郑贵妃的人，说郑贵妃指使崔文升很好理解，那么李可灼是受谁指使呢？是不是其中还有别的政治阴谋？李可灼的红丸究竟是什么呢？

时至今日，还有人分析，红丸其实就是红铅丸，是用妇人经水、秋石、人乳、辰砂调制而成，性热，正好与当初崔文升所进的大黄药性相反。本就虚弱的朱常洛，在最后的岁月连遭性能相反而且猛烈的两味药物的折腾，岂能不暴毙而亡！

事情是不是真的如此呢？这众多的疑问，也许永远都难以解开了。

李选侍死于移宫吗

在"红丸案"中提到过一个李选侍，"移宫案"就与她有关。李选侍本是郑贵妃的人，是郑贵妃为了讨好朱常洛送给他的，朱常洛将长子朱由校交由她抚养。她一面极力勾结郑贵妃一伙，一面利用自己得宠的机会开始干预朝政。

按照明代的制度，皇极殿和乾清宫，本应归皇帝、皇后专用，可是，明神宗时，郑贵妃以侍奉明神宗为由搬进了乾清宫。朱常洛即位后，郑贵妃本该让出乾清宫，但她欺负朱常洛软弱，仍然霸着乾清宫不搬出来。朱常洛无奈只好居住自己原来的太子宫——慈庆宫内。这种状况一直持续到崔文升进药事件发生，郑贵妃才迫不得已搬出乾清宫。郑贵妃搬出去后，李选侍就随着朱常洛住进了乾清宫。现在明光宗死了，按道理李选侍就应该腾出乾清宫，但是她因为有自己的目的就向郑贵妃学习，也赖着不搬，结果就发生了明末第三大案——"移宫案"。事情的始末应该是这样的：

八月二十九日，明光宗为了安排后事，就在乾清宫召见了大臣们。谈话中明光宗提出要册封李选侍为皇贵妃，可是，还没等皇帝的话说完，大臣们还没反应过来，拉着皇长子朱由校躲在内阁偷听的李选侍使劲推出了朱由校，朱由校言不由衷地接住皇帝的话茬说："要封皇后！"众臣和明光宗被弄得瞠目结舌。礼部大臣孙如游回过神后说："皇上封李选侍为贵妃，臣等不敢不遵命。"方从哲等人也来到皇帝病榻前，奏请明光宗封李选侍为皇贵妃。

可是，谁也没料到当天夜里明光宗因服用红丸没留下遗诏就驾崩了，大臣们被弄了个措手不及。身居乾清宫的李选侍得到消息后，先下手为强，为了能牢牢控制储君朱由校，就命令宦官手持大棒守在门口，不让大臣入内。她的目的很明确，就是以此来要挟群臣答应封自己为皇后的要求。如果能如她所愿，朱由校登基后，她就可顺理成章地垂帘听政，控制朝政。

大臣们当然明白李选侍的用意，纷纷表示反对。大臣杨涟说："天下岂可托妇人？"群臣商议立即去乾清宫，带皇长子出宫。可是，来到乾清宫门口，大臣们被守门太监拦住了。杨涟厉声喝骂太监："皇上驾崩，嗣主幼小，你们拦住宫门不让进去，意欲何为？"说完，他不由分说冲上前去，直闯入宫门，群臣也随其后蜂拥而入。

太监王安赶紧进入乾清宫的暖阁回禀李选侍和朱由校。王安说："如今情形不让群臣见皇长子恐怕不合适，因为皇长子既非嫡子，又未正式册封为太子。"李选侍虽然不甘心，但也没办法，便让王安扶朱由校出宫。

群臣一见到皇太子，一边山呼万岁，一边簇拥着将朱由校引向事先准备好的御辇。朱由校一登上小轿，大臣刘一璟、周嘉谟、张维贤、杨涟等不等轿夫赶到就亲自将轿抬了起来，快步前行。等到李选侍意识到上当了，已来不及了。

到了文华殿，群臣请朱由校即日登基。朱由校不同意，只答应初六日登基。当天，朱由校在大臣的护卫下回到慈庆宫。

后来，李选侍多次使计想诱骗朱由校，都没有成功，只好以先帝有嘱为名，赖在乾清宫不走。可是大臣们不肯善罢甘休，催她移宫的奏章每日不断。为了避免再出现一个郑贵妃，大臣们认为绝不能纵容李选侍，尽管李选侍放出风声说明光宗曾嘱托自己照顾、辅助朱由校。

二进宫版画 | 明末"移宫案"对后世影响深远，著名的京剧《二进宫》、《大保国》都是根据这一历史事件编演的。

新帝即位前一天，六部九卿诸臣齐聚乾清宫外，一起声讨李选侍。有些害怕的李选侍在百般拖延不见效果的情况下，不得不领着自己唯一的亲生女儿（朱由校同父异母的妹妹，称皇八妹），灰溜溜地迁出了乾清宫。

可是，李选侍并不善罢甘休，她让手下宦官四处散布谣言，皇上庶母（李选侍）被大臣所逼自缢，皇八妹跳井自杀。一时间谣言四起，弄得满城风雨。刑部尚书亲自入宫探寻实情时，御史贾继春综合各种传说，趁机上了大臣们一本。

奏疏一出立即引起了一场轩然大波。群臣十分气恼，都认为贾继春一向依附方从哲，与郑贵妃及李选侍等也有联系，实属奸党。

刚刚即位的明熹宗为了不让事态进一步扩大，造成不好的影响，只好站出来表明了自己的态度。他不但列举了李选侍的种种罪状，还揭发她"殴毙圣母"，说李侍选曾殴打明熹宗的母亲王氏，就是因为李选侍的羞辱，王氏才含冤而死的。

但首辅大臣方从哲认为如果真如此公布上谕，岂不是"彰父之过"，暴露明光宗的不光彩吗？明眼人都知道，方从哲此举看起来好像是替皇帝着想，可实际上还是在偏袒李选侍。针对方从哲的表现，杨涟立即上疏，详细叙说了移宫始末，并明确指出选侍自缢、八妹跳井都是无稽之谈。

见了杨涟上疏，明熹宗不顾方从哲的上奏再次上谕揭露李选侍的罪行，明确支持杨涟。这份上谕叙述了明光宗去世后，李侍选别有用心，阻止自己召见群臣的情景，以及以前对自己的"漫骂凌虐"。最后，明熹宗宣布免去李选侍的封号，罢免了贾继春的官职。至此，"移宫案"结束。

在"移宫案"中，李侍选是自己一个人对抗群臣，还是与郑贵妃集团勾结，郑贵妃为幕后主使？后来谣言四起，真相不得而知。

图为昭西陵。孝庄太后的陵墓在昭陵西面，故曰昭西陵。人们对孝庄太后为何葬于此处有众多猜测。

8

孝庄太后下嫁

真相之谜

孝庄太后，姓博尔济吉特，原名布木布泰，蒙古族人，是清太宗皇太极的妃子，顺治帝福临的生母，康熙皇帝的祖母。皇太极去世后，庄妃（孝庄太后）在满洲贵族内部错综复杂的政治角逐中，巧妙联合各种力量，成功地将自己年仅6岁的皇子福临扶上了皇位。清廷入关后，功高位重的多尔衮——孝庄太后的小叔子，排斥异己，广树亲信，大权独揽，独断朝纲。在这种情况下，孝庄太后借助各方力量，成功地瓦解了摄政王多尔衮对顺治皇帝构成的威胁。太后下嫁一事，据说就是发生在与摄政王斡旋的过程中。太后下嫁的说法在清代、民国时期就已经在民间广为流传，妇孺皆知。但太后真的下嫁了吗？对于这个问题，300多年来，专家学者各持己见，真可谓真假难辨，疑团难解。

太后下嫁不是没有可能

俗话说，无风不起浪，民间之所以盛传太后下嫁的故事，就是因为根据当时的历史情况看，孝庄太后下嫁还是有原因和动机的。不过，后人经过多方分析，得出的结论也是说法不一。

有人说，孝庄太后有可能下嫁多尔衮是因为她为了报恩。这种说法多见于文人笔记：皇太极去世后，睿亲王多尔衮完全可以继任大统，因为他有足够的实力和条件。但是，他没这样做，而是将皇位让给了皇太极的第九子、年仅6岁的福临，自己则称摄政王。在他的影响下，诸王公大臣对福临的即位也就不敢多言，福临顺利地当上了皇帝。之后，多尔衮为了大清的江山，又亲率八旗劲旅，挥戈南下。经过艰苦的征战，多尔衮不但大败李自成军，还占领了北京城。

此时，多尔衮仍然有机会称帝，但是他还是没有这么做，北京局势一稳定，就立即迎请顺治帝移驾北京。福临成了清朝入关后的第一位天子。

多尔衮的苦心和忠诚不但让皇帝感动，也感动了大臣们，大臣们都认为多尔衮理应得到回报。久未得到孝庄太后的多尔衮认为，不如借此时机了了自己的心愿，于是，招来大学士范文程等，密谋迎娶孝庄皇太后之事。

第二天，百官上朝后，范文程上奏说："摄政王功高望重，谦抑自持。自入关以来，大权在握，却并不以帝位自居，尽心辅佐皇上。如此让位之德，亘古少有，又如何能够报答得了呢？正好，摄政王是皇上的叔父，今日让位的事，就跟皇父传位给自己的儿子一样。摄政王既然像对待太子一样对待皇上，皇上也应当像对待皇父一样对待摄政王，以此作为报答，诸位觉得如何？"众人连连称好。范文程紧接着提议道："近日闻说摄政王妃新亡，而我皇太后又盛年寡居。皇上既视摄政王如父，自然不可使父

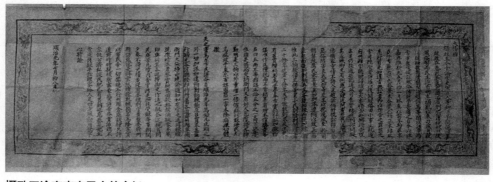

摄政王谕官吏官民人等令旨

顺治帝朝服像

母异居两处。因此，伏请摄政王与皇太后同宫而居。"众人又都随声附和。于是，史官将此事记载于册曰："皇太后下嫁摄政王。群臣上贺表。"

相传，多尔衮和太后的婚礼极为隆重，京师除了一两个自命清高者，其余的人都亲临现场，同瞻盛典。当时，还以顺治帝福临的名义诏告天下：说"太后盛年寡居，春花秋月，悄然不怡。朕贵为天子，以天下养，乃独能养口体，而不能养志，使圣母以丧偶之故，日在愁烦抑郁之中，其何以教天下之孝？皇叔摄政王现方鳏居，周室懿亲，元勋贵胄，其身份容貌，皆为国中第一人，太后颇愿纡尊下嫁。朕体慈怀，敬谨遵行。一应典礼，着有司予办。"

在这个故事中，多尔衮以摄政王的身份，通过授意群臣请求的策略，达到了逼娶太后的目的。而太后一直没有露面，仅在诏书中称她"盛年寡居，春花秋月，悄然不怡"，故"颇愿纡尊下嫁"。

有些演义小说中称太后与多尔衮早就有私情，太后下嫁是顺其自然。皇太极的庄妃，就是后来的孝庄太后，容貌姣好，冰清玉洁，故得名"大玉儿"。入宫之初，因为年纪尚小，并未引起皇太极的注意。她本是皇后的亲侄女，姑侄俩自会经常来往，久而久之，皇太极被大玉儿的容貌所打动，决定封大玉儿为妃。可是，当时的大玉儿情有所属，心中的情人就是多尔衮。大玉儿和多尔衮可谓青梅竹马，两小无猜，但是皇太极并不知道。皇命已下，实难违抗，结果，大玉儿嫁给了皇太极。她还凭借自己的智谋，帮助皇太极劝降了洪承畴，可谓功勋卓著，深得皇太极的宠爱。多尔衮知道已经与大玉儿无缘了，就娶了小玉儿。据说，小玉儿也是生得花容月貌，但是，因为多尔衮已经心有所属，对小玉儿自不会好到哪里去，于是，小玉儿对大玉儿因嫉生恨。

小说中还说大玉儿和多尔衮虽然各有所属，但是私下里仍然往来频繁，结果出于报复，小玉儿就把两人的私情，通过某王禀告给了正在同明军作战的皇太极。皇太极听后愤怒异常，当即离开战场回到沈阳皇宫，但回宫不到一日就暴病驾崩。

皇太极死后，多尔衮协助大玉儿让福临当上了皇帝，自己成了摄政王，大玉儿成了皇太后。从此，二人以商讨国家大事为命公开往来。小玉儿妃愤恨不平，与多尔衮争吵之后自尽而死。摄政王妃既死，大玉儿便名正言顺地下嫁了多尔衮。

关于太后有可能下嫁的原因猜测还有第三种，那就是太后是为了保住儿子福临的皇位而被迫下嫁多尔衮的。此说还是基于庄妃与多尔衮的私情而起的。太宗驾崩后，庄妃借与多尔衮的私情，得到多尔衮的帮助，使得福临顺利地登上了皇位。庄妃本想垂帘听政，又怕宗室中人反对，就与多尔衮商议。最后，两人决定采用摄政制，由福临做皇帝，太后掌执内权，睿亲王多尔衮摄政。

清廷入关后，摄政王仗着自己的军功将大权独揽，还让王公大臣对他北面而朝。太后十分疑惧，但为了稳住摄政王，她故意下诏命诸臣以皇叔九千岁的礼仪进上，多尔衮并未怀疑，欣然接受。

可是，有一天，太后与多尔衮并辔而行，侍卫前来禀事，都是先太后，后才轮到摄政王。多尔衮大为不满，就耍起了脾气，不上朝，不进宫。太后得奏，心中懊丧，当时没有多尔衮还不行，可是多尔衮又如此专横，这可怎么办？如果不想办法，福临的皇位早晚会被他夺去。思来想去，只有一个办法，就是下嫁多尔衮。于是，太后命内大臣往摄政王府议下嫁之事，并命内三院拟太后下嫁及称尊皇父的典礼。

闻听此事，明朝旧臣陈之遴十分惊异，咋舌道："这种礼也能议吗？"太后听说他的言论后，大怒，要不是有大臣在旁相劝"下嫁是大喜事，不宜用刑见血"，陈之遴必死无疑。陈之遴死罪虽免，仍被贬到吉林三姓城入军籍服役。

可见，太后下嫁实在是委曲求全，不得已而为之。

关于太后下嫁的说法还有许多，有些故事荒诞不经，有的如同淫秽小说，都令人难以置信。但是除了民间传说外，史学家也有太后下嫁的说法，大致与第三种说法相似，说是太后为了笼络多尔衮，巩固福临的帝位而下嫁。那么，太后是否真的下嫁了呢？

真的下嫁了吗

时至今日，关于太后是否下嫁，仍是一个颇有争议的问题，当我们把它作为了一个严肃的历史课题对待时，就必须找到太后下嫁与否的正反论据。也只有这样才能在立论和批驳中，寻找和接近历史的真相。

相信太后下嫁的人提出了自己的论据，他们认为作为一桩政治婚姻，太后为了保全福临的皇位下嫁给多尔衮是完全可能的。试想，顺治登基时还只是个孩子，而孝庄太后也是一个30余岁的寡妇，在当时的那种情况下，仅凭他们母子怎么可能撑起整个大清江山？并且，当时多尔衮已经掌握全部军政大权，尤其是入关后他更是专横跋扈，说一不二，连皇帝都不放在眼里，作为福临的母亲，不委身下嫁，恐怕也没什么好法子了。至于是主动自愿，还是被逼迫，以及结婚的时间、地点，是否举行过大典，其实都是不重要的。因为，孝庄太后只要达到政治上的平衡，保住福临的皇位就达到目的了。事实上她也确实牵制住了多尔衮，所以，说两人确实有私情，也是不过分的。

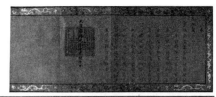

从满洲的风俗看，孝庄太后下嫁也是有可能的，因为旧时的满族，父亲死了儿子可以娶其庶母；兄长死了弟弟可以娶其嫂子。这一点在《清实录》中就有记载：顺治七年（1650

册封庄妃册文 清 庄妃于明天启五年（1625，天命十年）嫁于清皇太极。明崇祯九年（1636，崇德元年），清太宗皇太极册封后宫时被封为西宫。此图是册封永福宫庄妃的册文。

年）正月，多尔衮就将肃亲王豪格的福晋博尔济锦氏娶来做自己的妃子。在教士汤若望留下的文字中也曾记载说顺治皇帝最宠爱的董鄂妃实际是自己的弟媳。也就是说，如果我们把太后下嫁的事和旧时满族风俗联系起来的话，太后下嫁就没什么不好理解了。"皇嫂下嫁"成为避讳恐怕也是在满族汉化程度加深后才有的。

从多尔衮"皇父摄政王"的称谓上，也能看出太后下嫁的事实。大概在清末民初时期，有人在顺治初年的科举考卷上发现"皇父摄政王"的字样曾与皇上并排单立为一行。后人对"皇父摄政王"进行考证后发现，福临对多尔衮的称谓是不断变化的：顺治元年（1644年）称"叔父摄政王"，顺治二年（1645年）称"皇叔父摄政王"，顺治五年（1648年）称"皇父摄政王"，因此，人们得出结论，多尔衮名讳变化过程实际上是太后与多尔衮的婚姻由隐秘到公开的一个反映，如果太后未曾下嫁，为什么福临要叫多尔衮为皇父？而且，这一点在朝鲜的《李朝实录·仁祖》卷五十上也有记载：顺治六年（1649年）二月，清廷派使臣去朝鲜递交国书，朝鲜国王李倧看见书中称多尔衮为"皇父摄政王"，便问："清国咨文中有皇父摄政王之语，此何举措？"清朝来使答曰："今则去叔字，朝贺之事，与皇帝一体云。"朝鲜国右议政郑太和说："勅中虽无此语，似是已为太上矣。"国王李倧也说："然则二帝矣。"这说明，关于多尔衮的称谓，朝鲜君臣也表示怀疑过。既然外交文书上都这样写，外交使臣也作此解释，说明太后下嫁是真的。

顺治七年（1650年），多尔衮病死的第二年，朝廷历数了他的种种罪行，其中"自称皇父摄政王"和"亲到皇宫内院"就是他的两条大罪。这一事实，在清人蒋良骐的《东华录》中就有记载。从此可以看出，如果太后没有下嫁，多尔衮敢深入内院，并且把福临当成儿子吗？太后和皇室亲王贝勒能接受吗？

在明朝遗臣张煌言的《建夷宫词》中，也有讽刺太后下嫁的诗句："上寿觞为合卺尊，慈宁宫里烂盈门。春官昨进新仪注，大礼恭逢太后婚"，"椒庭又闻册阏氏，妙选嬻姬是母仪。"尽管张煌言有借诗讽刺清廷的意思，但是，俗话说无风不起浪，如果没有这事，他怎么能说得有鼻子有眼的。

顺治的一封诏书也很值得怀疑。顺治十七年（1660年）十二月二十四日，顺治降谕礼部，其中有这样几句话："睿王摄政时，皇太后与朕分宫而居，每经累月方得一见，以致皇太后萦怀弥切。乳母竭尽心力，多方保护诱掖，皇太后眷念慈衷赖以宽慰。"顺治因乳母李氏病故而写的诏书，透露出了这样一个信息：因为多尔衮摄政，才使得顺治与母亲孝庄太后分宫而居，母子累月不能相见。为什么会这样？"每经累月方得一见"，"皇太后萦怀弥切"，皇太后为什么不与自己的幼子住在一起？顺治为什么不去看望自己的母亲？这中间难道没有别的因素在阻止他们母子相见吗？而这个因素，除了多尔衮之外，还有谁会有这么强的力量？顺推下去，我们很容易就能得出这样的结论，如果皇太后不是下嫁了，怎么会长期不在宫中？

孝庄太后去世后的墓葬也可以说明问题。清朝早期丧葬制度规定，皇后死后，都要与皇帝合葬，同陵同穴，哪怕在皇帝之后死去。可是，孝庄太后死后却没有遵守这一祖制，而是单独葬在了遵化的清东陵风水墙外，并且灵柩还在地面上停放了38年之久。这是为什么呢？

史料中虽记述孝庄太后生前曾叮嘱康熙帝："我身后之事特以嘱汝，太宗文皇帝梓宫安奉已久，卑不动尊，此时未便合葬。况我心恋汝父子，当于孝陵近地安厝，我心始无憾。"可这很有可能只是托词，因为顺治六年（1649年）四月，皇太极的孝端文皇后死后就葬入了昭陵。究其原因，恐怕是随着汉化的深入，孝庄太后和康熙帝都感觉到了下嫁一事不是什么光彩事，尤其是孝庄太后更觉得在阴间无法面对太宗皇帝的缘故吧。至于为什么孝庄太后灵柩要在地面上停放那么久，可能是因为康熙帝感到不知如何是好，遵守太后遗嘱觉得对不起太后，不遵守太后遗嘱又觉得对不起太宗，所以迟迟不能定夺。

另外，清东陵的5个皇帝、14个皇后、136个嫔妃，都葬在风水墙内，而只有孝庄太后葬在风水墙外，这又是为什么呢？野史上的解释是，因为下嫁一事对爱新觉

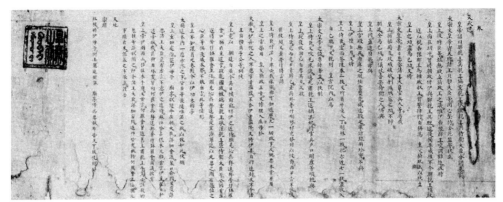

多尔衮母亲撤出庙享诏 多尔衮摄政，给年幼的顺治造成了很深的心理伤害，他亲政不久，就开始报复多尔衮，夺去封号并把多尔衮母亲撤出庙享。

罗皇族来说是一件丢脸的事，所以罚她在陵区大门之外永远为子孙后代看守陵门。这种说法虽然经不住推敲，但是不管怎样，孝庄太后被葬在清东陵外，确实有违情理，难免会让人联想到下嫁一事。

从现实主义古典名著《红楼梦》中好像也能看到孝庄太后下嫁的影子。比如，贾氏二房四子的名字分别是敷、敬、赦、政，而这四个字合起来谐音正好是"夫敬摄政"；宁国府老仆人焦大喝醉酒后，说这府里"爬灰的爬灰，养小叔子的养小叔子"。在书中前半句有所指，后半句就不知其出处了。所以，有人认为此处是对孝庄太后下嫁小叔子的影射。还有人把贾母和孝庄太后联系到了一起，这也难怪，贾母年轻时为宁府长媳，老来为荣府太君，这种一身两任的经历与孝庄太后有点相似。

如果我们硬把小说中的零散的隐语作为太后下嫁的证据，似乎有些武断，不过在这部被认为是反映作者所处时代社会生活的百科全书中，这些情节是不是在暗喻什么，或者真有什么含义呢？

1946 年 10 月，近代学者刘文兴在撰写的《清初皇父摄政王多尔衮起居注跋》中写道：宣统元年（1909 年），他的父亲刘启瑞任内阁侍读学士，奉命收拾内阁大库档案，"得顺治时太后下嫁皇父摄政王诏"。这是一个极其重要的信息，如果太后下嫁的诏书确实为真，那无疑就是太后下嫁的铁证了。

综上所述，正是因为有了这么多的佐证，很多人都认为太后下嫁确有其事。只是到了后来，汉化的加深，清朝统治者才意识到这件事很不体面，从而将有关太后下嫁的文件从官方的典籍中全部删掉了。并且据说是到乾隆朝，主管修史的纪晓岚见到了太后下嫁的诏书，认为："这种事怎么可以传示后人，以彰其丑？"并请示乾隆帝，将有关内容全部删削，最终使得这一事件成为了历史疑案的。

根本就没下嫁吗

也有不少史学家对太后下嫁一事持否定态度，认为太后下嫁根本就是子虚乌有，捕风捉影之事，甚至是敌视满族的文人士子们故意编造，恶意中伤的产物，根本与史实不符。针对上文观点，他们给出了一一的批驳。

说孝庄太后和摄政王多尔衮之间有难以言说的恋情是可能的，但是说为了保住顺治帝的皇位，孝庄太后被迫接受政治婚姻，下嫁多尔衮，则是完全不可能的。首先，顺治的皇位是经过八旗之间剑拔弩张的斗争，最终作为权力平衡和斗争多方互相妥协的结果而最终确立的，并非多尔衮的个人因素决定的。其次，清军入关后，多尔衮确实曾大权独揽，对顺治帝构成了极大的威胁，然而并不是孝庄太后下嫁多尔衮，就能阻止他称帝野心的。而事实可能恰恰相反，下嫁多尔衮不是增加反而是削弱了孝庄太后牵制多尔衮的能力。因为，按照清初八旗制度的规定，两黄旗作为太宗皇太极的遗产，其合法继承人应该是继承帝位的福临。孝庄太后只有作为太宗的遗孀和当今皇上的生母，才能与儿子共同享有继承权，才能被两黄旗承认为女主人。如果她下嫁了多尔衮，就不再是皇太后了，而成了摄政王妃，这样就理所当然不再被两黄旗认可了，而失去两黄旗的支持，孝庄太后将无所凭依，对多尔衮的制约将更加有限。所以，太后下嫁对维护儿子的帝位，不但无益，而且有害。并且从历史上看，孝庄太后一直是两

孝庄文皇后像

孝庄文皇后，博尔济吉特氏，蒙古族，科尔沁贝勒蒙古思之子寨桑的女儿，名布木布泰。13岁时嫁给皇太极，后被封为永福宫庄妃。孝庄皇后历经三朝，皆尽心辅佐皇帝，为清廷入主中原坐稳江山立下了汗马功劳，深受后代皇帝尊敬。

黄旗的女主人，而这恰恰证明了她没有下嫁多尔衮。

对于有人认为按照当时满族有兄死则弟娶其嫂的风俗，太后下嫁是可能的观点，反对者认为，这只是推测，不能作为太后下嫁的证据。事实上，清朝入关以后，婚姻观念发生了很大的变化，满族贵族内部也逐渐视"族内婚"为犯法。比如，顺治七年多尔衮强娶侄儿豪格的妻子，就引起了许多人的非议，据《汤若望传》记载"是为全国之所愤慨非难的一件事情了"。虽然当时人们迫于多尔衮的淫威，敢怒不敢言，但是他死后，这件事受到了很多人的抨击，成了他的一大罪状。在这种情况下，多尔衮娶自己的皇嫂，无疑罪名会更大。以多尔衮和孝庄太后的英明，都不可能做出这种极不明智的选择。退一步说，就算当时有兄死弟娶其嫂的风俗，但也不能仅仅因此就证明多尔衮娶了皇嫂，这中间并没有必然的联系。

至于"皇父摄政王"的称谓，已故著名史学家孟森认为，清朝入关后，逐步接受了汉族的文化，"皇父"的称呼可能如同古代"尚父"、"仲父"一样，都是皇帝对臣下的尊称。比如周文王称吕望（姜子牙）为尚父，意为可尊尚的父辈；齐桓公尊管仲为仲父，是事之如父的意思。虽然称呼中都有"父"字，其实并非真的成了父亲，而只是对功高重臣的一种尊称。顺治称多尔衮为"皇父"，也应该是如此。另外，满族本就有将亲属称谓与爵秩称号联系起来，以示宠幸的习惯。比如，多尔衮被称为"叔父摄政王"、"皇叔父摄政王"就是这种称号（当然，孟森之说也只是一家之言，并非定论，胡适当年就对此提出了疑问，认为孟文"未能完全解释皇父之称的理由"，"终嫌皇父之称似不能视为仲父、尚父一例"）。

另外，对于史书所载：多尔衮"亲到皇宫内院"，想必是与太后一定有什么瓜葛的说法。反对太后下嫁的学者认为，这一点正是多尔衮去世后，济尔哈朗列举的多尔衮罪行之一。如果太后真的光明正大下嫁了，多尔衮完全可以自由出入宫禁，甚至天天住在皇宫内，"亲到皇宫内院"还算什么罪行呢？再说，如果多尔衮真的和太后有说不清的关系，济尔哈朗提出这条罪行，就不怕"投鼠忌器"，连太后也一起羞辱了吗？退一步说，多尔衮就是"亲到皇宫内院"，也可能是同太后商议国家大事，这有什么可说的；就算他有淫乱后宫的嫌疑，也有可能是与其他妃子、宫女等，不一定就是太后。况且，太后如果真的下嫁了，并且颁发诏书告知天下，必然会照会朝鲜，朝鲜使臣和国王不可能不知道这件事。而他们的疑问，恰巧证明了太后没有下嫁。所以称多尔衮为"皇父摄政王"，"亲到皇宫内院"不能作为太后下嫁的证据。

而张煌言的诗更是不足为凭的，因为他是故明旧臣，对清朝怀有敌意，所作诗句难免有诽谤之意。比如《建夷宫词》的题名，建指建州，不称为"后金"、"清"，并且用"夷狄"的"夷"，本身就带着明显的民族偏见。并且据考证《建夷宫词》作

摄政叔父王令旨　清

于顺治七年，而《清会典事例》上则记载："顺治十年建慈宁宫于隆宗门之西。"也就是说孝庄太后最早于顺治十年才搬进慈宁宫的，那么说"慈宁宫里烂盈门"，在慈宁宫中大办婚事，必须在顺治十年之后，而事实上多尔衮早于顺治七年十二月病死，太后嫁给谁呢？另外，据《清实录》中记载，多尔衮在顺治七年正月娶自己的政敌、顺治的大哥豪格的妻子时，曾张灯结彩，铺张了一番。因此，张煌言很可能把多尔衮娶博尔济锦氏当成了"太后下嫁"，写进了《建夷宫词》。再说，张煌言作此诗时，身在江南，根本不在京城，很可能是道听途说，以讹传讹而来。并且诗可以夸张，可以比附，不能作为严肃的史料来用，所以正如20世纪30年代史学家孟森先生所考证的那样："不能据此孤证为论定"。

关于顺治的诏书问题，有人认为可能是太后出外礼佛或者其他活动，并不能据此就认为是太后下嫁的证据。

孝庄太后没有与皇太极合葬，而是葬于清东陵外，据他们分析主要源于以下原因：首先，满族入关以前，实行火葬；入关后，由于受到汉族文化的影响，他们也逐渐认为火化为不孝不仁，开始实行土葬。而孝庄太后知道自己死后肯定是要土葬的，可是这样一来，皇太极的墓必须经过改建，才能放下三个骨灰罐和一口大棺木，而且"卑不动尊"，这对死者是不恭敬的，鉴于此，才决定另行安葬；其次，说太后葬在风水墙外，是罚她为儿孙看陵园，纯属无稽之谈。试想，如果太后真的下嫁了，清廷后来认为是件大丑事，那么必定会严加封锁，讳莫如深，不可能对她如此公开惩罚，留人笑柄。太后之所以葬在"风水墙"外，主要是因为顺治帝的孝陵占据了东陵区的最佳位置（因为他是入关后去世的第一个皇帝，当然要选择至高无上的墓穴），当初也没有考虑孝庄太后会不入盛京昭陵，也就没有在清东陵为她留下一个好地方。由此，当孝庄太后要求葬在孝陵附近时，让康熙帝犯了大难，因为太后是顺治帝的母亲，身份最高贵，把她葬在陵区内的任何地方，位置都低于顺治帝的孝陵。而孝庄太后又遗言"一定要在孝陵附近为我找一块地方安葬"，只有把她葬在孝陵附近，但是又不能葬于陵园，否则就成了一个体系，无法区别。正因此，康熙帝不知如何是好，迟迟不能定夺，这也是太后灵柩迟迟不能安葬的原因。一直到雍正朝，雍正帝看到大清江山永固，康熙帝儿孙满堂，便认为多蒙太后庇佑，也说明太后"安厝"之地为风水宝地，便决定把她葬在了那里。

实际上，孝庄太后的陵墓被称为昭西陵，与孝陵近在咫尺，却独成体系，其名义上仍与沈阳皇太极的昭陵是一个体系。并且，按照清室拜祭皇陵的规定，拜谒时应从高辈分的人拜起，昭西陵处于清东陵门口，正好符合了这一要求。由此，太后葬于清东陵风水墙外，完全出于实际情况的需要，与太后是否下嫁没有关系。

至于《红楼梦》"隐语"的说法，作为学术研究无可厚非，但根本不能作为太后下嫁的论据。即使我们能够确证《红楼梦》中的隐语是指孝庄太后下嫁一事，也可能只是作者对民间广为流传的太后下嫁一事的艺术反映，至于是否真有其事，恐怕连作者也说不清楚。所以太后是否下嫁，并不是《红楼梦》上的隐语可以论证的。

针对刘文兴所说的他的父亲亲眼看到了顺治时期太后下嫁的诏书一事，人们也不免产生怀疑，真有这份诏书吗？现在是否还在世，藏在哪里？据说，有人还曾就此事专门请教了刘文兴的一位朋友、现已病故的故宫博物院研究员朱家溍先生。他说：刘先生在文字声韵方面的研究是很严谨的，但有时也难免开点玩笑。他曾就太后下嫁诏书的真实性，向他提问了几个怀疑问题，刘先生均笑而不语。朱先生便说：这是你老兄又在开玩笑捉弄人了吧？他哈哈大笑说："的确，诏书是没有的，我因为打算卖掉这部书，所以写跋语时加点噱头，你何必认真，姑妄听之而已。不过我相信太后下嫁是真的。"这就是说，太后下嫁诏很可能也是子虚乌有之事。况且，如果太后真的下嫁，并颁发诏书，大办婚宴，那根本就不是什么秘密了，一定会有许多人知道。但是，在当时大臣的笔记等严肃史料中均没有这一记载。

另外，还有人分析，如果太后确实下嫁了，《汤若望传》中肯定要有所反映。《汤若望传》上面对清廷中的许多事情都直言不讳，汤若望与皇太后有义父女关系，太后下嫁作为一件大事，他不可能不知道。而他的笔记中没有记载这件事，也从一个侧面证明了太后不曾下嫁。上面提到的朱家溍先生在一篇涉及太后下嫁的文章中，也认为太后下嫁是假的。他说，人们之所以众口一词，是因为他们都认准了太后下嫁多尔衮确有其事，只不过下嫁诏书在乾隆帝时被偷偷销毁了，所以后世就没了凭证。这只能说明人们不了解清朝制度。按清朝制度，太后下嫁这种大事，是要颁诏天下、让世人尽知的，所以，后世君臣即便想否定这件事，也必须发谕旨，否则，只偷偷销毁诏书是没用的。当然，这也只是一家之言。

时至今日，太后是否下嫁仍是史学家颇有争议的论题。至于太后是否确实下嫁，在没有出现新的强有力的论据之前，仍是一个历史悬案。

图为清朝的《胤禛朗吟阁行乐图》。胤禛即后来的雍正帝，文武双全，颇有治世之才。

9

雍正帝

继位之谜

　　康熙六十一年（1722年）十一月十三日，康熙帝驾崩于北京西郊的畅春园，遗命皇四子胤禛继位，就是后来的雍正皇帝。不过，雍正帝继位的同时，关于他或其他人篡改遗诏的说法就传播开来。之所以如此，原因是多方面的，客观上来说：首先，康熙帝儿子众多，诸皇子中优秀者不乏其人，康熙帝不立太子，也就始终没有指明太子的合适人选。其次，以一纸遗诏传位这种做法与惯例不合，本身就容易令人生疑。另外，康熙帝是十三日病逝，遗诏是十六日才拿出来公开的，这一点也难以自圆其说。在一般人看来，胤禛能够继承大统显得异常突兀。当然雍正帝继位后的一系列举动，也让人生疑。那么，事实究竟如何呢？

改诏篡位说版本众多

认为雍正帝是改诏篡位的人很多，并且说法也各有不同。有人说，康熙帝在弥留之际，留下遗诏："传位十四子"，交给国舅隆科多。而执掌当时京城兵权的隆科多，正是胤禛的心腹，二人勾结，将"十"字改为"于"字，于是，遗诏成了"传位于四子"，胤禛顺利当上了皇帝。还有人说，康熙帝在畅春园病重时，胤禛献上了一碗人参汤，他喝了以后就归天了，然后他和隆科多勾结，伪造遗诏顺利继位。也有人说，康熙帝晚年已决定将皇位传给十四子胤禵。康熙帝病重时，传旨急召胤禵返回，但是，这道圣旨被隆科多截留，没能传出去。因此，康熙帝死时，胤禵还远在千里之外的西北，隆科多假传圣旨，立雍正为帝。

除了以上几种说法，野史中还有一种传说：康熙帝临终时急召大臣入内，久无人至。后睁眼一看，发现皇四子胤禛立在跟前，康熙帝大怒，抽出枕边的玉如意向胤禛掷去……并不久崩驾。胤禛拿出早已篡改的遗诏，顺利登基。

不管是哪种说法，都认为雍正帝是通过改诏或者捏造诏书而篡夺皇位的。支持这种观点的人认为，雍正帝之所以能够成功，一方面源于隆科多掌握着京城兵权和宫廷禁卫军，康熙帝驾崩后，立即把京城中诸皇子监视了起来，控制了京城局面；另一方面，当时康熙帝准备传位的皇十四子胤禵还远在西北边疆，受到了手握重兵的四川总督、胤禛的另一死党年羹尧的牵制，无法兴师反击。而隆科多是雍正帝的亲舅舅；年羹尧则是雍正帝的妻兄，他们帮助雍正帝完全在情理之中。

清世宗雍正帝像

当然这只是野史所言，史书上对雍正帝的继位则是这样记载的：康熙帝临终，召诸皇子及文武大臣，宣布"皇四子人品贵重，深肖朕躬，著继朕登基，即皇帝位"。持雍正帝改诏篡位说的学者普遍认为正史上的记载，全系伪造，并不可信。有关学者还通过研究，列举了一系列雍正帝即位的可疑之处，作为自己的论据。

从有关史料看，康熙帝对胤禛并不十分看好，几乎从没有派他做过什么大事。康熙帝生前甚至对他喜怒不定、遇事急躁的缺点十分反感。虽然他后来说佛谈道，戒急用忍有所改正，但是爱民如子的康熙帝仍会考虑是否把一个国家托付给一个"喜怒无常"的人。而康熙五十四年，重新崛起的蒙古准噶尔部进兵西藏，威胁甘、北、滇等西北、西南大片领土时，康熙帝派胤禵出任抚

圣祖仁皇帝（即康熙帝）谥册　清

远大将军，统筹西北事务，明显表现已经心仪由胤禵为继承人。胤禵出征西北，直到康熙帝病逝，都仍是朝中一等一的大事。可是《清实录》中对此记载极少，这很让人怀疑是雍正帝继位后，大量删除康熙帝时记录的结果。即便如此，仍能从中看出康熙帝让胤禵担任如此要职，确实含有提高他在群臣中威望的意思。甚至在战事后期，康熙帝病情加重，曾指示胤禵通过和谈暂时休战，迅速返京，但和谈尚未结束，康熙帝突然驾崩，给雍正帝制造了机会。从朝中大臣和诸王子的反映来看，也都倾向于皇十四子继位，这至少也代表了部分人心所向。

　　《清圣祖仁皇帝实录》中记载康熙帝临终的当天，"皇四子胤禛闻召驰至。已刻（早上九点到十一点之间），渐进寝宫。上告以病势日臻之故。是日，皇四子三次进见问安"。这段记载，说明康熙帝当时还十分清醒，一天内曾三次召见了胤禛。如果这些事实为真，恰恰证明康熙帝并无意传位于他，否则为什么三次见面都没当面告诉由他继承大统呢？其中正史还记载，康熙帝在临终的当天（十三日），寅刻（夜里三点钟到五点钟），召皇三子、皇七子、皇八子、皇九子、皇十子、皇十二子、皇十三子共七位阿哥和理藩院尚书隆科多进宫，向他们宣谕："皇四子胤禛，人品贵重，深肖朕躬，必能克承大统，著继朕登基，即皇帝位。"这难免让人疑问，这么重要的事情，为什么却不告诉皇位继承本人呢？再说，如果真有其事，诸位皇子还至于在得知雍正帝继位后，个个失态，吃惊不已吗？还至于雍正帝自己出来写什么《大义觉迷录》为自己的继位辩护吗？所以这些记载，很可能根本就是无中生有的谎话，是雍正帝继位后编造出来的。

　　还有一个疑问，康熙帝病逝后为什么由隆科多单独向胤禛宣布遗诏？并且这么重要的遗旨，在宣布时为什么不召集王公大臣和其他皇子到场？这种明显的"暗箱操作"，怎能不让人怀疑？有的学者就认为：这个康熙帝遗旨是篡改的，是假的。另外"康熙帝遗诏"自然应该在康熙帝去世前就已经定稿并经过康熙帝审定，也自然应该在康熙帝逝世后马上宣读，为什么到十六日才公布？不管怎样解释，都难以自圆其说。还有康熙帝驾崩的噩耗传出后，京城九门关闭6天，诸王非传令旨不得进入大内。这是为

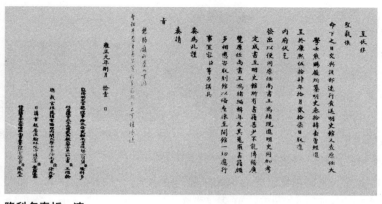

什么呢？如果确实有康熙帝遗诏在手，明确指明由皇四子继位，至于如此吗？

其实，野史笔记中的某些说法，也并非全是捕风捉影，无稽之谈。比如皇子的书写格式，在

隆科多奏折 清

雍正帝以前，都写成四皇子、十四皇子的格式；自雍正帝以后，改为了皇四子、皇十四子，这说明了什么？由此，传说把"传位十四皇子"，是完全可以改为"传位于四皇子"的。当时隆科多掌握着禁卫军，完全有可能勾结雍正帝，里应外合篡改诏书，假传圣旨，甚至不排除在康熙帝的饮食中下毒。历史上，秦朝宦官赵高不就成功篡改诏书，拥立胡亥当了皇帝？以雍正帝后来对待兄弟的残忍看，这种可能完全存在。

雍正帝对待诸兄弟的残忍，仅以他缺乏宽大之心是解释不通的。联系康熙帝临终时的情景看，很可能康熙帝逝世后，由隆科多出面召诸皇子入畅春园并将他们软禁，随后雍正帝装着不知情的样子从外面匆匆赶来，隆科多宣皇四子入内，宣告篡改的遗诏。由于诸皇子在畅春园受到了隆科多的武力威胁，或者他们发现了雍正帝继位的许多可疑之处，诸皇子怨言四起，表示出强烈的不满或者不服。正因此，雍正帝才痛下杀手，对诸兄弟残酷地杀害或者监禁，借以杀人灭口。

年羹尧、隆科多与雍正帝的关系也颇多可疑之处。从史料上看，雍正帝继位后，隆、年二人位置极尊，权力很多，当时任官有"隆选"、"年选"便是由隆、年二人任命。由此，可以看出雍正帝与这二人关系之密切。年羹尧早期在致胤禛的一封信中写道："今日之不负圣上，他日不负王爷。"这证明他早就是胤禛的死党，并且把康熙帝和仅仅还是雍亲王的胤禛并列，完全可以看出二人非同寻常的关系。雍正帝登基时，胤禵不敢轻举妄动，是认真考虑了年氏手下大军的牵制作用的。但是随着雍正帝皇位的巩固，这两个可能知道雍正帝夺位内幕的权臣，渐渐为雍正帝所不能容。隆科多后来陆续将家产转移到亲朋家中，以防雍正帝抄家，他还说过这样一句话："白帝城受命之日，即是死期已至之时。"似乎对自己的命运有所预感。不出所料，后来果被雍正帝宣布41条大罪，投入监狱致死。年羹尧也被雍正帝找借口杀掉了。

雍正帝死后不埋在顺治帝和康熙帝所在的清东陵，而是埋在清西陵也颇值得玩味。雍正帝为什么要另辟葬地呢？有人认为雍正帝之所以不"子随父葬"，是自觉得位不正，不愿意、也没脸面与地下的皇父相见，因此才另建了清西陵。

经过清史专家王钟翰等通过比较存世的几分满文和汉文诏书，进一步确定《康熙帝遗诏》是参照康熙五十四年（1715年）十一月二十一日谕旨加以修改而成的。康熙帝曾说过："此谕已备十年，若有遗诏，无非此言。"因而这份诏书可能确实为伪造。

但是，也有不少史学家提出了针锋相对的观点，认为康熙帝确实遗诏雍正帝继位，雍正帝继位名正言顺，并且将他的诸多恶名一一昭雪，彻底为雍正帝平反。

遗诏继位说

后世还有相当一部分人认为雍正帝本来就是康熙帝心仪的皇位继承人，是遵遗诏即位的，根本不应该对此有什么疑问。

这样的结论是从康熙帝最后十年的有关情况分析中得出的。在康熙帝的诸位皇子中，前太子胤礽被废黜后，最有实力角逐皇位继承人的主要还有皇长子胤禔、皇四子胤禛、皇八子胤禩和皇十四子胤禵。其中胤禔在太子第一次被废后，曾竭力谋取储位，遭到康熙帝的严厉斥责，随后又发现他用厌胜术诅咒太子，甚至建议康熙帝杀掉胤礽，康熙帝对其彻底失望，下令将他永远囚禁。他由此失去了角逐皇位的机会。八子胤禩，聪明能干，有胆有识，党羽广布，在当时确实有成为继承人的可能。但是，操之过急的他，曾发动群臣在皇父面前举荐自己，从而弄巧成拙，引起了康熙帝的震惊和不满。其后，康熙帝知道胤禩也有谋杀太子的意图，斥责他"自幼心高阴险"，不守本分，"妄蓄大志"，不讲臣弟之道，甚至说他"想杀二阿哥（胤礽）未必不想杀朕"。这说明康熙帝对他已经感到恐怖和反感，他的爵位也一度被革除，争夺帝位已经无望。

皇十四子胤禵为胤禛同母弟，在康熙帝晚年，他的地位提升极快，在震抚西北动乱中，他出任抚远大将军，确实成为满朝瞩目的人物，也使他成为一个可以和胤禛匹敌的可能皇位候选人。但是，令人生疑的是，如果说康熙五十七年让胤禵到西北指挥对准噶尔的战斗，是为了让他建功立业，树立威信，那么为什么康熙六十年将立战功的胤禵召回北京述职后，第二年在自己体弱多病的情况下，又让他重返前线，这显然表明皇位不是要传给胤禵的，否则，以康熙帝之英明，怎么会料不到一旦自己驾崩，不管留下多长时间的权力真空，都有可能引发争夺帝位的内乱。所以，康熙帝器重皇十四子不假，要传位于他未必是真。

在这些人逐一被排除后,最有可能成为皇位继承人的便是胤禛。不管别人如何评价,雍正帝为了谋取皇位韬光养晦也好,费尽心机地表现也好,毕竟他确实赢得了康熙帝的称誉。他根据心腹戴铎的建议:适当展露才华,而又克制内敛,不露锋芒,以免引起皇父猜忌。并且友爱兄弟,"不拉帮"、"不结派",对诸兄弟一视同仁。另外,他紧紧围绕"诚孝"皇父大做文章,如诸皇子为争夺皇位大打出手,磨刀霍霍时,他置身事外,一味表现出对皇父的"诚"和"孝",如太子初次被废,康熙帝大病一场,他入内奏请太医并亲自监视药方,服侍皇父吃药治疗,并劝慰父皇。康熙帝后来就传谕表扬他:"当初拘禁胤礽初时,并没有一个人替他说话,只有四阿哥深知大义,多次在我面前为胤礽保奏,像这样的心地和行事,才是能做大事的人。"并说:"四阿哥体察朕意,爱朕之心,殷勤诚恳,可谓诚孝。"再者,对于皇父交给自己的差事,他总是一丝不苟、兢兢业业地做好,并且做事雷厉风行,奖惩分明,严猛相济,效率极高。

这种鲜明的做事风格,对于校正康熙帝晚年政务废弛、积弊丛生的政治、经济局面是十分必要的。主张宽仁的康熙帝,在晚年选择严猛施政的雍正帝,正体现了一个明智的政治家的选择。最后,针对一次康熙帝提起他"喜怒不定"、遇事急躁的缺点,雍正帝很早就开始注意纠正,甚至通过谈佛论道,一心向佛的表现来证明自己。

康熙四十一年,当康熙帝旧事重提时,他央求皇父说:"经父皇教诲已经改正,现在我已经30多岁了,请你开恩将谕旨中'喜怒不定'四字不要记载了吧。"康熙帝于是同意,因谕:"此语不必记载!"由此雍正帝十分完美地在父皇面前回避了自己的弱点,彰显了自己的长处。康熙帝给雍正帝王爵赐号"雍亲王"中的"雍"字,含义极为丰富,大约就有和睦之意。雍正帝的治国之才,不结党、诚孝、有能力,完全符合康熙的太子标准,是诸王子中最有资格继承大统的。

康熙帝晚年,对胤禛的信任和器重与日俱增,生病期间,多次派他到天坛代行祭天大典,要知道康熙帝对祭祀,特别是祭天是十分重视的,历来视为国之大事,在身体允许的情况下,断不会委托他人。从派胤禛代替自己主持祭天,就足以看出对他的认可和信任。

另外,康熙帝作为一个多子多孙的皇帝,在众多的孙子中,最为宠爱胤禛的儿子弘历(即后来的乾隆帝)。据说,他晚年每次围猎都要带上这位聪明伶俐的孙儿。康熙六十一年,康熙帝见到弘历的生母,连连称她是"有福之人"。虽然说以康熙帝之英明,不可能仅仅因为想传位给心爱的孙子,而选择孩子的父亲为皇位继承人,但是至少可以说这也是促成雍正帝继位的有利因素。

至于雍正帝进献人参汤毒死了康熙帝,也是齐东野语之论。首先康熙帝防人的警惕性很高。皇太子首次被废黜,就源于他在帐篷的缝隙里偷看康熙帝的动静,被康熙帝发现，认为有谋害自己的企图。此后康熙帝更是加强了自我保护，怎么可能让皇子随便害自己。其次，有资料证明，康熙帝认为北方人的身体，不适宜吃人参，并在多种场合说过这种话，胤禛作为善于猜测父皇之心的皇子，怎能不知道这一点。再次，按照清廷制度，皇子不能随意进宫，更不能进出皇上寝宫。即使被宣诏进入寝宫，也有太监在旁边，所以胤禛谋害父皇的可能性极小。

野史中说雍正帝勾结隆科多把康熙帝"传位十四子"的遗嘱，改成了"传位于四子"的说法，也是不大可能的。当时的繁体字的"于"写作"於"，"十"字很难改成"於"字。并且在清代，皇帝发布的官方文书都是满、汉文合璧，即使汉文的"十"字可以改成"于"，满文怎么改？况且，康熙帝病重诸皇子肯定都十分关注，甚至相对于远在天坛斋所的雍正帝来

皇太子宝印及印文　清

说，他们得到康熙帝驾崩的消息可能更早。事实上，等雍正帝赶到畅春园时，诸多皇子都已经赶到，他们不可能给时间让雍正帝和隆科多密谋并篡改诏书。再说，隆科多也是胤禵的舅舅，他不至于为雍正帝夺得皇位而冒险把"十"改成"于"，倒可能是受到康熙帝的临终嘱托，出来辅佐胤禛的。所以，说雍正帝勾结隆科多篡改遗诏的说法是站不住脚的。

《清圣祖仁皇帝实录》中明确记载，康熙帝临终前召见了6位皇子和隆科多等人，宣谕："皇四子胤禛，人品贵重，深肖朕躬，必能克承大统，著继朕登基，即皇帝位"应该是真实的。虽然有人说这是伪造的，但是也只是一种说法，并没有强有力的证据可以肯定它确实是不可信的。据说，康熙帝召见几个皇子的同时，下旨让雍正帝从天坛赶到康熙帝寝宫，显然是要把皇位交给他。另外，在皇子们还在世时，雍正帝不可能编造康熙帝召见皇子们的事，否则不一下子就被揭穿了吗？可至今也还没发现有人揭发他的档案材料。

至于康熙帝驾崩后关闭京城九门6天，也可能是因为以一纸遗诏继位不符合清朝的惯例，为了避免引起内部混乱和恐慌，才做出如此决定的。之所以遗诏没有在当天宣读也可能事出有因，但并不能以此作为雍正帝篡位的证据。

许多野史传说认为，雍正帝即位后杀兄屠弟的凶德恶行，正是出于掩盖篡位劣迹的考虑，这似乎也有待商榷。首先，皇长子胤禔、废太子胤礽都是在康熙帝的时候已经被囚禁了，雍正帝只是遵循康熙帝生前的谕旨办理。对于胤礽，雍正帝对他还是

不错的，登基的时候就封他的儿子弘晳为郡王，允许他到康熙帝灵前哭祭。还派人给胤礽送去衣食和医药，令其大为感动。其次，雍正帝对皇八子胤禩、皇九子胤禟以及自己的同母弟皇十四子胤禵确实十分残酷，雍正帝之所以留下残害手足的恶名也并非冤枉。不过细细分析，这也是由多种原因造成的。这三个皇子在当时党羽广布，势力都很大，对雍正帝这位新君极不尊重。胤禩向朝臣亲友散布对雍正帝继位的质疑和不信任，公开说雍正帝会杀他，与新君对立的态度明显；胤禟的母亲宜妃不顾礼节，在雍正帝生母德妃之前跑进康熙帝灵堂，全然不把雍正帝放在眼里；胤禵对雍正帝继位更是大为不满，行为放肆，以至连胤禩都提醒他收敛点。在这种背景下，雍正帝显然敏感地意识到了他们对自己皇权的威胁，因此才相继对他们罗织罪名，囚禁或者杀害。

这也是对诸皇子多年来储位之争的总清算，再说这种骨肉相残可以上溯到清太祖时期，也并非雍正帝首开先河。

当然，雍正帝对胤禩、胤禟罗织重重罪名，又分别逼他们改叫"阿其那"（满语是狗的意思）和"塞思黑"（满语是猪的意思）的侮辱性名字，确实彰显了雍正帝的残暴、狭隘以及缺少宽容。但不管哪位皇子继位，出于对自己皇位的考虑，可能都会如此。因此，把雍正帝的凶德恶行归咎于他为了掩盖篡位之实，无疑也有"先验论"的嫌疑。

雍正帝杀掉隆科多和年羹尧是为了消灭篡位的活口，也只是一种推测的说法。其实，前面已经有所分析，隆科多与雍正帝合谋篡改遗诏的可能性极小，他的功劳主要也就是口传遗命，帮助雍正帝顺利登基，并在初期保护了雍正帝的安全。年羹尧虽然为雍正帝旧人，但关系也并非像传说的那样密切。至于说年羹尧在川陕总督任上，钳制了抚远将军胤禵，也并非事实。因为，胤禵离京千里，起初根本不知京中变故（因为隆科多在局面稳定以前，曾封锁京城，不准出入），后奉旨进京，当然不会发生兵变。雍正帝起初与这二人关系密切，完全是出于对权臣的笼络，并非传说的他们在篡位中立了大功。后来，年羹尧平定青海之后，恃功自傲，骄横跋扈，在军队中竖立起了自己的绝对权威。他的举动让雍正帝起了疑心，这才是他在雍正二年被杀的直接原因。而隆科多则是众大臣共同揭发了40多条大罪，被软禁而死的，并非雍正帝故意杀他的。所以，这二人的死，并不能作为雍正帝篡位的证据。

至于把雍正帝没有遵循"子随父葬"的习俗，作为篡位旁证也是牵强附会的。比如皇太极的昭陵是在沈阳，而顺治死后就没有与他一起葬在昭陵；虽然雍正帝的墓在清西陵，其子乾隆帝的墓却在清东陵。况且如果雍正帝因篡位死后无颜见康熙帝，那他也不敢进太庙才对，因为太庙是皇帝祭祖的地方，那里供奉着清朝历代先帝的灵位，按当时迷信说法，在那里雍正帝不是还能见到康熙帝和他的祖先吗？

因此，通过以上分析，雍正帝继位合情合理，名正言顺。之所以后来会闹得满城风雨，除康熙帝未立太子以及以一纸遗诏继位不合传统外，可能还源于那些争夺皇位失败的皇子以及余党在社会上广布谣言，对雍正帝继位提出诸多质疑，从而使雍正帝非法继位的传言越来越多，真假莫辨。

当然雍正帝对诸兄弟的迫害以及杀害功臣的举动，使他的形象极为不好，这也促使了许多人倾向于雍正帝改诏篡位的说法。当然，这也只是一种说法而已。

无诏夺位说

说雍正帝改诏篡位，有许多矛盾无法解释清楚，难以自圆其说；说他奉诏继位，也没有真正有力的证据，并且漏洞百出。事实上，如果康熙帝真有遗诏传世，断不会弄得谣言四起，众说纷纭，诸皇子也不至于表现出如此不满的情绪。所谓的"康熙帝遗诏"很可能是后来伪造的。而雍正帝改诏通过上面分析可能性极小，并且很可能根本就没有遗诏，改什么呢？所以，康熙帝究竟是心仪皇四子还是皇十四子也不是问题的关键，也许他根本就没有想到自己会突然死去，也就根本没有明确表态由谁继位。在这种情况下，雍正帝凭

密折用匣之一　清

着自身的优势，在隆科多这个关键人物的帮助下，抢得了皇位。由此，既不能说是雍正帝改诏篡位，也不能说是他奉诏继位，只能说在这场前前后后长达40余年的皇位争夺战中，他凭着自己的阴险狡诈（或者说智慧），取得了最后的胜利，并通过自己严酷的手段巩固了这份胜利。这种观点调和了前两种观点，似乎也有道理。

至于雍正帝继位的真实历史内幕恐怕很难说得清楚，如果是改诏篡位，作为胜利者的雍正帝，自然会销毁所有可能的证据；如果是正常继位，为何自他继位起，民间就开始广泛流传如此众多的非法继位的种种传说呢？他继位前后的一系列异常之举，也确实令人生疑。也正因此，雍正帝继位至今仍是难有定论的历史悬案，更是清朝历史上最耐人寻味、最扑朔迷离的难解之谜。

时至今日，这一历史疑案不但是史学界激烈争论的历史问题，更成为文艺界争相炒作的好题目。

乾隆写字图　清

10

乾隆帝

身世之谜

　　清高宗乾隆帝弘历，是中国有史以来最长寿的皇帝，也是历史上实际执政时间最长的皇帝。他在继承康熙帝、雍正帝两朝文治武功的基础上，继续致力于国家的大一统和多民族国家的巩固和发展。历史上著名的"康乾盛世"，就是在他的统治下达到了顶峰。乾隆帝一生南巡北狩，赋诗作词，御笔文墨遍布全国；并且娴熟武事，善喜用兵，夸耀"十全武功"，自称"十全老人"。然而，这位生前风光无限的封建帝王，死后却因为身世问题让人议论纷纷。生在何处？生母是谁？这些对于一般人来说一清二楚的事情，在乾隆帝这儿却离奇得真假难辨，这不能不说是这位"古稀天子"、"十全老人"最为尴尬和无奈的事情了。

生于雍和宫，还是承德避暑山庄

按常理说，一个人生在何处，应该是一清二楚的事情，不应该有什么含糊。可这事儿在乾隆皇帝这里，却偏偏说不清、道不明，尽管他贵为龙子龙孙。

乾隆帝是雍正帝的第四个儿子，史书明确记载他出生于康熙五十年（1711年）八月十三日，可是关于他的出生地点却颇有争议，有人说他生在北京雍和宫，有人说他生在承德避暑山庄。乾隆帝本人

一直认定自己出生在雍和宫。

位于北京城安定门内的雍和宫，在康熙帝时候，四皇子（雍正）的府第当时并不叫雍和宫。该名"雍和宫"是雍正帝登基后的事。乾隆帝继位后，把父亲雍正帝的画像供奉于雍和宫的神御殿，派喇嘛每天念经。因此，雍和宫还被称为喇嘛庙。

乾隆帝像 清高宗乾隆帝即爱新觉罗·弘历，号长春居士，晚号古稀天子，十全老人。在位60年，将中国封建社会的发展推向了顶峰。

乾隆帝射箭图屏　清　王致诚　油画

　　乾隆帝对雍和宫可谓是情有独钟，不但每年正月初七日都要到雍和宫瞻礼，就是平时路过这里也要进去小驻片刻。他还多次作诗或诗注表明雍和宫就是自己的生身之地：乾隆四十三年（1778 年）新春，在《新正诣雍和宫礼佛即景志感》诗中，有"到斯每忆我生初"的诗句；乾隆四十四年（1779 年），在《新正雍和宫瞻礼》的诗句中说"斋阁东厢胥孰路，忆亲唯念我初生"；乾隆四十七年（1782 年）正月初七日，作《人日雍和宫瞻礼》诗注云"余实康熙辛卯年生于是宫也"；乾隆五十年（1785 年）正月，曾作有"来瞻值人日，吾亦念初生"的诗句。

　　从以上诗句和注释来看，乾隆帝一直认为自己出生于雍和宫，并且还特别指出了是雍和宫的东厢房。

　　既然乾隆帝本人都这么说了，按道理是不应该有什么怀疑的，可是，却有人在乾隆帝在位时就提出了他出生于承德避暑山庄的说法。

　　乾隆四十三年（1778 年），军机章京管世铭在随乾隆帝到承德山庄打猎的过程中，先后写下了34首诗，其中的第四首写道："庆善祥开华渚虹，降生犹忆旧时宫。年年讳日行香去，狮子园边感圣衷。"管世铭在这首绝句的后面还加了注解："狮子园为皇上降生之地，常于宪庙忌辰临驻。"就是说，狮子园是乾隆皇帝的降生之地，因此乾隆帝常常在先帝雍正帝驾崩的忌日到那里小住几天。

北京雍和宫 乾隆帝出生地的问题着实让他的皇子皇孙为难，最终道光帝确定乾隆帝生于北京雍和宫。

狮子园是承德避暑山庄外的一座园林，因为它的背后有一座形状像狮子一样的山峰而得名。康熙帝到热河避暑时，雍正帝作为皇子经常随驾前往，狮子园便是雍亲王一家当时在热河的固定住处。

那么，管世铭所言究竟有几分可信呢？据考证，管世铭虽然官职不高，但任军机章京多年，并且还和朝中的一些官员往来频繁，比如与当朝元老阿桂就关系非常。因此，他是完全可能了解一些宫廷掌故和秘闻的。作为军机章京，他随扈乾隆帝驻跸山庄、进哨木兰，对皇帝在避暑山庄的行动起居是比较了解的。再说，如果没有把握，他也断不敢把"降生犹忆旧时宫"以及"狮子园为皇上降生之地"的意思写入诗内，而且该诗集在当时就已刻板行世。由此来看，管世铭对这种说法是相当自信和有把握的。

大概是乾隆帝在晚年也听到了有关自己出生地的不同之音，因而才于四十七年在所写的诗注中，特别写道："余实康熙辛卯年生于是宫也"，就是说我确实是在康熙辛卯年出生在雍和宫的。这句话十足地包含着澄清事实的意味，显然是针对外面谣言而发的。

乾隆五十四年（1789年）正月初七，乾隆帝又作《新正雍和宫瞻礼》诗云"岂期莅政忽焉老，尚忆生初于是孩"，其下自注云："予以康熙辛卯生于是宫，至十二岁始蒙皇祖（康熙帝）养育宫中。"又一次强调自己确实生于雍和宫。

然而令人生疑的是，乾隆帝的继承人，他的儿子嘉庆帝也认为乾隆帝生于承德避暑山庄。嘉庆元年（1796年）八月，乾隆帝86岁大寿，以太上皇身份到避暑山庄过生日。跟随到此的嘉庆皇帝写诗庆贺，诗的开头两句是："肇建山庄辛卯年，寿同无量庆因缘。"嘉庆帝在这两句诗文的后面注释说："康熙辛卯肇建山庄，皇父以是年诞生都福之庭……此中因缘不可思议。"意思是说，辛卯年（1711年），康熙帝亲题"避暑山庄"匾额，御制《避暑山庄三十六景诗》，山庄肇建，皇父乾隆帝恰好于这一年诞生在这诸福齐聚之地，这其中的缘由确实"不可思议"；嘉庆二年，乾隆帝又到避暑山庄过生日，嘉庆帝再次写诗祝寿，在诗文的注释中嘉庆帝把乾隆帝的出生地说得更明确了："敬惟皇父以辛卯岁诞生于山庄都福之庭。"嘉庆帝这两次写的诗和注释无意间都明确指明，"皇父"乾隆帝毫无疑问是生于承德避暑山庄的。

　　但是，十几年后，嘉庆帝却又放弃了这一看法，认同了"皇父"生在雍和宫一说。这是怎么回事呢？原来，清朝每一位皇帝登基以后，都要为先帝纂修《实录》（记载一生经历、言行和功业）和《圣训》（皇帝的训谕）。嘉庆十二年（1807年），朝臣编修乾隆帝的《实录》和《圣训》，嘉庆帝在审阅时发现，在这两部非同小可的典籍中，编修官们都把"皇父"的出生地写成了雍和宫。嘉庆帝当即命令编修大臣认真核查。此后，翰林出身的文化殿大学士刘凤诰把乾隆帝当年的诗找出来，凡是乾隆帝自己说生在雍和宫的地方都夹上纸条，然后呈送嘉庆帝御览。面对皇父御制诗及注释，嘉庆帝开始感到问题的严重性。在这样一个事关皇父降生地的重大问题上，他总不能违背皇父本人的意见吧！于是，嘉庆帝断然放弃了皇父生于承德避暑山庄狮子园的说法，把乾隆帝的出生地写为雍和宫。这样，在撰修成书的《清高宗实录》中就成了这样的记载："高宗……纯皇帝，讳弘历。世宗（雍正）……宪皇帝第四子也。……以康熙五十年辛卯八月十三日子时，诞上于雍和宫邸。"这段故事很有意味，它表明直到刘凤诰拿出乾隆帝白纸黑字的御制诗之前，嘉庆皇帝一直都是坚信父皇是出生在承德避暑山庄的。其实，嘉庆帝接受这一说法也是很勉强的。

　　虽然嘉庆皇帝勉强接受了，但是乾隆帝的出生地之争，在嘉庆帝死时又出现了争议。嘉庆

乾隆敕命之宝及印文　清

二十五年（1820年）七月二十五日，嘉庆帝突然在避暑山庄驾崩。御前军机大臣、内务府大臣马上撰写嘉庆帝遗诏，但是在遗诏中却再次提到乾隆帝的诞生地就是避暑山庄。当时遗诏是这样写的：皇父乾隆帝当年就生在避暑山庄，所以我死在这里也没有什么遗憾的了。

　　一看就知道，遗诏是以嘉庆帝的口气写的。可是，新继位的道光皇帝看过之后，却立即下令追回发往天下的遗诏。为什么呢？因为道光帝发现了问题，就是关于乾隆帝出生地问题。当时道光帝的谕旨是这样说的："昨内阁缮呈遗诏副本，以备宫中时阅，朕恭读之下，末有皇祖（即指乾隆帝）'降生避暑山庄'之语，因请出皇祖《实录》跪读，始知皇祖于康熙辛卯八月十三日子时诞生于雍和宫邸。"道光帝进而解释说，嘉庆帝突然驾崩，"彼时军机大臣敬拟遗诏，朕在居丧之中，哀恸迫切，未经看出错误之处，朕亦不能辞咎"。

　　从他的谕旨中我们不难发现，道光帝一直弄不准祖父究竟出生在什么地方，是专门"跪读"《实录》之后"始知"祖父生于雍和宫的，要不然怎会犯这样的低级错误。

　　被追回修改后的遗诏很牵强地说成乾隆帝的画像挂在山庄：

　　遗诏原本："古天子终于狩所，盖有之矣。况滦阳行宫为每岁临幸之地，我皇考即降生避暑山庄，予复何憾？"

　　遗诏修改本："古天子终于狩所，盖有之矣。况滦阳行宫为每岁临幸之地，我祖、考神御（即画像）在焉，予复何憾？"

　　遗诏把乾隆帝降生在山庄，改为画像挂在山庄，与"予复何憾"相接，实在有些牵强，难以成为嘉庆帝死在山庄而无所抱憾的理由。

　　此后，道光帝为了把皇祖乾隆帝生在北京雍和宫的说法作为定论确定下来，还做了一项根本性的举措，就是把嘉庆帝当年说乾隆帝生在避暑山庄的御制诗作都做了修改。不过，这一招确有点弄巧成拙，由于嘉庆帝的诗早已公开刊刻流行天下，这样大张旗鼓地修改诗文注释，结果是欲盖弥彰，反倒使乾隆帝的出生地更加令人疑窦丛生。

通过对这些大量异常情况的分析，我们发现乾隆帝出生于承德避暑山庄的可能性更大，否则管世铭怎么会提出这种说法，嘉庆帝和军机大臣们又怎么可能接连犯这种低级性错误呢？可以推断，乾隆帝出生于避暑山庄的说法早就盛行。不过，这也只是一种推断，乾隆帝到底生于北京雍和宫，还是承德避暑山庄？学术界至今还没有取得一致意见，仍是一桩历史疑案。

会不会是在草棚诞生

近年来，还有人提出了乾隆帝降生于承德避暑山庄的一个草棚中的说法，并且这种说法还流传甚广。

据传，乾隆帝的母亲是汉族女子李金桂，诨名丑大姐，是当时避暑山庄的一个下等使女。据说，康熙四十九年（1710 年）秋季，康熙帝带领诸皇子和文武大臣，到"木兰围场"进行狩猎活动。这天，雍亲王胤禛追逐一只长着三只鹿角的大鹿，越追越远，

承德避暑山庄文园狮子林 传说乾隆皇帝就出生在狮子园中的一座草房里，这也是至今无法确定的一个千古之谜。

不知不觉脱离了大队人马，只有一个贴身仆人恩普远远跟在后面。追出数里后，胤禛才寻机射杀了那只大鹿。赶上的恩普割断了鹿的喉管，拿出了一个木碗，接了一碗鹿血递给了胤禛。胤禛一饮而尽，随后主仆二人跨上马，缓缓南下。可是没有多久，胤禛便觉浑身不对劲，急躁难耐，满脸通红。

这是怎么回事呢？原来鹿血是极强的壮阳之物，由于胤禛刚才追得口渴，一下子喝了一大碗，因而鹿血劲发，狂躁难耐。胤禛忙问恩普："这附近可有人家？"恩普说："可能没有。"胤禛破口大骂："混账东西，真没用。"恩普此时已经心领神会，忙说："四爷，翻过前面的山，就是行宫了，我去想想办法。"下了山坡后，恩普把主子带到了猎场外的一个小园子里，让胤禛在园子里的小屋子等着，自己去去就来。一会儿，恩普领着一个使女边说话边向这里走来。听那女的说："大老远地来这儿干什么呀？"恩普回答说："你进去就知道了。"说着就把走到门口的女子推进了屋里，然后掩上了门。胤禛也来不及过问恩普从哪里弄到这么一个女子，就在这间小木屋里迫不及待地与她草草地作了一回露水夫妻。

谁曾想到，胤禛的这番风流，却留下了一个龙种。围猎的大队人马去后，管事的人就发现干粗活的使女李金桂的肚子一天天地大了起来。本来按规矩，园中像李金桂这样的汉家女子，年龄已大，早就应该放出嫁人了。可是由于她长得太丑，没有人家愿意要，娘家早已没人，就继续留在园中。谁料这次竟被人弄大了肚子。避暑山庄总管慌忙把这件事告诉了朝中内务府总管大臣，也是胤禛的舅舅隆科多。隆科多觉得事情重大，亲自前往行宫北面的茅草屋，传询李金桂。他严厉地问："你说清楚，肚中所怀孩子到底是谁的？"李金桂肯定地回答："四阿哥的。"隆科多进一步问道："你认识四阿哥吗？""不认识。""你不认识四阿哥，怎么知道是他的孩子呢？""是恩普告诉我的。"隆科多由此知道此事着实不假，种玉之人必定是胤禛。

知道真相后的隆科多感到此事非同小可，此时正是争夺储位的关键时刻，必须设法让四阿哥渡过难关才是。于是，隆科多和胤禛的母亲德妃为此事，出面向康熙帝求情，胤禛也向父皇承认了过错。康熙帝闻后大怒，但事已如此，也没有什么办法，最终也就没有惩罚胤禛，这场风波才算过去。

据说李金桂怀胎达11个月之久，于次年八月十三日，在破旧不堪的马棚里产下了一个白胖男婴。这孩子长得还算体面，一生下来哭声震天，不同凡响。按说，一个使女本来可以不管不顾的，但是由于生下了皇家的骨血，也就非同寻常了。为此，胤禛的母亲德妃想了一个好办法，将李金桂收养在胤禛的府中，把她生下的白胖小子交给了胤禛的侧福晋钮祜禄氏抚养。之所以如此，一来，按清朝家法满汉是不准通婚的，李金桂是汉族女子，当然说不过去；二来，当时满人崇尚子以母贵，这钮祜禄氏是努尔哈赤时代开国功臣额亦都的曾孙女，身份较为显赫，并且她嫁到胤禛府后，已经20多岁，尚未生子。由此，这个来历不同寻常的孩子，也就有了一个身份尊贵的母亲。

这个孩子，因为禀赋异常，天资聪慧，深得康熙帝的宠爱，12岁就被带进宫中恩养，而他正是后来统治中国达60余年的乾隆皇帝。

乾隆帝生于避暑山庄草房的说法，极具传奇色彩，但也得到了不少学者的认可。最早提出这一说法的是曾做过热河都统幕僚的近代作家、学者冒鹤亭。据他所说，这一秘闻是他听热河"当地宫监"说的；并且清政府每年都拨专款修葺狮子园中的那个草房也确实令人生疑；还据说后来乾隆帝奉母命南巡，江南命妇私下里都说太后确实很丑。因此，冒鹤亭对乾隆帝由丑女李氏生在草房的说法确信不疑。

后来，有个叫庄练的中国台湾史学家在《中国历史上最具特色的皇帝》一书中说："冒鹤亭因为曾在热河都统署中做幕宾之故，得闻热河行宫中所传述之乾隆帝出生秘事如此，实在大可以发正史之隐讳。"另外，自称为"历史刑警"的现代中国台湾小说大家高阳也曾著文，肯定乾隆帝生母是热河行宫的李氏。

除此之外，史学家经过考证还得到了一些相关论据。《清圣祖（康熙）实录》卷二百四十七载，康熙五十年（1711年）七月，雍亲王确实曾专程赶赴热河向皇父康熙帝请安。根据时间推断，这正是传说中乾隆帝生母李桂氏大腹便便之时，临产在即，康熙帝是否把雍亲王召到热河当面确认此事，确实让人怀疑。反过来说，康熙五十年以前，

平安春信图
清 郎世宁

此图是清朝宫廷画家郎世宁的作品，描绘了身着汉装的雍正帝和乾隆帝两父子于竹林休憩的情景。

按例随行的王公们从没有人带家属去过山庄，雍正帝也不可能带着即将临产的钮祜禄氏前往避暑山庄，因而，如果乾隆帝真的出生于避暑山庄，不太可能是钮祜禄氏所生。

再者，据记载，康熙五十一年康熙皇帝将狮子园赐给了胤禛，在众多的园内风景中，却夹杂着一处绝不相宜的"草房"。而这座位于热河行宫内"东宫"（俗称"太子园"）之前规制隘陋的茅草房，确实备受礼遇，清政府每年都要拨专款修葺。清代官修的《热河志》，还专门将它作为重要一景写入书中。一座普通不过的茅草屋却被如此看重，确实费人思量，也让人怀疑此一草房，绝非寻常之陋室。

按照《清会典》规定，身为皇子的亲王可封侧福晋四人，但需是生有子女者，而胤禛的侧福晋却只有年氏和李氏二人，均都生子。如果钮祜禄氏确实在康熙五十年（1711年）生下乾隆帝，不应该不封，而事实上其名号一直是"格格"，仍是小姐的身份。另外，在清代凡是妃嫔生子为帝而被尊为皇太后者，上尊号的册文中必有"诞育"皇帝的字样，因为这是她当上皇太后的唯一原因，必须表明。而乾隆帝在给钮祜禄氏上皇太后尊号和徽号时，只用了相当于养育的"鞠育"字样，"始终未见诞育"二字。这两点可以证明钮祜禄氏并非乾隆帝生母。

通过以上分析，乾隆帝由热河宫女生在草棚的说法似乎言之凿凿。但是也有学者认为这些"证据"漏洞百出，难以自圆其说。

首先，以胤禛之"隐忍"，不可能为逞一时之快，而忘记了处心积虑的皇位之争。并且按照清朝的家法，皇子与宫女通奸，当以秽乱宫闱论处，罪名相当严重。胤禛不大可能一改平时"性量过人，深明大义"的常态，而做出这种事情。要知道当时储位之争相当激烈，又处于康熙帝及诸皇子的眼皮底下，什么事情都是可能暴露的，胤禛不会如此大意。

再说，康熙五十年（1711年）七月雍亲王赴热河请安确有其事，但由此就说是康熙帝质问山庄宫女李氏怀孕一事，很是牵强，更多的成分是在猜测。何况就是说乾隆帝确实生在避暑山庄狮子园，也不能直接证明热河宫女李桂氏就是其生母。特别是史书记载，乾隆帝诞生于康熙五十年八月十三日，而胤禛围猎后离开山庄是在四十九年九月初三，如果乾隆帝生母为李桂氏，就是说她从怀孕到临产足有一年时间。这在小说中可以附会，但在现实中不合常理，实不可信。

至于热河行宫的这座"草房"，也未必就因李氏生育乾隆帝而引人关注的。在亭台楼阁一派富丽之间，点缀一些田园野趣，为我国古代园林的惯用之法，根本就没有什么大惊小怪的。况且草房还有雍正帝亲题的匾额，后来乾隆皇帝也常常在这里留下吟咏的圣迹。比如乾隆五十年（1785年）曾作《草房》一诗，开首就是："草房缘缀景，朴素倚翠岭"的句子，明确指出了草房含有"缀景"和"示俭"两种意义。正因这两位皇帝的热爱，才使这座茅屋因人而贵，所以它被写进《热河志》也是不足为奇的。

另外，据有关学者考证，亲王可封四位侧福晋，是乾隆七年（1742年）以后的定制，不仅雍正帝，就是乾隆帝做皇子时，也只有两名侧福晋；并且封侧福晋也并非以是否生有子女为条件，首要条件是看其母家的地位。因此，钮祜禄氏未被封为侧福晋不足为怪。另外，所谓乾隆帝对钮祜禄氏未用"诞育"二字也不确切，在《清高宗实录》中，乾隆帝就多次使用"诞育藐躬，备劳抚鞠"、"貌躬诞育，备荷恩勤"等字样。这也不失为一家之言。

事实是不是这样不得而知，毕竟大多数史学者都对此说持否定态度。

海宁换子是真事儿吗

乾隆帝南巡图　清｜清乾隆皇帝曾经六次到江南巡视，并多次在海宁陈家驻跸，因此引来了诸多猜测。

对于寻常百姓来说，究竟出生在什么地方，也许并不是十分重要，然而对于乾隆皇帝来说，这却非同寻常。因为他的出生地直接关系到他的生母是谁，而这又与乾隆帝的身世密切关联。

关于乾隆帝身世的问题，还有一个让人震惊的传说，即他是海宁陈阁老之子。

浙江海宁，在清朝时属杭州府，是濒临海边的一个小县。海宁地方虽小，却因为在这里能观看到气势磅礴的海潮而闻名于世。相传，康熙年间，皇四子胤禛与朝中大臣、来自海宁的陈大倌，也称陈阁老，关系很好，两家往来密切。

南巡盛典｜此书由清高晋等编撰。

浙江海宁陈阁老宅外景

那一年恰好雍亲王的王妃钮祜禄氏和陈阁老的夫人分别生了个孩子,而且是同年同月同日。不过,陈夫人遂愿生了个白胖小子,王妃却生下了个女儿。某日,雍亲王让陈家把孩子抱入王府看看。可是,当孩子送出来时,陈家的白胖小子竟变成了小丫头,陈家上下个个目瞪口呆。陈阁老知道是被胤禛掉了包,但素知雍亲王的手段,知道此事性命攸关,不敢前去理论,劝全家忍气吞声算了。

雍亲王之所以换陈家的孩子,是因他在争夺皇位中与诸兄弟势均力敌,但是当时自己只有一子,且懦弱无用,不为皇父所爱。因此他觉得自己在这一点上处了下风,有必要弥补这一缺憾,这才有换子之举。

而那个被雍亲王调包的胖小子,据说就是乾隆皇帝。这种说法不知产生于何时,但在民间流传相当广泛,并且故事越说越真。还传说雍正帝登基后,特别擢升陈氏宗族数人,礼遇深厚,就与此有关。而乾隆帝当上皇帝后六下江南,竟有四次在陈阁老的私家园邸停驾暂住,目的就是到海宁探望亲生父母。

海宁民间更是盛传,陈家有乾隆帝亲笔题写的两块堂匾,一块是"爱日堂",一块是"春晖堂"。"爱日"也好,"春晖"也罢,用的都是唐朝孟郊《游子吟》一诗中"谁言寸草心,报得三春晖"句子。乾隆帝若不是陈家之子,谈得上报答父母如春晖一般的深恩吗?

还有一种说法,说当年雍正帝府所生为女,雍正帝自己并不知道,是王妃为了提高自己在诸妃中的地位,而暗中调换的。据说,乾隆帝后来知道自己是汉人后,在宫中常常穿汉装,还问下人自己像不像一个汉人,甚至还想下令满族人全部改穿汉装,后经一位亲信大臣百般劝谏才作罢。

当时还有人写了一首诗说此事："钜族盐官高渤海，异闻百代每传疑。冕旒汉制终难复，曾向安澜驻翠蕤。"诗中的高渤海指的是陈氏祖上原为渤海高氏，"冕旒"显然指身为皇帝的乾隆帝。所谓的恢复汉制和"安澜驻翠蕤"，指的就是穿汉服和南巡住在海宁陈家的事。

对于所谓的雍正帝或王妃换出去的那个女儿，在江浙一带的传闻中也有"交代"。据传，这位皇家的金枝玉叶，长大后嫁给了大学士蒋廷锡之子蒋溥。蒋家专门为她建造了一座楼，世称"公主楼"。

海宁换子的说法在民间产生于何时不得而知，不过，从有关资料来看，这种说法

乾隆生平记事

1710 年	出生于雍王邸，母钮祜禄氏。取名弘历
1722 年	得见康熙帝，被带入宫中"养育抚视"
1723 年	雍正帝秘密建储，弘历被内定为嗣君
1727 年	七月成婚，正妻富察氏，察哈尔总督李荣保之女
1733 年	二月，被封宝亲王
1735 年	清世宗死，高宗弘历即位，年号乾隆。修成《明史》
1740 年	颁布《大清律例》
1748 年	定大学士为三殿（保和、文华、武英）、三阁（文渊、东、体仁）
1749 年	平定第一次大小金川之乱，莎罗奔降
1751 年	第一次南巡
1757 年	根除准噶尔叛乱势力，实行广州一口通商
1759 年	平定"回部"大小和卓叛乱，设伊犁将军
1760 年	绘制成《乾隆内府舆图》
1769 年	中缅之战
1771 年	土尔扈特蒙古重返祖国
1774 年	山东白莲教起义
1775 年	平定第二次大小金川之乱
1781 年	甘肃回人起义。学者朱筠死
1786 年	台湾林爽文起义
1787 年	出兵安南
1792 年	远征廓尔喀侵略西藏；避暑山庄建成；达赖、班禅开始隔年入贡朝觐
1793 年	颁布《钦定西藏章程》，建立金奔巴制度；完成编纂《四库全书》；英使马戛尔尼来华，要求扩大贸易，遭到拒绝
1795 年	湘、黔、川苗民大起义爆发
1796 年	川、陕、鄂白莲教大起义爆发
1799 年	乾隆帝死，仁宗亲政

最早见诸文字，是晚清天嘏所著的《清代外史》一书。这本书中有一个醒目的标题就是《弘历非满洲种》，文中说乾隆帝知道自己不是满族人，因此在宫中常常穿汉服，还问身边的宠臣自己是否像个汉人。从标题就能看出，当时这一说法带有强烈的反满情绪，对清朝皇帝的诋毁，带有浓厚的政治色彩。

随后，名噪一时的鸳鸯蝴蝶派大家许啸天在所撰的《清宫十三朝演义》中，又对这种说法进行了淋漓尽致的发挥：乾隆帝原是陈阁老的儿子，被雍正帝妻子用调包计换了来，乾隆帝长大后，从乳母嘴里得知隐情，便借南巡之名，去海宁探望亲生父母，但这时陈阁老夫妇早已去世，乾隆帝只能到墓前，用黄幔遮着，行了做儿子的大礼。许啸天自然生动、形象真切的描述，十分投合广大市民的胃口。随着《清宫十三朝演义》的风靡，这种说法愈加深入人心。

近些年来，有关乾隆帝是海宁陈家之子的传闻更是接连不断地闯入文艺作品，愈演愈烈，其中影响最大的便是武侠小说大家金庸的《书剑恩仇录》。金庸先生是浙江海宁人，从小就听到了有关乾隆帝的种种传闻，所以他的第一部武侠小说《书剑恩仇录》也就紧紧围绕乾隆帝的身世之谜展开。书中写道，当时江湖最大的帮会——红花会的总舵主于万亭夜潜皇宫，将乾隆帝生母陈世倌夫人的一封信亲手交给乾隆帝，信中详述当年经过，又说他左腿有朱记一块为证。待于万亭走后，乾隆帝便把自己的乳母廖氏传来，秘密询问，知道了自己的身世。当年陈世倌的小孩被

乾隆帝南巡图卷之城市商贸　清

抱进雍亲王府，"哪知抱进去的是儿子，抱出来的却是女儿。陈世倌知是四皇子掉了包，大骇之下，一句都不敢泄漏出去"。金庸还在书中写了陈世倌的三公子乾隆帝的亲弟弟陈家洛，继于万亭之后成为红花会会主后，期望激发哥哥乾隆帝的汉族意识，共同成就恢复汉家天下的宏业等情节，读来引人入胜，也使乾隆帝是海宁陈家之子的说法更加妇孺皆知。

传说这么多，传闻这么广，真有点"假作真时真亦假"的感觉，那么乾隆帝究竟是不是海宁陈阁老的儿子呢？

如果事实确实如此，乾隆帝便是海宁陈世倌的儿子，他完全是一个汉人皇帝！那么事实究竟如何呢？有人对这种说法产生的前前后后进行了考证，发现了一些问题。

从雍正帝方面看，根据清室家谱《玉牒》记载，弘历诞生以前，雍正帝虽然长子、次子早殇，但第三子已经8岁，另一个王妃过了三个月又添了一个儿子。因此，根本没有必要偷换他人之子。再说当时雍正帝年仅34岁，还有生育能力（后来还有孩子诞生），也没有这个必要。退一步说，那时的雍正帝自己能不能登上皇位还在两可之间，他又凭什么知道陈家的儿子就是个大富大贵之人，就能讨得父皇欢心呢？再说，假设就是为了争夺帝位，偷换了一个汉人之子，以雍正帝的心机，也断不会把皇位传给他，让他稳坐大清江山，这种说法无疑把历史简单化了。

说雍正帝不知内情，是王妃擅作主张把女儿换成了男孩，也是不可能的。因为清代对皇子皇孙的诞生有一套严格的记录制度。皇孙诞生，会马上派遣本府太监报奏

陈阁老宅乾隆帝御赐匾额

内务府奏事官，再有宗人府专折奏闻皇上，以备命名，根本不可能数月，或数日之后才报告。况且生孩子时稳婆环列，御医侍候，还有不少宫女跑前跑后，是男是女众人皆知，岂能轻易调包？

从陈家这方面看，更无这种可能。据考证，当时陈大倌并不在京城任官，即使夫人生下了一个孩子也不可能被雍正帝调包。在这种情况下，人们又把怀疑的目光转到了海宁陈家另一个在京做官的人陈元龙身上。但是这也是不可能的。据《海宁渤海陈氏宗谱第五修》查知，陈元龙育有一子二女，其子于康熙三十三年（1694年）早亡，17年后乾隆帝才出世，陈家二女也早于乾隆帝20多年出生，根本就没有孩子可换。

至于那两块匾额，也与乾隆帝的身世毫无关系。据史学家孟森考证，清国史编撰的《陈元龙传》中说：康熙三十九年（1700年）四月，康熙帝在便殿召见群臣，说："你们家中各有堂名，不妨当场写给我，我写出来赐给你们。"陈元龙奏称，父亲年逾八十，故拟"爱日堂"三字。《海宁州志》还提到，康熙五十四年（1715年）六月，因陈元龙胞弟陈维坤的妻子黄氏守寡41年，康熙帝便御书"节孝"两字赐之，又赐以"春晖堂"匾额。这就是说，两方匾额的题词都是康熙帝根据臣下的请示书写的，与孝敬父母的意思根本没有任何联系。

其实，乾隆帝与陈阁老属于正常的君臣关系，根本没有传说的那么神乎其神。事实上陈阁老在乾隆六年（1741年）担任内阁大学士后不久，就因为起草谕旨错点被革了职，当时乾隆帝当面痛斥他："无参赞之能，多卑烦之节，纶扉重地，实不称职。"如此不留情面，哪有半点父子之情？

据档案记载，乾隆帝南巡到海宁，主要是为了视察耗资巨大的钱塘江海塘工程。作为农业立国的封建王朝，清朝的统治者对修造和维护水利工程十分重视，康熙帝时期就对黄河水患进行了大规模的治理，雍正帝以后水利建设的重点移到了东南海塘（沿海大堤）上。到乾隆帝时，海潮北趋，海宁一带潮患告急，而海宁大堤一旦冲破，苏州、杭州、嘉兴、湖州这一带全国最富庶的地区势必被淹，到那时将会严重影响国家的税收和漕粮的征收。因此，为了亲自视察海塘工程情况，乾隆帝仿效其祖父的做法，六下江南，四次亲临海宁，检查海塘工程，当时建造的某些工程，至今仍起着挡潮防患的作用。当年乾隆帝巡视时，作为偏僻的小县海宁的唯一名门望族，由陈家接驾是理所当然的。乾隆帝前后共在陈家住过四次，从未召见过陈家子孙，那么传说中的"升堂垂询家世"之事也就更加无从说起了。

至于蒋氏娶雍正帝公主之事，据考证，蒋溥先后有过三位夫人，其中第二位是个陈姓女子，但并非陈大倌或者陈元龙的女儿，只是陈家的远亲，更与雍正帝毫不相干。对于所谓的"公主楼"，史学家孟森曾专门前往当地进行了调查，结果当地人都说家乡没有什么"公主楼"。

"解铃还须系铃人"，我们看看把乾隆帝是海宁陈家之子的故事写得最深入人心，影响最大的金庸先生是怎么说的。金庸先生曾坦诚地告诉读者：《书剑恩仇录》中所谓的乾隆帝的弟弟"陈家洛这人物是我的杜撰"，他还明确声明："历史学家孟森作过考据，认为乾隆帝是海宁陈家后人的传说靠不住。"后金庸还俏皮地说："历史学家当然不喜欢传说，但写小说的人喜欢。"无可厚非，作为一位武侠小说大家，金庸更重视艺术的真实，而不是历史的真实。

陈阁老宅外的乾隆酒楼

虽然金庸作了如此说法，但毕竟历史已经离我们越来越远，真相如何恐怕谁也不好下个定论。

不过，此说法之所以会在民间如此盛行，原因倒是可以说个二三。首先，海宁陈家当时确实十分显赫，曾经"位居宰相者三"；康熙朝更有陈家三人同榜的荣耀，如此簪缨之族，显贵之家自然格外引人注意，也难免为好事者所热论。其次，乾隆帝六下江南，曾四次驾幸海宁陈家，在封建社会这是何等荣耀，也自然惹人遐想。其三，主要还在于早先这种说法迎合了汉族士大夫对清朝的仇视以及丑化的心理，与民间（汉人）反清情绪的高涨密切相关，比如最早提出这一说法的时间正是晚清末年。最后，文人们的著书立说，对这种说法的传播更是起到了推波助澜的作用，这些也从一个侧面见证了民间俗文化的利害。不过，至今海宁换子说仍旧深入人心，也仍被许多人所津津乐道。

生母莫非是钮祜禄氏

既然说乾隆帝生母是热河行宫汉族女子所生缺少依据，难以成立；说其为海宁陈家之子，更是无稽之谈，那么清史记载乾隆帝的生母是谁呢？

据《清高宗实录》记载："高宗……纯皇帝，讳弘历，世宗……母孝圣……宪皇后钮祜禄氏，原任四品典仪官加封一等承恩公凌柱之女，仁慈淑慎，恭俭宽和，事世宗宪皇帝，……以康熙五十年辛卯八月十三日子时诞上于雍和宫邸。"清宫《玉牒》中也记载：乾隆帝"母孝圣……熹妃钮祜禄氏，系原任四品典仪官加封一等承恩公凌柱之女。"这大内秘档似乎可以证实，乾隆帝的母亲不是山庄宫女，而是熹妃钮祜禄氏。

钮祜禄氏，系满洲镶黄旗人，虽然姓氏高贵，实则出身寒微，父亲只是个四品典仪（后才加封一等承恩公）。康熙四十三年（1704年），年仅

孝圣宪皇后 半像 清

孝圣宪皇后，钮祜禄氏，康熙四十三年（1704年）入侍胤禛藩邸。康熙五十年，钮祜禄氏又为胤禛添了一个儿子，虽然不是雍亲王的长子，但这个男孩儿为他母亲的后半生带来了无比的尊荣富贵。他就是后来的乾隆帝弘历。胤禛登基后钮祜禄氏被封为熹妃，后又晋熹贵妃。

13岁的钮祜禄氏只是被赐给胤禛作侍女。当时胤禛已有三位福晋，其中嫡福晋更是出身名门的乌拉那拉氏。

钮祜禄氏出身寒微，只是个侍女，人长得也不漂亮，原本没有被雍亲王宠幸的可能，只因康熙四十九年（1710年）夏天，雍亲王得了一种传染病，福晋们都不愿去身边伺候，钮祜禄氏奉命接近胤禛，专心侍奉他。一连五六十天，她白天黑夜地侍奉病中的雍亲王，无微不至，十分体贴。雍亲王病好后，心存感激，"遂得留侍，生高宗"。

据史料记载，乾隆皇帝对母亲钮祜禄氏十分孝顺，他曾侍奉母亲三游五台，三上泰山，四下江南，并多次到塞外避暑山庄。乾隆帝的诗文中也有不少称颂钮祜禄氏养育之恩的诗句。如乾隆四十二年（1777年）正月初八日，67岁的乾隆帝陪侍85岁的皇太后赏灯后作诗说："家宴观灯例节前，清晖阁里列长筵。申祺介寿那崇信，宝炬瑶檠总斗妍。五世曾元胥绕侍，高年母子益相怜。扶掖软榻平

雍正帝妃行乐图之赏梅　清　佚名

升座，步履虽康养合然。""高年母子益相怜"，这饱含深情的诗句，道出了乾隆帝母慈子孝的情怀。

钮祜禄氏去世后，乾隆帝怀念母亲，还别出心裁，命令宫中巧匠用3000多两黄金精心制作了一个金塔，专门用来存放太后生前梳头时掉下来的头发，所以叫"金发塔"。乾隆帝母子感情如此之深，也可从一个侧面证明了钮祜禄氏应该就是其亲生母亲。

然而，从有关文献来看，有关乾隆帝生母的记载确实存在难以自圆其说的疑点。乾隆十七年（1752年），清人萧奭所著的《永宪录》卷二记载："雍正元年十二月丁卯（二十二日），午刻，上御太和殿。遣使册立中宫那拉氏为皇后。诏告天下，恩赦有差。封年氏为贵妃，李氏为齐妃，钱氏为熹妃，宋氏为裕嫔，耿氏为懋嫔。"萧

乾清宫内景　清　│　清帝秘密立储的镭匣就放在乾清宫"正大光明"匾后。

奭还在书中提出："齐妃或云即今之崇庆皇太后（钮祜禄氏）。俟考。"就是说，在当时就有人对乾隆帝生母是谁提出了疑问，并且当时册封的王妃中，根本就没有钮祜禄氏，有的人认为齐妃李氏可能是乾隆帝生母，但有待考证。高阳先生在《清朝的皇帝》一书中，更是大胆认为：萧奭《永宪录》中，"这'俟考'二字，是一种暗示，是一隐笔兼曲笔的巧妙暗示；齐妃非高宗生母，而故意这样写，是曲笔；齐妃李氏，暗示高宗生母姓李，此为隐笔。"这样说来，乾隆帝生母为汉人女子李金桂似乎也有可能，这确实也是一家之言。

　　另外，清宫档案的记载也大有问题。清朝的《雍正朝汉文谕旨汇编》雍正元年（1723年）二月十四日记载："雍正元年二月十四日奉上谕：遵太后圣母谕旨：侧福晋年氏封为贵妃，侧福晋李氏封为齐妃，格格钱氏封为熹妃，格格宋氏封为裕嫔，格格耿氏封为懋嫔。该部知道。"

　　同一件事，成书于乾隆六年的《清世宗实录》卷四却在熹妃的记述上有了差异。其中写道："甲子（二月十四日），谕礼部：奉皇太后圣母懿旨：侧妃年氏封为贵妃，侧妃李氏封为齐妃，格格钮祜禄氏封为熹妃，格格宋氏封为懋嫔，格格耿氏封为裕嫔。"

　　通过这两则资料的对比可以发现，等到乾隆帝登基后，档案上才有了钮祜禄氏的记载，而先前的"格格钱氏"莫名其妙地变成了"钮祜禄氏"。

这两份清廷档案，对同一件事迥然不同的记载应如何解释呢？有人认为：格格钱氏与格格钮祜禄氏应该是一个人，因为都是同一天，奉太后懿旨受封为熹妃的，不可能是两个人。但这是说不通的，如果是一个人，怎么会写成两个人的名字。于是有人推理：由于雍正朝实行的是秘密立储的制度，起先并不知道谁是太子，因而也就没有注意到子以母贵的问题。可能是乾隆帝登基后，他的母亲总要一个高贵的出身吧，因此才将熹妃钱氏篡改为了钮祜禄氏。有的学者更有创意性的猜想是"四品典仪凌住"将钱氏认作了干女儿，从而使钱氏有了一个高贵的姓氏和出身，这样也就解决了身份与形式的难题。

与这种猜想近似，乾隆帝生母还有另一种说法。这种说法是由晚清一位著名的学者、诗人王闿运提出的。王闿运是曾国藩的幕友，做过大学士萧顺的西席（家庭教师），了解到不少清廷掌故。他指出，乾隆帝的生母虽然是钮祜禄氏，但的确与避暑山庄有关。在所著《湘绮楼文集》里说：乾隆帝之母钮祜禄氏家居承德城中，家里很穷，雇不起仆人。七八岁的时候，她就跟着家里人到了市面上卖豆浆、酒以及各种饭食等谋生。后来开个小饭铺，因为为人热情，经营比较好，生意异常红火。到十三四岁的时候，钮祜禄氏到了北京，正好赶上选秀女，她就混到里头参加了选秀，结果就被选上了，再后来被分到雍亲王府做了粗使丫头。接着所说的雍亲王得病，她精心侍奉，后为雍亲王宠幸，生下了弘历的说法与前面所述一样。

这些说法都表明乾隆帝生母钮祜禄氏确实出身低微，并非多么显赫的大家闺秀。但是，清末民初的清朝遗老金梁等人写文章认为，清宫选秀女是相当严格的，不可能让承德这么一个女孩子混到里头选了秀女，对这种说法持否定态度。

还有一种说法，是民国年间做过国务总理的熊希龄，从"老宫役"口中听到的，他后来把这个说法讲给了胡适听："乾隆帝之生母为南方人，诨名'傻大姐'，随其家人到热河营生。"后来这个女孩子生了一个男孩，就是后来的乾隆帝。由于胡适把它收进了《胡适之日记》里，这个故事得以流传开来。

乾隆帝诞生于何处，生母究竟是谁确实充满了疑窦。野史传闻虽然不可信，但是按正史记载，《雍正朝汉文谕旨汇编》与《清世宗实录》上关于熹妃钱氏与钮祜禄氏记载上的矛盾，至今仍不能自圆其说。其他的各种说法，虽然也有许多漏洞，但也并非全不可信。总之，乾隆帝的身世之谜，注定还要被继续争论下去。

太平天国天王府花园，后为清两江总督府内花园。

11

太平天国之谜

　　太平天国运动，是中国近代史上规模巨大、波澜壮阔的一次反帝反封建的农民运动。这场运动自金田起义开始，坚持斗争长达 14 年，势力扩张到 18 个省，有力地打击了清王朝的腐朽统治和资本主义列强的野蛮侵略，加速了封建社会的崩溃，对中国的政治、经济、文化等各方面都产生了深刻的影响，在中国农民运动史上留下了光辉的一页。

　　但是由于年代久远，史料匮乏，太平天国运动也留下了许多难解的历史谜案，引来了史学界的争鸣和讨论，比如，杨秀清有没有逼封"万岁"？天京变乱后，石达开缘何出走？太平天国究竟有几位万岁？洪秀全和石达开当年是否分别留下了大量宝藏？

杨秀清有没有逼封"万岁"

1856年9月至11月，太平天国内部爆发了一次严重的内讧，北王韦昌辉和燕王秦日刚率兵攻入东王府，将东王府上下几千人悉数杀死，后韦昌辉和秦日刚又被洪秀全诛杀，次年又出现了翼王石达开由于受到洪秀全的猜忌，率领10万精兵出走天京的余波。这场"天京变乱"，严重挫伤了太平天国的事业，是太平天国运动由盛转衰的分水岭。

那么，这场内乱缘何爆发，它的起因是什么呢？一般都认为是因为东王杨秀清威逼洪秀全封自己为"万岁"，而导致了统治者内部诸王之间矛盾的总爆发。可是有趣的是，究竟有没有所谓的"逼封万岁"一事，百余年来，史载互异，莫衷一是，成为太平天国运动史上的一桩疑案。

那么事实真相究竟如何呢？对此，史学界颇有争议。

史学界大多数学者对"逼封"一事深信不疑，坚信"天京内乱"始于杨秀清"逼封万岁"，他们认为，从历史上看由于农民起义领袖自身的局限性，这种在革命政权相对稳定后，彼此恃功自傲、互相猜忌，争权夺利是完全可能的。

著名史学家罗尔纲先生说，逼封确有其事，"内讧的起因，确是由于杨秀清逼洪秀全让位而起"。徐彻也认为：天京变乱是"杨秀清逼洪秀全让位而起"，"杨秀清要挟天王，威逼他加封自己为万岁，应视为篡位之举"。孙克复、关捷通过研究外国人在《华北先驱周报》上发表的通讯等资料认为："杨秀清'逼封'问题，是千真万确，无可怀疑的。""杨秀清'逼封万岁'给太平天国革命造成的后果是严重的。""是整个'天京事变'的导火线"。李宏生也认为："从现存的资料来看，杨逼封万岁的史载恐难推翻，洪秀全'主动加封'杨秀清万岁的断语恐难足信。"林庆元认为："杨秀清为了夺取洪秀全的最高权位，曾图谋对洪行刺并逼洪封其万岁，这一史实是无法否认的。"

另外也有大量史料可以证明这一

洪秀全像 洪秀全领导了轰轰烈烈的太平天国运动，最后却发生内讧，甚至被怀疑设计害死了东王杨秀清，不能不令人扼腕叹息。

点：张汝男的《金陵省难记略》中记载："一日，（杨）诡为天父下凡，召洪贼至，谓曰：'尔与东王俱为我子，东王有大功劳，何止称九千岁？'洪贼曰：'东王打江山，亦当是万岁。'又曰：'东世子（东王之子）岂止是千岁？'洪贼曰：'东王既万岁，世子亦便是万岁，且世代皆万岁。'东贼伪为天父喜而曰：'我回天矣。'洪贼归，心畏其逼而无如何也。"张汝南本人曾记载，这段记述"系访问确切，得以附入。"另外，太平天国后期重要将领李秀成在其被俘后所写的供状中，也曾提到这件事：杨秀清"过度要逼天王，封其万岁。那时权柄皆在东王一人手上，不得不封"，最终杨"逼

东王杨秀清令旗

天王到东王府，封其万岁"。另据《贼情汇纂》记载：杨秀清后来确实行为跋扈，"自恃功高，一切专擅，洪秀全徒存其名"；还说："秀清叵测奸心，实欲虚尊洪秀全为首，而自揽大权独得其实，其意仿古之权奸，万一事成则杀之自取。"且"每诈称天父下凡附体，令秀全跪其前，甚至数其罪而杖责之"。因而在这种情况下，杨秀清假借"天父下凡"逼洪秀全封其为"万岁"是完全可能的。由此得出结论，正是由于逼封事件的发生，才使得洪秀全感到东王有篡位之心，回宫后调动女兵防守王城，又密诏北王、翼王回京，从而出现了韦昌辉等血洗东王府的一幕。

然而，反对者却认为，"逼封万岁"一事纯属捏造，很可能是韦昌辉或洪秀全以及二人合谋提出的诛杀东王的借口。

首先，李秀成对这件事的叙述很值得怀疑。因为杨在天京"逼封万岁"时，李正在句容、金坛和丹阳一带同清军作战，根本不可能是"逼封"之事的目击者。再说，李"时官小，不甚为事"，还没有直接参与诸王之间的活动，因此他所说的"逼封"一事，肯定是道听途说而来，未必可信。

其次，《石达开自述》中曾记载，韦昌辉在就督江西之前，就有诛杀东王杨秀清之心，被洪斥责拒绝。韦杀杨后，洪曾指责他："尔我非东王不至此，我本无杀渠之意。"杨死后，洪在《赐西洋番弟诏》中更是说东王是"遭陷害"，并规定"东升节"有关事项，以纪念杨秀清。从这些资料分析，很可能是韦昌辉自己捏造了"逼封"之说，并以此为借口，打着天王"密诏"的口号，诛杀了宿敌杨秀清。正如学者庄福铭在考证了大量史料后所说的那样："所谓杨秀清称'万岁'和'逼封万岁'

煦园 | 太平天国占领南京后，杨秀清把此园据为己有。

说法，都是缺乏历史事实根据的。从天王诏旨和天国现存的文献记载看，杨秀清爵职虽续有增封，唯独'九千岁'之称照旧。参照清方和私家著述的记载，虽真伪间杂，互有歧异，但关于东王杨秀清及其子东嗣君称'九千岁'和天国诏旨、文献记载是完全一致的"，"杨'逼封'不是事实，而是韦昌辉策动'天京事变'诛杨伪造的口实。"

再者，洪秀全密诏韦昌辉和石达开秘密进京，无疑包含着让二王"救驾"的意思，因而很可能是洪秀全后来也有了诛杀东王之心，与韦昌辉合谋提出了"逼封万岁"的说法，只不过杨死后，洪秀全才惺惺作态地表明自己没有杀杨之心。史式就认为："洪秀全和韦昌辉发动突然袭击杀害东王杨秀清时，总得找个借口，于是在杨秀清死后立即出现了'逼封万岁'的谣言"，"根据'谣言对谁有利'的线索，我们不难发现：这些谣言都来自天王府，来自洪秀全。"

太平天国官方文书中对这件大事从没有做过记载，这也难免让人怀疑这件事的真实性。史学者奚椿年认为："杨秀清代天父传言，一般都是把内容笔录下来，并作为文件一直保存"，"而这一次'逼封万岁'的传言，偏偏没有一字记录，连洪本人也未提及"，"在英国发现的全部《天父天兄圣旨》中仍无此事的记载"。其中1856年8月9日天父下凡诏书，"明白无误地记的是天父指责'朝内诸臣不得力，未齐敬拜帝真神'。而所谓'封其万岁'，天父既未主动提出，杨也无'逼封'之举。这就再次证明了，《金陵续记》、《金陵省难纪略》以及《李秀成自述》所记均是与事实不合的"。

除了上述两个观点，也有说是洪秀全主动加封"万岁"的。这种观点认为，洪杨之间的矛盾是客观存在的，从事态的发展来看，是洪秀全最早露出了杀机，密诏韦、石回京，而且"天京变乱"的最大获益者也是洪秀全。因此，不排除是洪秀全主动为东王加封"万岁"，著名史学家方诗铭就认为"1856年，太平天国大破清军江南大营，天京相对稳定。洪、韦认为时机已到，再露杀机，对杨秀清施加毒手。这次内讧也是洪秀全挑起的。如果加杨秀清'万岁'称号，属于'逼封'，是由杨秀清挑起的话，那么，他必然会提高警惕，尽管洪、韦发动突然袭击，也不能如此轻而易举地将他杀死。新本《石达开自述》揭出了历史真相，加封'万岁'是洪主动的，一方面可以麻痹杨秀清，一方面又可以激怒韦昌辉，借韦之手杀死杨，然后再除掉韦昌辉。《李秀成自述》所叙述，是事后按照洪秀全意图伪造的历史"。从当时的情况看，这种可能也确实存在，因此"主动加封说"确实也有道理。

杨秀清究竟有没有"逼封万岁"，是关系到"天京变乱"起因以及评价洪、杨功过的一个重要问题，也是太平天国研究中无法回避的问题，所以在得到足够的证据之前，是不好随便下结论的。

石达开出走之谜

石达开是太平天国领导集团中文武兼备的卓越领袖之一，天京事变后他率领精锐部队神秘出走，最后在大渡河全军覆灭。对其出走的根本原因，主要责任在谁，历来众说纷纭。史学界对此存在两种截然相反的观点，有的说是因为石达开本人，有的说是因为洪秀全的陷害。

那么事实究竟如何呢？两种观点的各自论据又是什么呢？

认为责任在石达开的观点由来已久，多为正统史书所采用。天京变乱后，石达开回朝，受到百官拥护，都向天王保举他辅佐天王治理天国。天王对深孚众望的石达开疑心重重，就封两个昏庸无能的哥哥洪仁发、洪仁达为安王和福王牵制石达开。对

石达开率军到达四川涪州时给当地民众的训谕

此石达开非常不满，由于早有远征四川、自立一国之心，遂于咸丰七年（1857年）六月率领部队离京出走。洪秀全得知后十分后悔，削去了两个哥哥的王位，并刻了"翼王"金牌一道，派人追赶挽留。但石达开不为所动，依然远去。

清方缴获的《六安州总制掌书陈凤曹上六安州总制陈敬禀》中更有"翼王私自出京，誓不回去"一语。李秀成在《自述》中也说："那时朝中无将，国内无人，翼王将天朝之兵尽行带去。"在"天朝十误"中，李秀成更说："误因翼王与主不和，君臣疑忌，翼起猜心，将合朝好文武将兵带去，此误至大。"

石达开部留下的双刀

清朝明心道人写的《发逆初记》中说，石达开未出广西之前，已经主张进军四川，但是杨秀清不同意。由此看石达开出走天京，远征四川是蓄谋已久的事情。

石达开部留下的漆皮盔

史学家多认为石达开骄傲自满，刚愎自用，希图占领四川自立一国，从而削弱了太平天国的军事势力，为这场轰轰烈烈的农民起义的失败埋下了伏笔，自己也最终兵败大渡河，留下了千古悲歌。也就是说，石出走的根本原因在于石达开自己的不顾大局，一意孤行。史学家牟安世就认为："石达开出京远征的根本原因，首先在于石达开本人"，"他利

石达开远征军遗留在江西的具铭大炮

用群众对他的爱戴和推崇，具有乘面擅权的个人野心，自负于他自己一系列的军事上的成就，滋长了目空一切的骄傲自满情绪"，"从石达开以后的行动来看，他的出走实际上是一种分裂革命队伍的严重错误"。何龄修、龙盛运也认为：尽管石达开是被逼走的，但公开分裂的第一步毕竟是石达开迈出的，石出走后，洪秀全派人百计挽留，但石"拒绝义王封号，坚持分裂到底"，"石达开的分裂行动，也给他自己和他带走的大军，带来了毁灭"。这种观点把离京出走、造成革命分裂的一系列原因都归于了石达开个人。

但也有人反对这种观点，认为应该具体问题具体分析。具体地说就是，石达开离开天京根本原因应该是洪秀全，说石达开一心希图占领四川自立一国是不符合史

实的。至于最后公开分裂革命，这一责任则应由石达开来负。

首先，石达开离开天京是迫不得已的事情。天京事变后，洪秀全对异姓王愈加猜忌，专信本族，不信外姓，并纵容两个哥哥监视和挟制石达开，甚至发展"终疑之，不授以兵事，留城中不使出"，以至阴谋谋害。当时，湘军就得到情报，说"金陵各伪王忌石逆之能结交人心，石逆每论事，则党类环绕而听，各伪王论事，无肯听者，故忌之，有阴图戕害之意"。可见石达开在出走前处境之艰。并且以洪秀全的猜忌和阴险，杀掉人心所向的翼王是完全可能的。因此为了避免重蹈杨、韦被杀之覆辙，石达开逃离天京无可厚非。所以说，责任全在洪秀全。

至于洪秀全公开认罪后，按常理分析似乎石达开应该回去继续辅佐朝政，这样太平天国也许还会有一线转机的说法，有学者认为事实并非如此。洪秀全百般挽留石达开，也许只是惺惺作态。石达开就是回到天京一意委曲求全，也不一定能发挥多大作用，并且再次被洪秀全杀掉的可能性极大。另外，石达开和洪秀全在战略思想上也存在很大的矛盾。洪秀全自入天京之后，贪图享受，不思进取，只图眼前利益，再无长远眼光，保住天京城成了他的首要战略目标。而石达开认为只保京城，画地为牢，就会陷于被动，最后必然失败，主张以主力争取上游，夺取全面胜利。可能正是在这一思想的支配下，他觉得"将在外，君命有所不受"，可以按自己的战略思想指挥作战，以便发挥更大的作用。所以在洪秀全公开谢罪之时，他仍然不肯回京也完全在情理之中。

其次，李秀成在《自述》中所说："那时朝中无将，国内无人，翼王将天朝之兵尽行带去。"这句话是值得怀疑的。试想，石达开是私自离开南京的，并没有得到洪秀全的批准，岂能"将天朝之兵尽行带去"？事实上，石达开离开天京，渡江北上时，只带了随身警卫队伍数千人。在沿途张贴表明心迹的《五言告示》中，还谆谆劝告天国军民"依然守本分，照旧建功名"，并没有鼓动大家脱离太平天国，脱离洪秀全。还说"惟是用奋勉，出师再表真，力酬上将德，勉报主恩仁。惟期成功后，予志复归林"。因此谈不上是分裂革命队伍，而只是被迫离去。"出师再表真，力酬上将德"等句也表明他根本就没有分裂革命队伍的意思。并且仅凭数千人，怎么可能远征四川，自立一国呢？而后来石达开能够聚集到十万人马，完全是许多旧部自愿追随，千里归附的，这只能说明石达开为人心所向。

正如史学家史式所指出的，石达开出走以后的实际行动证明他并非蓄意远征不返。从史料来看，石达开出走后的近两年时间中，他只在皖、赣、浙、闽等省活动，先是赴援江西，进攻浙江以配合天京解围，以后又经过福建到达赣南的南安府，接着又准备北攻赣州（没有实现），从没有脱离太平军的主战场。当时清军对石达开的去向也提出了各种猜测，但从没有提到他可能远征四川。近来发现的咸丰七年（1857 年）

九月德兴阿向清廷上的奏片，也进一步说明了石达开离开天京后，仍和洪秀全有着批复奏折联系。片中说："……又抄得石逆由安庆寄与洪逆伪章一纸，内有令贼党李寿成（李秀成）会合张洛行领数十万贼分扰下游，又调贼党陈玉成、洪仁常、洪春元、韦志俊、杨来清等各率贼数万及五六千不等概回金陵，并欲赴援江西，窜扰浙江等语。而书中之意，似与洪逆各树党援，不相附丽。洪逆伪批，亦似外示羁縻内怀猜忌。惟贼踪分合无常，总不容稍疏防范。"咸丰帝朱批该片的日期为九月二十二日。

史学家史式分析认为，这一奏折出自清廷，并且也符合当时的实际情况，应该是可信的。从这一史料可以看出，石达开出走天京四个月后，仍与洪秀全保持着奏折的批复联系。并且是按照事先的作战计划与太平军各路人马紧密配合的。石达开仍然关心着天京的防务，并且能够继续行使他全军统帅（通军主将）的职权，调动李秀成等人率部回援天京。因此，并非像通常说的那样，脱离天京后，石达开就自以为是，与南京失去了联系，走上了流寇主义道路。

说石达开主动分裂革命，就是从情理上来说也是讲不通的，石达开怎么可能一下子就断绝了与太平天国的感情呢？即便与洪氏集团有矛盾，他也不可能一下子就忘掉了太平天国。事实也是这样，一年以后在围攻浙江衢州时，石达开还曾大力配合天京方面的作战。而根据史实，直到石达开驻军江西南安府之时，才有人向他提出进图四川的建议，此时离开天京已近两年。这说明石达开离开天京前期根本就没有远征四川，自建一国的企图，而是仍和太平军紧密配合，努力解除天京之围。

因此史学家认为，石达开离开天京是被逼迫所致。正如吴廷嘉评价的那样：石达开的分裂主义错误"并不以天京出走为标志"，从1857年6月到1858年冬，他围战赣、湘、闽，未脱离太平军的主战场，"只是到了1859年2月，他确定远征四川，与天朝的政治军事斗争完全脱离，并一意孤行，无视洪秀全的悔悟，拒绝部下的告谏，才形成了他的转折和质变"。所以，联系当时太平天国的政治军事局势，石达开被逼离开南京，最后走上远征的道路是在主客观以及时势所迫等多种因素的情况下不得已的选择，这才是历史的真实情况。

从以上分析看，认为责任全在石达开的观点无疑受到了挑战。不过事实究竟如何，石达开出走的责任如何划分，还需历史学家做出最后定论。

太平天国究竟有几位万岁

"万岁"是封建帝王的专称，一般来说同朝中只有一位"万岁"。具有浓厚宗教色彩和封建性的太平天国政权同样也有"万岁"之称，不过，从现有的史料来看，太平天国的"万岁"却不止一位。而究竟有几位，史学家也没有一致意见。

有的说有两位"万岁"，即洪秀全与其子洪天贵福，天王洪秀全称"万岁"自不必说，幼主洪天贵福称万岁，确实有点非同寻常。不过这确实是真的，1851年的《太平礼制》中就明确写有："臣下称呼幼主万岁。"

有人说有四位，即除洪秀全和洪天贵福之外，再加上"上帝"和"耶稣"。因为按照太平天国的宗教政治观念，洪秀全拜上帝为"天父"，

忠王李秀成像

尊上帝为"万岁"，理所当然；耶稣作为洪秀全的"天父"，其子洪天贵福都能称"万岁"，耶稣称"万岁"也无可厚非。当然，如果真是这样，太平天国的四位万岁中，有两位是在天上，是子虚乌有的，地上还是两位。由于曾有东王杨秀清逼封"万岁"的说法，因此也有人认为应该再加上杨秀清，应该是五位万岁。不过这种说法存在争议。

还有人说有八位"万岁"。这种说法是史学界争论最激烈的一种说法。在发现的一枚太平天国玉玺中，上书有"天王洪日，天兄基督，八位万岁，真王贵福"等44个字，既然有"八位万岁"之语，当然应该是八位万岁了。另外，太平天国《朝天朝主图》上的"天王诏旨"中有"仰哥朕幼真天主，光明东西八数兔"的句子，这也明确说明了有"八位万岁"。由此不难推测这"八位万岁"指的是天父（上帝）、天兄（耶稣）、天王（洪秀全）、幼主（洪天贵福）、光（洪秀全第三子）、明（洪秀全第四子）、东（东王杨秀清）、西（西王萧朝贵）。

从1851年颁布的《太平礼制》上看，天王诸子在那时只能称"千岁"，可是到了1858年颁布的《太平礼制》中就改为"光王三殿下永岁"，"明王四殿下永岁"，说明称谓的变化。而"永岁"与"万岁"字异而义近。由此光王和明王虽然还是小孩子，但被称为"万岁"是可能的。结合太平天国的实际情况，既然为了稳固人心，能够封两千多个王，封八个万岁也是可能的。甚至有人据此指出"八位万岁"中本来就有杨秀清，后来说他逼封万岁，纯属诬陷。

但是，这种说法遭到了许多史学者的反对。据《忠王李秀成自传原稿》所述，1852年11月"天王在长沙制造玉玺"，至今还没有发现任何资料说天王在此后又造了一方玉玺。"洪天贵福"一名起始于1861年，因此印玺中的"真王贵福"一句无法解释。明王生在天京，这是有据可考的，而太平军占领天京是在1853年3月，玉玺中"八位万岁"何来明王呢？如果玉玺镌刻于1858年光、明王加称之后，那说明杨秀清在

太平天国天王玉玺

1856年并不是"万岁"。因为杨秀清1856年逼封万岁前，还是"九千岁"，如果他已是"万岁"，又何必逼封呢？假设杨秀清没有逼封，是后来诬陷的，那么如果杨确实已是"万岁"，这种诬陷还有什么意义呢？这都足以说明杨秀清不是万岁。

有的史学家通过大量史料考证后认为，这方玉玺严重违反了太平天国的礼制，与多方天国真玉玺的尺寸、规制都有明显差别，从而认为这方玉玺根本就是假的，因此，据此而来的"八位万岁"之说更是无稽之谈（这方玉玺只知道是在1950年12月，由上海革命文物收集委员会征集，原"中央博物馆移交的"，原出处无从可查，它的真伪，至今也是一个谜）。而所谓的《朝天朝主图》"八位"之说，有的学者认为其实是一种误解。其原文是："上帝基督共朕三，爷哥朕幼三一添。爷哥朕幼东成主，爷排五数主当担。爷哥朕幼光明东，七数安息太平兼。爷哥朕幼真天主，光明东西八数龛。长次加上十全吉，三人同日苦成甜。"可以看出，此图本义正如天王诏颁图旨说的那样，是"朕今降诏定位次"，而非昭示谁为万岁。从图中看，这十位中的"爷、哥、东、西"四位皆不在人间，而另六位"朕、幼、光、明、长（洪秀全长兄洪仁发）、次（洪秀全次兄洪仁达）"恰是洪氏兄弟父子。与其说是突出前八位，倒不如说是突出洪氏家族更合此图真意。因此说，若按"八位"之理由，这里就已是"十位"了。幼、光、明王既然能为万岁，其二位伯父又为何不能呢？由此也反证"太平玉玺"与太平天国的礼仪不合，是伪造品。

另外，前文已提到的张汝南《金陵省难记略》上也有记载："洪贼曰：'东王既万岁，世子亦便是万岁，且世代皆万岁。'"知非子在《金陵杂记》也写道："洪秀全随之向众党云：'嗣后均宜称东王为万岁，其二子亦称万岁。'贼众诺。"又有1858年礼制中被封永岁的洪秀全第五子洪天祐，若按"永岁"与"万岁"义相通之说，也是一位"万岁"。如此，就共有13位"万岁"了。这算是第四种"万岁"说法了。

太平天国究竟有几位"万岁"？看来是无法说清楚了。

太平天国宝藏之谜

太平天国覆亡后，曾盛传南京天朝宫殿下埋藏有大量宝藏，曾国藩兄弟所率湘军更是对此深信不疑，城破之日对南京城进行了大肆搜刮，但是否曾找到大量宝藏至今不知。另外还传说，石达开在大渡河被围困之际，也曾将随军携带的大量宝贝藏于某处，后来不知所终。那么太平天国是否藏有大量宝藏，最后下落又如何呢？

有人认为，太平天国在南京苦心经营十载，一直就有洪秀全窖藏金银财宝的传说，不可能是空穴来风。当时太平天国为了应付残酷的军事斗争，采取了所有公私财产都必须统一集中到"圣库"（即国库），人们生活必需品由圣库统一配给的制度，甚至规定百姓若有藏金一两或银五两以上的都要问斩。这种制度使得太平天国的财富高度集中，为窖藏提供了可能。特别是洪秀全建天朝宫殿时，是倾"全国"所有，掠夺各地宝物于宫内，这也证明了窖藏的可能性。后来李秀成在临刑前的供状中也说："昔年虽有圣库之名，实系洪秀全之私藏，并非伪都之公币。王长兄（指洪秀全）、次兄（指杨秀清）且用穷刑峻法搜刮各馆之银米。"这就进一步说明，天京事变后太平天国政权由洪氏嫡系掌管，"圣库"财富已成洪秀全的"私藏"，因而洪秀全窖藏金银的可能性极大。甚至有人推测，洪秀全进入天京后便脱离了群众，避居深宫，十年未出。如果没有其亲许，任何人都不能进入天王府，对其他异姓诸王更是猜忌日深。

天王府成为他唯一信赖和感到安全的地方，如果要窖藏的话，最有可能就在天朝宫殿附近或者天朝宫殿下面。

但是当年曾国荃讯问李秀成："城中窖瘗（音亦）金银能指出数处否？"李秀成并没有正面回答。在自述中，他曾委婉陈述"国库无存艮银米"，"家内无存金艮银"，似乎否定了窖藏的说法。并且太平天国长期处于清军围剿之中，日常开支甚大，有没有可能剩余大量财物，留下宝藏呢？这也是值得怀疑的。

不过，不管怎样，破城之日，湘军四处掘窖金却是事实。曾国藩甚至还为此发布过"凡发掘贼馆窖金者，报官充公，违者治罪"的命令，他在给朝廷的奏报里也

天王府西花园龙壁

西花园是现今唯一保存完好的天王府遗迹。据说在天王府的地下，埋藏了大量的金银珠宝。

对此事毫无隐瞒，公然提出"掘窖金"的话。

然而湘军入城后不久，又流传开了曾国荃（曾国藩之弟）得窖金的说法。曾国荃的部队是最先进入天王府的，相传曾挖得洪秀全的藏金而入私囊，最终为毁灭证据，一把大火烧了天朝宫殿。

清人笔记中曾有记载，洪秀全的窖金中有一个翡翠西瓜是圆明园中传出来的，上有一裂缝，黑斑如子，红质如瓢，朗润鲜明，皆是浑然天成。这件宝贝最后落到了曾国荃手中。另有记载："宫保曾中堂（指曾国藩）之太夫人，于三月初由金陵回籍（湖南），护送船只，约二百数十号。"如此多人，是护送窖金，还是其他重要物品？这也令人生疑。虽然曾国藩向同治帝所上的奏报中，否认了天王府有窖金之事，只说除了二

曾国藩手札 这两份手札记载了曾国藩在攻破金陵后的兴奋心情。

方"伪玉玺"和一方"金印"，别无所获，但是也让人怀疑是不是曾国藩欺上瞒下挖到了窖金，并秘密据为私有了呢？

后来，南京民间仍旧流传着大量有关太平天国窖金的传说，如所传蒋驴、王豆腐致富的故事等。直到辛亥革命以后，还有军阀要掘太平天国窖金发财。这种种迹象似乎表明天京城内应有窖金。

也有人认为，其实天王府并没有被全部毁掉，有不少还未烧尽，当年的核心建筑"金龙殿"依然存在，百年来，从来没有对其地下进行过勘查。"金龙殿"下边说不定还藏有宝藏呢？

总的来说，太平天国是否有宝藏本身就是个谜；而曾国藩兄弟是否挖到了宝藏，并私吞了这些宝物也是个谜；至今"金龙殿"下面是否还藏有宝藏还是个谜。

我们再说石达开的宝藏之谜。在一本名为《世界藏宝之谜》的书中，曾把"石达开藏宝之谜"列入其中。书中记载，翼王石达开率领的太平军覆灭大渡河前夕，曾

将随军携带的大量金银财宝埋藏于大渡河某隐秘处。石达开当时还留有一张藏宝示意图，图上写有"面水靠山，宝藏其间"八字隐语。据说，抗战期间，国民党四川省主席刘湘曾秘密调了1000多名工兵前去挖掘。在大渡河紫打地口高升店后山坡下，工兵们从山壁凿入，见到了三个洞穴，每穴门均砌石条，以三合土封固。但是挖开两穴，里面仅有零星的金玉和残缺兵器。当开始挖掘第三大穴时，为蒋介石侦知。他速派古生物兼人类学家马长肃博士等率领"川康边区古生物考察团"前去干涉，并由"故宫古物保护委员会"等电告禁止挖掘。不久，刘湘即奉命率部出川抗日，掘宝之事也就被迫中止。

除了大渡河边藏有宝藏的说法外，在重庆南川区铁厂坪民间也曾有石达开藏宝的说法。说是当年石达开西征途中路过南川，留下了一批宝藏，只要找到了一座名为"太平山"的位置，就能找到石达开宝藏。这些煞有介事的记载，让人觉得石达开藏宝好像确有其事。那么事实究竟如何呢？

在大渡河岸边的石棉县安顺村，当地流传着这样一个传说：石达开随军带了很多金银财宝，这些金银财宝被装到7个大棺材里，他派相当于一个连的军队负责埋藏。埋完宝藏后，这一个连的人被守在出口处的由10个人组成的小分队全部杀死了。然后，这10个人的小分队回去吃完饭后全部死去，而做饭的炊事员后来也被一支毒箭射死。所以宝藏究竟埋在哪里根本没人知道。

在重庆南川区鱼泉乡山王坪"太平山"，确实能看到一块岩石上刻有"太平山"三个字，字体是普通的楷书，用錾子凿成，每个笔画成麦穗形状。据南川区文物管理所所长李黎介绍，"太平山"三个字，"时间太久，已经风化了，无法考据出具体年代"。不过，据说这里曾是当年太平军曾铸造过兵器的地方，从相关遗址附近挖出过一些破碎的青花、粗瓷瓷片，鉴定结果是晚清时期的，大致是与太平天国时间吻合，但并没有任何文字记载这里确实为石达开驻军之地。石棉县文物局和南川文物局也都表示没有任何的史料记载可以证明辖区内有石达开的宝藏。双方的回答如出一辙："民间传说而已，文物部门没有为此展开过任何专门的研究工作，也没有任何相关记载。"

但也有学者认为，太平军全军覆没后，确实留下了两大悬案，其一是太平军数量巨大的金银财宝秘藏之地；其二是翼王剑不翼而飞。当然，还有专家认为太平军当时的境况根本不可能有大量的金银财宝，完全是在弹尽粮绝的状况下才全军覆没的。

通过以上分析来看，所谓的石达开藏宝仅源于民间传说，除此之外，并没有发现别的什么证据可以证明。不过，分析当时太平军的情况，就是真有藏宝之举，也不会有人知道。因为藏宝本来就极为秘密，而石达开所率余部后来基本全军覆灭，就更不会有人知道了。

大清國慈禧皇太后

慈禧太后油画像

12

慈禧太后之谜

慈禧太后叶赫那拉氏，咸丰元年（1851年）入宫，封懿贵人，六年后生子载淳（同治帝），晋懿贵妃。同治帝即位后不久，慈禧太后与恭亲王奕䜣联合，发动"辛酉政变"，密谋杀害或处置了肃顺等八大臣，实行垂帘听政，控制了大清的实际权力。光绪帝即位后，慈禧太后仍垂帘听政。光绪帝亲政后，在维新派的支持下发动戊戌变法，后被慈禧太后扼杀，她还将光绪帝囚于瀛台。光绪二十一年，光绪帝卒，次日，慈禧太后亦卒，被葬于东陵。

作为中国近代史上最有权势的女人，慈禧太后不但三度垂帘听政，执掌晚清政权近半个世纪，是晚清政治舞台上最重要人物，她的传奇人生也为后人留下了许多难解的谜团。

生于何地，说法不一

在慈禧太后众多的谜案中，她的出生地在哪里，也就是她的身世究竟如何，是近年来最惹人注目，说法最多的历史之谜。

按清朝史书记载，慈禧太后出生于满洲镶蓝旗一个官宦世家，父亲名叫惠征。清宫档案《内阁京察册》（清政府对京官三年一次的考察记录）记载：惠征在道光帝早年一直担任吏部笔帖式，二十六年（1846年）调任吏部文选司主事。后因工作成绩突出，受到了皇帝的接见，并被外放。道光

慈禧太后储秀宫的寝卧处

二十九年（1843年），出任山西归绥道；咸丰二年（1852年），调任安徽徽宁池太广道的道员。从慈禧太后父亲惠征的履历看，他曾先后在北京、山西、安徽等地任职。这就导致了慈禧太后出生地的多种说法。

另外，几乎没有任何文献记载过慈禧太后的出生地，因为谁也没料到这个出身普通官宦之家的女子，几十年后会成为执掌大清国朝政近半个世纪的圣母皇太后，所以慈禧太后的出生地也就成了难解之谜，有人说她出生在北京，有人说她出生在安徽芜湖，有人说她出生在甘肃兰州，还有人说她出生在浙江乍浦，也有人说她出生在内蒙古呼和浩特。至于哪种说法准确，一直以来都没有一个确切的结论，因为任何一种说法都有看似合理的依据。

北京说。持这种说法的学者认为慈禧太后出生于北京西单牌楼北劈柴（今辟才）胡同一带或者北京东城方家园。有关学者在清宫档案中发现了咸丰五年（1855年）慈禧太后的亲妹妹（也就是后来醇郡王奕譞的侧福晋，光绪皇帝的生母）被选为秀女的记录。其上明确记载：此女属满洲镶蓝旗，姓叶赫那拉氏，父亲名叫惠征，最高官职做到五品的道员。而按照京师八旗分城居住的规定，乾隆三十五年（1770年），镶蓝

旗满洲都统衙门在阜成门内华嘉寺胡同；到民国初年，镶蓝旗满洲都统衙门旧地在阜成门内华嘉寺14号，劈柴胡同距华嘉胡同很近。慈禧太后的父亲属于满洲镶蓝旗，应当住在劈柴胡同一带。因此有学者认为，咸丰五年之前，慈禧太后的娘家应该住在北京西单牌楼北劈柴胡同，慈禧太后的出生地也应该在这里。

慈禧太后的后人根据祖辈的口述，也确证慈禧太后诞生于此。另外，现代小说大家高阳在《清朝的皇帝》中记述："慈禧太后母家在东城方家园，父官至安徽徽宁池太广道，时当道光末年，洪杨起事，惠征守土无方，革职留任，旋即病殁，遗妻一子女各二，慈禧太后居长。"也有的书上说："恭亲王曾慷慨言之：'大清天下亡于方家园'！"注云："方家园在京师东北角，为慈禧太后母家所在地。"从这些史料看，慈禧太后则可能出生于北京东城方家园。慈禧太后出生于道光十五年（1835年），这时慈禧太后的父亲还在北京任职，因此慈禧太后出生于北京的可能性较大。但是这种说法也只是一种猜测，由于进宫以前对慈禧太后的生平资料并没有留下什么记载，慈禧太后入宫时选秀女的"排单"至今还没有发现，因此并没有过硬的资料或者证据可以证明慈禧太后就出生在北京。

安徽芜湖说。这种说法主要是根据慈禧太后的父亲惠征曾做过安徽徽宁池太广道的道员，道员衙署在芜湖，因此说她出生在芜湖。据说，慈禧太后善于演唱南方小曲，比如民国时期出版的《清朝野史大观》中就记载："那拉氏者，惠征之女也，惠征尝为徽宁池太广道，其女生长南中，少而慧黠，缛艳无匹俦，雅善南方诸小曲，凡江浙盛行诸调，皆朗朗上口。"一些小说、影视中也多有这样一个情节，兰贵人（就是后来的慈禧太后）在圆明园桐荫深处唱一曲"女儿十八正当年"的缠绵小曲，咸丰帝听得如醉如痴，从而博得了宠爱。不过，这种说法还是比较勉强的，因为根据史书记载：惠征当徽宁池太广道员是在咸丰二年（1852年）二月，正式上任是在同年七月。而慈禧太后已经在咸丰元年（1851年）入宫，被封为兰贵人；档案中还发现了兰贵人受到赏赐的赏单。惠征未曾到安徽上任，慈禧太后已经入宫了，不太可能出生于芜湖。再说，从慈禧太后会唱南方小曲，就说她出生在南方，不和北方人会唱黄

李莲英为慈禧太后梳头的用具

梅戏就说她生在安徽一样滑稽吗？所以，认为慈禧太后出生在安徽芜湖纯属无稽之谈。

甘肃兰州说。这一说法源于慈禧太后的父亲惠征曾任过甘肃布政使，传说慈禧太后就出生在兰州八旗马坊门（今永昌路179号院）。不过专家们经过查阅文献、档案，认为这种说法恐难成立。

浙江乍浦说。1993年8月22日《人民日报》刊登了一篇不足三百字的报道："史界新发现，慈禧太后生于浙江乍浦。"文中说，慈禧太后的父亲惠征，在道光十五年至十八年（1835年～1838年）间，曾外放到浙江乍浦，任正六品武官骁骑校，而慈禧太后正是在这一时期出生，所以她的出生地是"浙江平湖市乍浦城内的满洲旗下营"。该报道还举证说：在现今的浙江乍浦老人中，仍有种种关于慈禧太后幼年的传说。单从时间上来看，这种说法是可信的，因为慈禧太后的确出生于道光十五年（1835年）。但是，一些学者查阅清朝考核官员的档案记载却发现道光十四年官员考核时，惠征被定为吏部二等笔帖式，三年后又被作为吏部笔帖式进行考试，可见这时惠征在北京做吏部笔帖式，为八品文官。可见说慈禧太后出生在乍浦，是不恰当的。因为，如果惠征这几年确实在乍浦为官的话，他将从一个京城八品以下的二等文官，忽然连升几级，成为正六品的武官，这实在不合常理。再说，正六品武官怎么会一下子又降回到八品文官，并且没有任何原因，显然，这一说法存在许多破绽。

内蒙古呼和浩特说。这一观点的依据是慈禧太后的父亲惠征曾任过山西归绥道的道员，归绥道驻地在归化城就是今天的呼和浩特市。传说，慈禧太后就出生在呼和浩特市的落凤街，她小的时候还常到归化城边玩耍。可是，据文献记载，惠征任山西归绥道道员时是道光二十九年（1849年）左右的事，可那时慈禧太后已经15岁，正在宫中参与选秀女，所以慈禧太后不可能出生于归化城。不过，说慈禧太后随父回归化城住过，倒是可能的。并且从礼法角度讲，慈禧太后的母亲也不可能从大老远的北京回娘家生孩子。所以，说慈禧太后出生在今呼和浩特市是没有根据的。

慈禧太后生地又有新说法

近年，关于慈禧太后的出生地又出现了一种新的说法，即山西长治。一段时间以来，这种说法相当盛行，并且得到了许多相关学者的认可。

据山西长治人传说，慈禧太后不是满洲人，生父也不是惠征，而是地地道道的汉族女子，在长治出生并度过了自己的童年。据说，她原是山西省潞安府（今长治市）长治县西坡村王增昌的女儿，名叫王小慊。王家极为穷困。母亲病死后，年仅四岁的

慈禧太后像 慈禧太后的一生制造了多起悬案,慈安太后、光绪帝、珍妃的死她都有重大的嫌疑。

王小慊被卖给上秦村宋四元家,并改名为宋龄娥。可是,没过几年,宋家又遭遇灾难,王小慊又被卖给了潞安府知府惠征家。惠征夫人见王小慊模样俊俏,又聪明伶俐,非常喜欢她。有一次,惠征夫人无意中还发现王小慊的双脚心各长一个贵痣,认为她是大福之人,就收她为养女,改姓叶赫那拉,更名玉兰,归为满族。知府还为玉兰在府署后院专设了书房,供她读书。

咸丰二年,玉兰被选入宫,后来还当上了皇太后。由于清廷严禁满汉通婚,违者满门抄斩,因此惠征及其家人不敢向外泄露半句,慈禧太后的真实身世也就不为世人所知了。

百余年来,在长治县西坡、上秦两村及附近村落一直流传着慈禧太后是本地人的说法。为此,上秦的宋家还曾联名写信,要求政府调查澄清这件事。中国人民大学历史系杨益茂教授在《慈禧太后童年应当考订清楚》一文中写道:"在这些成果中,我认为最值得注意的是近百年来流传不息的口碑史料。并且,山西省长治地区那两个村子里的人也都口口声声地说慈禧太后就是他们那的人,而且不因慈禧太后名声不佳或历史政治批判所湮没,这实在是一个值得重视的问题。如果说解谜的话,应首先解开这个口传史料之谜。"

王家从乾隆五十九年(1794年)一直记录到现在家谱上,也明确有"王小慊后来成为慈禧太后"的记载。当地还盛传,在西坡村外边的山脚下,还有据说是慈禧太后生母的坟。坟前有碑,原来是木碑,后来竖立石碑。在上秦村关帝庙后,至今还保存着一处娘娘院,据说是慈禧太后入宫前住过的院落,一直保存至今。宋家还祖传有光绪年间清廷特制皮夹式清朝帝后宗祀谱(简称"皮夹子")。据有关学者考证,皮夹子"与清廷宫规相符,显然是皇家之物,并非假造。在普通老百姓之家发现这种物件,

慈禧太后垂帘听政处　清

必然有其缘由，值得重视"。

在上秦村宋家的土炕上，还曾刨出了慈禧太后给宋家的信，从中可以看出慈禧太后与宋家的关系及慈禧太后的身世等方面的一些情况。另外，上秦村宋六则家还祖传有慈禧太后寄（送）给宋家的单身照片。慈禧太后如果不是长治人，宋家又怎么会出现这些"宝物"呢？

据考证，慈禧太后酷爱长治一带的食品，如沁州黄小米、壶关醋、襄垣黑酱、酸菜，尤其爱吃团子。据说，慈禧太后当上皇太后后，还专门请了一个长治厨师给她做团子。特别是慈禧太后还会唱长治地区的上党梆子，而这种戏曲不但地方性强，很难懂，也从没有走出过本省。据说，在她六十大寿时，还专门请长治壶关一个叫"十万班"的戏班，为她唱这种戏。作为太后的慈禧太后，不但能听懂还会唱，如果她不是长治人就太让人奇怪了。

一些资料还表明，慈禧太后对满文知之甚少，批改奏折基本都是用汉文。慈禧太后还是小脚，有满族后裔回忆："慈禧太后的脚不是我们满人的那种大脚，是缠过又放开的那种。"我们知道满族女子都是天足，而慈禧太后缠过足，也见证了她可能是汉族女子。

一些学者还从慈禧太后极不尊敬惠征夫人以及相关亲戚等认为，慈禧太后不是惠征夫妇的亲生女儿。并从她关心农事，喜欢乡下风景，对山西的官员比较袒护等细节来佐证她是出身长治贫苦农村的汉族女子。

也有的学者认为，"慈禧太后是汉家女"的说法不仅破解了一些清末历史中的难解之谜，也为合理解释慈禧太后的某些行为提出了依据，从而为史学家研究慈禧太后打开了一个全新的视角。比如一些学者就认为，慈禧太后年纪轻轻就发动"辛酉政变"处理了肃顺等八大臣，并且执政后敢于打破清廷的常规，大胆启用汉臣，如曾、左、李、张等。她这种敏锐、果敢的政治素养，没有满、汉之分的成见，不大可能出自养尊处优的清朝贵族，而更有可能得益于她出身汉族贫寒家庭、幼失怙恃、备尝艰辛的生活经历和磨炼。这种说法从另一个侧面反证了慈禧太后出身于长治农家的可能。

慈禧太后出生于山西长治的说法，在长治可谓众口一词。对此，当地有关部门进行了长期的研究和大量资料的论证，长治市还专门成立了"慈禧太后童年研究会"。这种说法也引起了许多专家、学者的重视，如今流传深广，影响巨大。

但是持否定态度的学者也大有人在，这些人认为，王家的家谱不是原来的家谱，是后来抄的，"这只是后人所为，是什么人所加，根据是什么都不知道"，因而不足为凭；所谓慈禧太后写给宋家的书信残片，经考证，字迹不像是慈禧太后的；全信的内容更是支离破碎，仅剩下了45个字，而由"山西说"的学者按自己的意思增加上去的就达118个字，并且关键性的字是加上去的，所以可信度很低；所谓的皮夹子，确实制作于清光绪年间，但是说持此皮夹者应为高级官员和皇亲国戚则不一定，由这个皮夹子而推断宋四元夫妇为慈禧太后养身父母也缺乏根据；经有关专家考证，在相关的时间内，历任潞安府的知府共有七个人，但是没有惠征，那么既然惠征没有在山西潞安府做过官，慈禧太后怎么会在潞安府被卖到惠征家呢？显然在这些疑窦没解开之前，"山西长治说"也只能作为一种重要的说法存在，也非定论。

从上面的分析可以看出，慈禧太后的出生地究竟是什么地方，身世究竟如何，是出身满族的千金，还是山西长治的贫穷汉家女子，至今仍然没有定论。在这种种说法中，以"北京"和"山西长治"两种说法的可能性最大，而这两个中又究竟是哪个呢？我们还需拭目以待看有没有新的论据出现。

她害死了慈安太后吗

同治、光绪两朝初年，慈安太后、慈禧太后两太后先后两次垂帘听政。慈安太后性喜清静，对政治权力不是很感兴趣。而慈禧太后则不同，辛酉政变后，她的权力欲不断膨胀，参与朝政，处处揽权。但是慈安太后居慈禧太后之上，手上握有咸丰帝临终授予的"御赏"印，对慈禧太后还是有很大限制的。不过，在两人的长期相处过程中，两位太后并没有出现什么大的矛

慈安皇太后谥册

盾。但是，同治八年慈禧太后宠监安德海之死，被认为是两位太后之间矛盾的集中体现。

安德海是慈禧太后十分宠信的太监，辛酉政变时，他受慈禧太后派遣，往来于承德和北京之间，与恭亲王奕䜣秘密联络，为政变的成功立下了汗马功劳，此后更是极得慈禧太后赏识。

安德海自恃慈禧太后娇宠，气焰嚣张，行为跋扈。皇宫上下，从王爷、军机大臣、嫔妃、公主，到小太监和宫女们，无不畏其三分，这引起了慈安太后的极大不满。野史甚至传言安德海不是真太监，据说还有性能力，与慈禧太后有染等等。到了同治八年，安德海奉慈禧太后私令，到江浙一带采办龙衣。安德海乘船顺运河南下，龙旗招展，铺张声势，宛如天子出巡一般。他还沿途搜刮民财，招摇滋事，激起了极大的民愤。行到山东时，山东巡抚丁宝桢以假冒圣命的名义将其逮捕。

原来按照清初制度，太监不得出宫门，更没有让太监出外采办之先例，所以丁宝桢逮捕他名正言顺。丁宝桢的这一手出乎慈禧太后意料，使她陷入被动，因为她出面保护安德海，就说明她违反祖制，于常理不合。而慈安太后早就对安德海大为不满，抓住这个好机会，趁机召开军机大臣及内务府总管等议安德海之罪，并下令将安就地正法。

慈禧太后拖延了数日，终因众议愤然，还是被迫下发了谕旨。安德海之死暴露了两宫太后之间的矛盾，使慈禧太后更深切地感到，慈安太后是自己进一步控制大权的障碍。

光绪七年（1881年）三月十日，慈安太后偶患感冒，微疾小恙，根本就没有引起臣工的注意。谁料，当晚却传出了病故的消息。慈安太后小病猝死，年仅四十五岁，自然引起了人们对其死因的猜疑。不少野史和民间传说更是不约而同地把矛头指向了慈禧太后，认为是慈禧太后害死了慈安太后。所以，关于慈安太后之死，世上流传着多种说法。

相传，咸丰帝死前，就觉察到慈禧太后是一个不法乱政、野心勃勃的女人。因此，他特别密授慈安太后朱谕，嘱咐她如果自己死后，慈禧太后恃子为帝，胡作非为，就以此谕将其除掉。咸丰帝死后，慈安太后曾把密谕拿给慈禧太后看，以示警醒。密谕的存在，让慈禧太后惶恐不安，办事谨小慎微，不敢胡作非为。对慈安太后更是言听计从，百般讨好。在慈禧太后的蒙骗下，慈安太后放松了警惕，并在一次同宴后，当着慈禧太后的面将遗诏烧毁。不久，慈禧太后

慈安太后之玺及玺文

派人给慈安太后送去了几样小点心，慈安太后吃后就中毒而死。

野史中还有一种说法，说慈禧太后好看戏，后来在某次看戏时相中了一个姓杨的戏子，并暗中将他召入宫中，肆意淫乱，乃至怀孕。光绪七年慈禧太后患了一场病，实际上是她乱服打胎药，导致流产所致，御医们不明就里，久治无效。后来，薛福成兄弟入宫以血崩之名医治，实际上暗用产后补药，因而得以痊愈。这中间，慈安太后对其病因微有所闻，深为不满，这让慈禧太后十分害怕。于是，慈禧太后为了大权独揽，干脆一不做二不休，决意除掉慈安太后。

还有一种说法是慈安太后下令诛杀安德海让慈禧太后怀恨在心，因而决意铲除她专权道路上的绊脚石，就密令太医用不对症之药，将慈安太后害死。后世的史学家也有相信此说的，明清史专家商鸿逵先生就认为：安德海为慈安太后下令杀掉，慈禧太后由此痛恨慈安太后，所传慈安太后因食慈禧太后所献食物暴死，"揆诸情由，当属可信"。《清朝野史大观》也载："或曰慈禧太后命太医院以不对症之药致死之。"

根据以上野史传闻以及史学者的推断或许可以得出这样的结论——慈安之死慈禧太后有着难以推脱的嫌疑，可是，正史上对这件事却并无记载。不过从翁同龢的日记记载看，慈安太后之死确实异常：慈安太后三月初十感冒，非常想喝点什么，然而当晚就传出了病亡的消息。次日，翁入宫看到了十日的药方尚在，据说慈安太后头疼厉害，早上喝了一顿药；中午时已经神志不清，牙关紧闭；晚间只开了一些喝的药，但慈安太后已经进入了弥留状态，不能喝药了，当晚就离开了人世。从发病到死亡如此之快，确实令人不解。

当然，也有人认为慈安太后与慈禧太后共同垂帘听政达 20 年之久，二人的根本

慈安太后便服像

利益是一致的，慈禧太后没有必要害死慈安太后，慈安太后可能是患了脑溢血等急性病去世了，与慈禧太后并没有什么关系。

总之，慈安太后之死涉及深宫隐秘，除翁同龢的日记外，没有发现还有什么资料对慈安太后的死因有记载的。退一步说，如果真是慈禧太后害死了慈安太后，她必定会销毁一切罪证。不过，按常理猜测，以慈禧太后的阴险和狡诈，为了大权独揽害死慈安太后的可能性极大，但是在没有确凿的证据发现之前，这也只是一种合理的猜测，毕竟历史疑案的破解终究是需要充分证据的。

缘何逼死珍妃

珍妃像

珍妃，他他拉氏，满洲镶红旗人，礼部侍郎长叙之女。光绪十四年（1888年）十月选为珍嫔，光绪二十年（1894年）春因慈禧太后六旬庆典，晋封珍妃。珍妃是光绪帝一生中唯一宠爱的妃子，也是唯一一个给光绪帝无助和压抑的生活带来阳光和喜悦的女人。1898年戊戌政变后，光绪帝被囚于瀛台，珍妃也受到牵连，被囚禁于紫禁城东北部的北三所。1900年八国联军进攻北京，慈禧太后携光绪帝出逃，行前，令人将珍妃推入乐寿堂后井中溺死。可是，慈禧太后缘何逼迫珍妃堕井？珍妃堕井的真相究竟怎样？长期以来流传着多种说法，令人真假莫辨。

一种说法是因珍妃请求"皇上留京"，触怒了慈禧太后，被慈禧太后下令扔进了井里。八国联军侵入北京后，慈禧太后胁迫光绪皇帝离京西逃。珍妃从北三所中放出来后，跪求慈禧太后将皇帝留在京域，主持朝廷的正常事务。慈禧太后大怒，以"扰乱后宫，不守本分"为名，令太监崔玉贵把珍妃推入了井中致死。曾为溥仪当过英文教师的庄士敦就认可这种说法，他曾写道："珍妃曾跪在冷酷无情的太后面前，乞求她不要强迫皇帝随其出走。珍妃是皇帝最宠爱的妃子，她知道他愿意并渴望留下，去面对联军的司令官们……据说太后没有给跪在面前恳求她的珍妃任何回答，而是对她的随从太监勃然大怒，命他把泪流满面的妃子扔进井里。"

另一种说法是慈禧太后以贞洁观为由，逼珍妃自尽，珍妃不愿，慈禧太后便命令太监把她扔进了井里。珍妃之死的见证人，原清宫太监唐冠卿曾这样回忆："庚子七月十九（1900年8月12日），八国联军攻进北京，宫中一片恐慌。太监总管崔玉贵率领快枪队四十人守在蹈和门，我率领四十人守在乐寿堂。中午的时候，我在乐寿堂后门休息，突然看到慈禧太后从内殿出来，身旁并没有随侍的人陪伴。我想她可能要到颐和轩，于是就上前去扶她。走到乐善堂右边，太后又沿着西廊走，我感到很惊讶，就问她：'老佛爷到什么地方呢？'她说：'你不用问，随我走就行了。'到了角门转弯处，她对我说：'你到颐和轩走廊上守着，如果有人偷看，就打死他。'我正吃惊，崔玉贵来了，扶着太后走出角门向西走去。我私下想，她不会是殉难的吧！但不敢开口问。一会，听见珍妃来了。她向太后请安，并祝老佛爷吉祥。太后说：'现在还成活么，义和团捣乱，洋人也进入北京了，该怎么办呢？……'接下来几句，声音太小，我辨认不出说得是什么。忽然又听到太后大声说：'我们娘俩跳井吧！'珍妃哭着求太后开恩，并说：'我没有犯重大罪名。'太后说：'不管有无大罪，难道我们留下遭受洋人的毒手吗？你先下去，我也下去。'珍妃不停地叩头请求太后开恩。接着又听到太后叫崔玉贵，就听到崔玉贵说：'请主儿遵旨吧。'珍妃说：'你算什么人，也逼迫我？'崔玉贵说：'主儿下去，我也下去。'珍妃怒曰：'你不配。'我听到这里，已木立神痴，不知所措。突然又听到太后大声喊道：'把她扔下去。'

慈禧太后出巡旧照

然后听到有挣扎扭动的声音，过了一会，听到'砰'的一声响，想来珍妃已经落到井里了。"唐冠卿作为清廷太监，应该说是最接近珍妃之死现场的人，这种说法相对比较可信。

　　金易、沈义羚著的《宫女谈往事》中，"崔玉贵谈珍妃之死"一节对珍妃之死的叙述，与上面两种说法十分接近，基本上是将二者合一，大致是这样的：慈禧太后在出逃前，已经深思熟虑要逼珍妃自尽，当珍妃被带到颐和轩后，有这样一段对话（注：因为是宫女转述崔玉贵所说，这里是崔玉贵说的话）："到了颐和轩，老太后已经端坐在那里了。我进前请跪安复旨，说珍小主奉旨到。我用眼一瞧，颐和轩里一个侍女也没有，空落落的只有老太后一个人坐在那里，我很奇怪。珍小主进前叩头，道吉祥，完了，就一直跪在地下，低头听训。这时屋子静得掉地下一根针都能听得清楚。老太后直截了当地说，洋人要打进城里来了。外头乱糟糟，谁也保不定怎么样，万一受到了污辱，那就丢尽了皇家的脸，也对不起列祖列宗，你应当明白，话说得很坚决。老太后下巴扬着，眼连瞧也不瞧珍妃，静等回话。珍妃愣了一下说，我明白，不会给祖宗丢人。太后说，你年轻，容易惹事！我们要避一避，带你走不方便。珍妃说，您可以避一避，可以留皇上坐镇京师，维持大局。就这几句话戳了老太后的心窝子了，老太后马上把脸一翻，大声呵斥说，你死到临头，还敢胡说。珍妃说，我没有应死的罪！老太后说，不管你有罪没罪，也得死！珍妃说，我要见皇上一面。皇上没让我死！太后说，皇上也救不了你。把她扔到井里头去。来人哪！就这样，我和王德环一起连揪带推，把珍

珍妃井

妃推到贞顺门内的井里。珍妃自始至终嚷着要见皇上！最后大声喊，皇上，来世再报恩啦！我敢说，这是老太后深思熟虑要除掉珍妃，并不是在逃跑前，心慌意乱，匆匆忙忙，一生气，下令把她推下井的。"这一记载如果确实是出自崔玉贵之口，那么显然是最接近历史真相的，就是慈禧太后在西逃前，逼死了珍妃，珍妃也确实曾请求让皇帝留下主持大局。这应该是珍妃死因的第三种说法了。

　　还有一种说法是珍妃因为当时患天花，请求不随慈禧太后西行，慈禧太后十分恼怒，把她淹死在井里。据太监小德张过继孙张仲忱在《我的祖父小德张》一文

中回忆：当年八国联军进城后，慈禧太后来到了御花园旁，在养心斋前换上了便装。各宫妃嫔陆续到来，光绪帝也由瀛台过来，换上了青衣小帽。这时，慈禧太后命人把珍妃叫来，让她换好衣服一起走。不大一会，珍妃披散着头发，穿着旗袍走过来。慈禧太后大怒说："到这时候了，你还装模作样，洋人进来，你活得了吗？赶紧换衣服走！"珍妃说："奴才面出天花，身染重病，两腿酸软，实在走不了，让我出宫回娘家避难去吧！"慈禧太后不同意，仍然叫她走，珍妃跪在地上就是不走。慈禧太后大为恼怒，回过身来大喊一声，叫太监崔玉贵把珍妃扔进了井里。据后人考证，当时珍妃可能真的患了天花，卧病在床。

慈禧太后西逃时曾住过的农家小院

八国联军入侵大清门

最后还有一说，出自《我所知道的慈禧太后》一书。这本书是慈禧太后的曾孙叶赫那拉·根正所写，书中对珍妃之死经过是这样叙述的：由于珍妃聪明而又漂亮，非常有才干，仿佛就是年轻的慈禧太后，也因此慈禧太后实际上十分喜爱珍妃。后来由于珍妃通过关系从外国人手里买了照相机，在宫中乱照相，并且穿的衣服在当时看来很失体面。慈禧太后当时对照相机缺乏认识，认为是妖术，邪术；珍妃爱穿男人衣服，也让慈禧太后不能理解。因此，慈禧太后与珍妃之间有了隔阂，但慈禧太后并没有因此而有加害珍妃之意。八国联军攻进北京后，慈禧太后决定西行，可是西行带不了那么多人，便决定带上皇帝和隆裕皇后一起走，而其他的一些亲属都暂回娘家躲一躲，妃子也不例外。然而，在这紧要时刻，珍妃一直缠着慈禧太后说：我是光绪帝的妻子，我也要跟着去，您有偏见，皇后是您的侄女，所以您有偏心。这让慈禧太后十分难堪，大清国，包括皇帝在内，也从来没有人敢顶撞她。随后，珍妃一直跟着慈禧太后叙说自己的理由，走到了颐和轩附近，不死心的珍妃又说：我是光绪帝的妻子，就要跟皇上在一起，不在一起，宁愿死。活着是皇家人，死了是皇家鬼。慈禧太后一听更加生气，现在是什么时候了还大吵大闹的，就随口说："你愿意死就死去吧。"当时说话不远处正好有一口井，珍妃就说：既然这样，我就死给你看。于是就直奔井口而去。慈禧太后一看不妙，赶忙叫太监崔玉贵去拉住她，但已来不及了，珍妃已跳下了井。由于情况危急，太后来不及管她，就西行去了。由于该书为慈禧太后亲属所著，这种说法明显带有为慈禧太后开脱的意味，真实性很值得怀疑。

在以上五种说法中，前四种说法较为可信，可是在当时的情况下，慈禧太后究竟为何非置珍妃于死地，是深思熟虑后的谋杀，还是一怒之下的冲动？至今仍是个莫衷一是的历史之谜。

慈禧太后与李莲英 慈禧太后扮观音，旁边扮善财童子者为李莲英。

是否害死了光绪帝

清光绪三十四年十月二十一日（1908 年 11 月 14 日），被慈禧太后囚禁十年之久的光绪帝，于中南海瀛台涵元殿崩逝，年仅 38 岁。令人奇怪的是，次日中午慈禧太后也于中南海仪鸾殿病逝。光绪帝正值壮年，怎么突然就去世了呢？光绪帝与慈禧太后相继去世，间隔不过一天，这仅仅是巧合吗？

联系长期以来清廷内部皇帝与太后之间的斗争，双方水火不容的矛盾以及光绪帝受到的种种虐待，很多人都猜测是慈禧太后临终前害死了光绪帝，慈禧太后才是光绪帝之死的真正凶手。事实确实如此吗？慈禧太后有必要害死光绪帝吗？

这还要从光绪帝与慈禧太后之间的矛盾说起。众所周知，戊戌变法失败后，以慈禧太后为首的顽固派重新把持了所有朝廷大权，改良派人士或遭屠戮或被通缉，光绪帝更是被囚禁于中南海瀛台，成了徒存虚名的皇帝。

但是，维新派在地方上的影响依旧存在，在名义上，光绪帝依旧是皇帝，而他比慈禧太后年轻30多岁，慈禧太后一死，很有可能重新归政于他，到那时东山再起的光绪帝必定会对顽固派进行打击和报复。

并且，戊戌变法得到了许多国家的关注和同情，相对于行将就木并且保守的慈禧太后，列强们似乎更希望由年轻而又开放的光绪帝当政，所以光绪帝只要名号仍在，他所具有的巨大影响力就不容忽视。正是看到了这种潜在的威胁，从有关记载看，慈禧太后囚禁光绪帝后不久，就有意谋害或者废掉光绪帝。

光绪帝读书像

慈禧太后起初的策略是，对外大张旗鼓宣布光绪帝已经病重，并下诏广求名医入宫为光绪帝看病，每天还将光绪帝的病历和药方传示各官署，甚至送到东交民巷各使馆。一时间，人心汹惧，似乎光绪帝大限已至。慈禧太后这样做，一方面是为谋害或者废掉光绪帝制造烟幕弹；另一方面借以试探各方的反映，尤其是试探各国公使的反映。出乎意料的是，光绪帝的安危受到了外界的广泛关注，一时人言鼎沸，传言甚多。有说光绪帝已经自尽身亡；有的说正抱病，被囚一室；甚至还有报道说光绪帝已被顽固派害死，所谓"病重"不过是一种假象；甚至对此极为不满的各国公使还纷纷向总理衙门建议，派一位医术高超的西医为光绪帝看病。慈禧太后起初不同意，后来迫于广泛的舆论压力，勉强同意让法国名医德对福入宫为光绪帝看病。诊断之后，德对福将结果公布于报纸之上，世人才知道光绪帝并没有什么大病，所谓的病情，也只是"体气瘦弱，精神短少，消化迟滞，大便滞泄"等，并非什么绝症。由此，慈禧太后通过"皇帝病重"谋害光绪帝的伎俩被揭穿，慈禧太后也通过这件事看到了舆论所向。

不久，顽固派又试图废掉光绪帝，对外宣称："帝久病不能君临天下"，为废立制造舆论。但是这种做法也立即遭到了外国驻华使节的反对，一些手握实权的封疆大吏也致电表示反对，流亡海外的康有为、梁启超更是发动侨民，致电清廷，"请皇帝圣安"，并要求慈禧太后归政于光绪帝。在这种情况下，顽固派明显感觉到了光绪帝背后的力量，也暂时不敢轻举妄动。

后来，慈禧太后又听从亲信荣禄的建议，于光绪二十五年十一月（1899年12月），宣布立端郡王载漪之子溥俊为大阿哥，定于次年元旦令光绪帝让位于他。不想这一计谋，也遭到了外国驻华使节的反对，外国人认为顽固派扼杀帝党，实行的是某些排外或者闭关的政策，这将对他们的侵略不利。后来甚至有传言，洋人要"勒令皇太后归政"，这让慈禧太后恼羞成怒，不惜利用义和团向侵略者宣战。之后，洋人和慈禧太后达成了谅解，洋人同意继续由慈禧太后维持局面，慈禧太后也甘愿为洋人效劳。在这种情况下，光绪帝的废立已暂时威胁不到慈禧太后的统治，慈禧太后也就放下了心。然而，慈禧太后对囚禁在瀛台孤岛上光绪帝的种种折磨，似乎让人感到她随时都希望光绪帝死去。

据有关资料说，光绪帝在瀛台孤岛上受着非人的折磨，生活极为凄苦。光绪帝刚到瀛台时，依照慈禧太后的吩咐，每天还给两席饭菜，后来只剩下一席。而所谓的饭菜，除了干冷变质的食品之外，别无其他。太监们也往往任意敷衍，有时甚至干脆不送。当时工部侍郎立山因为冬天给光绪帝住的大殿糊了糊窗户纸，就被慈禧太后大骂一顿。

光绪二十四年（1898年）冬天，因南海结冰，光绪帝和几个小太监一起玩耍，

崇陵 清 | 光绪三十四年（1908年）十月二十一日，年仅38岁的光绪帝带着壮志未酬的遗憾离开了人世，风雨飘摇的大清帝国里一丝微弱的光亮熄灭了。图为河北易县埋葬光绪帝的清西陵金龙峪崇陵。

不知不觉踏冰走上了岸，后被大太监崔玉贵看见。崔玉贵以小太监挟持光绪帝出巡，欲行不测为由，将6个小太监全部打死。从此，对光绪帝的管束愈加严格，只要南海结冰，就有人不厌其烦地砸冰，防止光绪帝逃跑。

慈禧太后对光绪帝精神上的折磨更加残酷，不仅逼死了他唯一宠爱的珍妃，还处处借机刺激和打击光绪帝，甚至到后来太监们也都不把光绪帝放在眼里。

正是因为慈禧太后曾试图谋害或者废掉光绪帝，并对他的"囚徒"生活极尽虐待之能事，人们才怀疑是慈禧太后最后派人害死了光绪帝。再说，一生要强的慈禧太后能容忍一直被自己压制的光绪帝死在自己的后面吗？她就不害怕光绪帝重新执政后，翻她的旧案？尤其是二人离世的时间相距不到一天，这仅仅是巧合吗？所以这种怀疑是理所当然的。后世许多对光绪帝之死知情的人，也大量撰文，对这件事有所叙述。

袁世凯旧照

有一种说法认为，袁世凯出于自身安危的考虑，害怕有朝一日光绪帝重新执政对自己不利，因而下手害死了光绪帝。末代皇帝溥仪就坚持此说。

当时长期担任起居注官，接近光绪帝的恽毓鼎，在所写《崇陵存信录》一书中说：光绪三十四年（1908年）秋，入诊者都说光绪帝并无大病。十月初十，逢慈禧太后生日，他还准备给太后祝寿，后慈禧太后传懿旨：因皇帝有病在身，免其率百官行礼。并且说，当时慈禧太后患腹泻已经多时，有人进谗言，说光绪帝听到太后病了，面露喜色，慈禧太后十分

囚禁光绪帝的瀛台旧照 戊戌政变后，光绪帝被囚禁在北京中南海的瀛台。在慈禧太后的专权下，光绪帝永无大展宏图之日。

恼怒地说道："我不能死在你前面。"到了二十一日光绪帝就驾崩了。清末名医桂庭在所写的《诊治光绪皇帝秘记》一书中也披露：光绪帝临死前三天，曾在床上乱滚，并且肚子疼痛难忍，脸颊发暗，舌头又黄又黑，似乎有中毒的迹象。

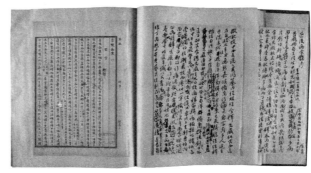

崇陵病案 清 力均 | 力均为太医院御医，常为光绪帝诊病，此为诊疗病案手迹。

但是，近些年来，随着对光绪帝死因研究的深入，也有人对这一说法提出质疑，并对光绪帝的死因又提出了几种新的观点。

一种说法认为，光绪帝是正常死亡，慈禧太后并没有害死光绪帝。首先，学者们通过对光绪帝和慈禧太后的"脉案"记录研究后认为：慈禧太后的病，在死前一直没有太大变化，她不大可能感到自己将死而先下手害死光绪帝。光绪帝死后，她才突然病情恶化，迅速死亡。其次，光绪帝自幼多病，身体羸弱，有着20多年的遗精史。后来又受到精神、物质多方面的折磨，身体更是每况愈下。通过对光绪帝"脉案"的研究显示，从光绪二十五年以后，他的病情就不断加重，体质愈来愈弱。35岁以后，他已经患多种疾病，基本病入膏肓，危在旦夕。在光绪帝死前的七月份，江苏名医钟骏看过光绪帝的病症后说："我此次进京，本以为能治好皇上的病，博得微名。今天看来，徒劳无益，不求有功，只求无错。"由此也可看出，光绪帝确已无药可治。再者，光绪帝从开始病重，一直到临终，病状逐渐加剧，既没有中毒的迹象，也没有暴死的先兆，应该属于正常死亡。

另外还有两种说法，认为是李莲英或者袁世凯出于自身安危的考虑，怕慈禧太后死后，光绪帝重新执政，会对自己不利，因而下手害死了光绪帝。德龄女士在《瀛台泣血记》一书中叙述：李莲英一直跟着慈禧太后，他怕慈禧太后死后，光绪帝重新执政算自己的老账，下手毒死了光绪帝。英国人濮兰德和白克好斯合著的《慈禧太后外传》中也支持这种说法。而末代皇帝溥仪在《我的前半生》中则说，他听说光绪帝是喝了袁世凯送来的一剂药而死的。由于在戊戌变法期间，袁世凯出卖了光绪皇帝，一旦慈禧太后死后，光绪帝重新执政，肯定会向袁世凯算账，所以袁世凯要在慈禧太后死之前，先把光绪帝害死。不过，这两种说法都只是合理的推测，并没有什么证据可以证明。

总的来说，在光绪帝诸多的死因中，被慈禧太后害死是一种重要的说法。至于事实是否如此，到目前为止，史学界仍没有定论。

图为清末官员出巡图。清末刺马案就发生在两江总督马新贻出巡归途中。

13

张文祥

刺马案之谜

  张文祥，河南汝阳人。曾参加捻军，在著名捻军首领孙葵心旗下当了一名小头目。他作战凶狠顽劣，鸷猛善战，各地乡勇无不闻风丧胆，在捻军中素有"小张飞"之誉。太平军兵败后，张文祥又回到浙江，联络旧部试图再举，直到刺杀马新贻，被寸磔至死。马新贻，山东菏泽人，道光二十七年中进士。他以办理团练、组织地主武装"剿捻"起家，为人阴险狡诈，面善心恶，手腕凶残。同治七年正月，升调闽浙总督，未到任，旋被调补两江总督，在官场一帆风顺。同治九年被张文祥刺杀于江宁督署。

  那么，张文祥为什么要刺杀马新贻呢？曾国藩等要员对此案讳莫如深，最后仅以"海盗挟仇报复"之名草草了结，实在难释众疑，这其中又是什么缘故呢？

为兄弟报仇吗

有人说张文祥刺杀马新贻是为了给兄弟报仇。

咸丰五年，马新贻任合肥知县，曾疯狂操办团练围剿捻军，一次战斗中马所率团练被捻军打得大败，马新贻也被活捉，这支捻军的头目正是张文祥。当时张文祥有两个结拜兄弟曹二虎和石锦标，曹二虎精于相面之术，他看到马新贻面相极好，为大富大贵之人，又念及捻军内部四分五裂，难成大事，便有借马改换门庭之意。由此，他向张文祥和盘托出了自己的想法。张文祥起初认为，马新贻被捻军所捉，怀恨在心，哪有什么可借之处，并不赞成。一旁的石锦标也赞同曹二虎的意见，认为可以试试看。

于是张文祥松了马新贻的绑，设宴款待，并向马道出了归顺之意。马新贻听后大喜，对他们说："这事包在我身上！福中丞与我私交极好，你们又有武功，只要肯投诚，定会得到重用。今后升官发财，我们共享富贵。"随后还歃血盟誓，打消了三人的疑虑。第二天，这支捻军随马新贻投降。

马新贻在上司福济面前将自己如何劝降之事，大大地渲染了一番，决口不提被活捉之事。福济称赞他能干，并将这支捻军改编成练勇。

至于为何发展到刺马，说法就多了。其一，起初，马新贻为了围剿捻军，对这三位兄弟多有重用，大家相处还好。等到马新贻发迹后，怕自己被捻军所缚一事暴露，遂密谋杀死张文祥等人。由于偶然机会，张侥幸逃出，另外二人被杀，张文祥立誓为兄弟报仇，决心手刃负义的仇人，因而才有刺马之举。

其二，说是张文祥当时率领着800多名能征善战的兄弟投降后，马新贻密谋将这800余人全部杀死，张文祥侥幸逃走。由此，张与马结下血海深仇，发誓不杀马新贻誓不为人，并远离安徽，苦练武功，最后终于将马刺杀。

其三，说是马新贻凭着这三个人建立了山字营团练，并仗着这支队伍在围剿捻军的过程中，屡立战功，迁升很快。到了同治四年，马新贻已升为布政使。那时山字营裁撤，石锦标回家当了财主，张文祥、曹二虎仍留在马新贻身边，马待他们确也亲如兄弟。

不久，曹二虎将妻子郑氏接到安庆。马新贻一次见郑氏生得美貌，顿起歹心。从此，常常变着花样将郑氏骗进藩署，恣意淫乐。张文祥对马新贻奸占朋友之妻的丑行大为不满，便将看到的一切告诉了曹二虎。夜间曹二虎就此事质问妻子，郑氏大哭大闹，矢口否认。几天后，马新贻也对曹二虎说："你我情同手足，岂能相信外间谗言？你外出时，郑氏冷清，间或进署与娘儿们叙叙话，有什么不可以的，千万别再怀疑自己的妻子了。"曹二虎想想也有道理，就信以为真。

临淮关战图 | 此图为《平定捻匪战图》之四。

山东捻军战图 | 此图为《平定捻匪战图》之五。

半个月后，马新贻派曹二虎到寿春镇总兵徐滕处领军火。张文祥担心曹二虎的安危，决定与他同去。二人到了总兵衙门驻地后，张文祥留在客店里等曹二虎，曹二虎前去衙门投文。曹二虎刚刚递上公文，只见寿春镇中军官大声喝道："把曹二虎捆将起来！"曹二虎大吃一惊，忙问何故，中军官说："有人在马藩台那里告发了你，说你暗通捻匪，领军火实为接济他们。马藩台让我们以军法从事。"

等到张文祥赶到时，曹二虎已被绑到市曹斩首。张文祥痛哭流涕，埋葬二虎后，发誓为二弟报仇。从此远离马新贻，苦练武功，寻找行刺良机，最后终于为兄弟抱了仇。

总的来说，这一说法多把张文祥和马新贻混为一谈，说他们起先是结拜兄弟，后来马忘恩负义，遂被极讲道义的张文祥杀死。该说多为文学作品、小说、电影等采用，可信度不大。

是被收买的刺客吗

关于张文祥刺马一案，后来又有了一个比较离奇的说法，说张文祥是受当时任江苏巡抚丁日昌之子所指使刺死了马新贻。

丁日昌的独子丁蕙蘅，是个不学无术的纨绔子弟，整天寻花问柳，吃喝嫖赌，游手好闲，诗词文章却做得狗屁不通，20多岁了连个秀才也没考中。丁日昌没有办法，花费大量银子给他捐了个监生，接着，又花费两万两银子，给他买了一个候补道的官职。这样只要哪处道员出缺，丁蕙蘅便可走马上任了。

谁料，这个不争气的丁蕙蘅在候职期间，嫌住在苏州由父亲管辖诸多不便，便带着妻妾和几个家丁来到江宁城，在秦淮河边置办了一栋楼房居住下来。某天由于在一家妓院，争风吃醋，指挥家丁将一扬州富商之子乱拳打死。丁蕙蘅眼看闯下大祸，塞给鸨母200两银子，要她收殓死人送回扬州，自己偷偷地溜出了江宁城。

哪知这个扬州富商也只有这么一个宝贝儿子，虽知死于巡抚公子之手，可是气愤不过，仗着有钱，非要讨个公道不可。于是，他一面大张旗鼓状告两江总督衙门，一面又暗中送给马新贻5000两银子。

马新贻很快就知道了事情的来龙去脉，但是他左右为难：如果不理会，人命关天，

清末官员出巡图

富商交际甚广,江宁不予受理,他可以上告都察院、大理寺,最后还得追查自己的责任,且5000两银子也得不到;要是受理,事关丁日昌,得罪不起,特别是同僚之情,面子上很过不去。

思来想去,他还是受理了。马新贻把丁日昌叫到江宁,共同商议此事,最后决定:打死人的家丁各打一百板,选一人充军,赔偿银子一万两,革去丁蕙蘅的候补道之职。

这样处置,扬州富商勉强同意,一场人命案由此了结。对此,丁日昌自然极为气恼,一方面闹得人声鼎沸,丢人现眼;另一方面苦心为儿子捐的官职也泡了汤,于是,将不争气的儿子痛打一顿,关在府中不许出门。

丁日昌奉旨到天津办案后,丁老太太见孙子可怜,便把丁蕙蘅放了出来。丁蕙蘅把一腔怒火都集中到马新贻身上,认为是他毁了自己的锦绣前程,恼恨之余,他拿出3000两银子收买亡命天涯的张文祥,刺死了马新贻。

这种说法,在当时影响极大,有的干脆说是丁日昌因儿子人命案,被马严办,不留情面,因此怀恨在心,派张文祥刺死了马新贻。

为此,丁日昌还专门上折子奏明太后、皇上,申明此事来由,承认自己教子不严,请求处分。同时也为自己和儿子申辩。

不过,这一说法明显牵强,丁蕙蘅买通张文祥,证据何在?且张文祥的招供中也丝毫未涉及此事。由此,这种说法的可能性也不大。

为了同伙在东南的发展吗

陈功懋先生在《张文祥刺马新贻真相》一文中披露,张文祥刺马是为了擒贼。

陈先生的祖父号镜题,当年曾随马新贻到江宁襄办文案。司道会审张文祥时,又参与录供研讯,对内幕知之甚详。这篇文章就是陈先生参阅了祖父大量有关刺马案的笔记等撰写的,真实性较大。

书中记载:咸丰初年,张文祥在皖北捻军中担任小头目,屡次与练勇清兵作战。马新贻任合肥知县后,统率练勇清兵疯狂镇压捻军,由于马手腕灵活,诡计多端,捻军吃过他不少亏。

咸丰八年,捻军联合太平军一度攻克庐州府城(今合肥),马新贻全军溃散,马新贻本人和他的随从时金彪均被俘虏。而俘获他们的正是捻军小头目张文祥。当时,张文祥在察点俘虏时,讯知时金彪也是河南人。时金彪诡称自己参加团练并非出自本意,而是被逼迫使然,并且为时不久。张文祥念同乡之情,纵之离去。时金彪自己被释，跪谢文祥的同时，又称马新贻姓张，是他的朋友，请求张文祥将马一同予以释放。张文祥并不认识马新贻本人，听时金彪这样说，未经细审，又见与本人同宗，也就一并释放了。

马新贻死里逃生后，对时金彪自然十分感激，而对自己被俘一事，则守口如瓶。因为守土官员失陷城池，被俘失节，在当时不但前程全毁，还要受到朝廷最严厉的处分。马新贻对上司谎称这次是中"贼"埋伏，误失城池，丢失印信，因此只受到了革职留任的处分，并很快官复原职。

再说张文祥，他虽在捻军中作战英勇，屡立奇功，可是由于本人桀骜不驯，又系外省人，捻军多为本地农民，对其多有排挤，正如他自己所说"战功甚多，地位甚小"。其后，在一次战斗中，捻军又受到一次重创，张文祥愤而离开捻军，跑到浙江宁波，寻找往日的兄弟邱材青等，准备另竖一帜，自作首领。太平军到浙江宁波时，张文祥又投入了太平军，转战各地。

同治三年九月，在太平军攻克漳州城时，张文祥再次俘虏了到福建公干的时金彪。张觉其面熟，经过盘问果系庐州时放走的同乡，问其何以在此？时金彪撒谎说那次被俘释放后，即逃出合肥在外做小贩度日，这次来漳州采办漆器，运浙贩卖。张再次信以为真，给予路费放之使离去。

同治四年冬，张文祥离开太平军回到浙江，准备联络浙江、江苏、山东一带的兄弟，实现自树大旗的夙愿。回到宁波后，才知道南田山寨却在数月前已被攻破，张文祥哀伤不已。一天在茶馆中，他碰巧遇到了龙启云，才了解到别后的情况。听龙介绍：浙江巡抚马新贻自到任后，专门与他们海上兄弟们为仇，曾两次派兵勇围打南田石寨，均被打退。当地有一个同伙叫吴炳燮，原系宁波一无赖，在太平军到宁波时曾投奔南田入伙，龙启运、张文祥亦都相识。太平军退后，吴炳燮在宁波开一烟馆，暗中为南田石寨作眼线。马新贻有个弟弟叫马新祐，人称马四爷，常到吴炳燮烟馆抽烟，趁机打探"海匪"踪迹和南田石寨情况。吴炳燮遂起了歹心，想趁此"立功"，就背叛了南田。于是，一夜，吴炳燮以有急事求见寨主，夜间喊开寨门，率领官兵攻进了南田石寨。邱材青力战被擒，遇害，同伙战死和被杀者二百余人，大寨全部被焚。只有龙启云、陶湘国等人逃出，因怕吴炳燮捉拿，宁波城也不敢常来。

龙启云还告诉张文祥，吴炳燮出卖南田石寨后，得了一笔奖赏，又去新市骗走了张文祥之妻罗氏，现住在杭州。张文祥听后极为气愤，决心收复南田，为邱寨主报仇。数月后，张文祥与龙启云、陶湘国等收集南田旧部百余人，分批乘艇出海，联络活动在闽、浙、温、台沿海的"海匪"及太平军余部，拟大举收复南田。并在海门洋面乘机全歼黄岩总兵刚安泰、游击蔡凤占率领的巡逻船队，掠走船只20余艘。

《淮军平捻记》 此书作者是清朝人周世澄。

浙江巡抚马新贻得报后，调集大队兵勇乘艇出海追捕，与张文祥等战于舟山海面。由于一些帮派见来敌凶猛，乘机撤退，文祥部力战不支，损失惨重，收复南田的计划落空。后马新贻又亲至沿海巡视，加强了沿海的防剿缉捕，特别是马兼摄盐政，对私枭亦严行缉捕镇压。而私枭多系张文祥同党，这一举措使得分伏在沿海的张文祥同伙们欲加举步维艰，难以生存。

张文祥后又听说苏浙边界尚有太平军余党、盐枭以及哥老会兄弟活动，便欲前往投奔。孰料，尚未计议妥当，马新贻又联合江苏省派兵突然进剿，全歼该处"枪匪"，擒杀者达100余人。至此张文祥感到若不除掉马新贻，东南诸省断无同伙立足发展的机会。

经与龙启云、陶湘国密谋之后，张文祥决定"擒贼先擒王"，主动请缨，亲自手刃马新贻。随后，张文祥一直寻机行刺，一次马出巡至宁波，张曾以结发妻被骗为由，拦舆喊冤，拟趁机行刺，由于马护卫森严，只好作罢。后来张文祥决定到杭州寻找行刺机会，同时也寻找吴炳燮下落。

在杭州，张文祥不期遇到了时金彪，时为了报答张文祥两次救命之恩，坚请与张结为兄弟，并请他住在衙门，天天以好酒好菜相待，无话不谈。张文祥谈到妻子罗氏被吴炳燮骗逃，听说吴与马四爷要好，其人当在杭州，请时金彪代为打听。

当张文祥说出妻子的年龄、相貌时，时不禁大吃一惊，因为他知道吴炳燮曾通过马四爷向金夫人（马新贻之妻）推荐了一个娘姨，也是姓罗，年龄、相貌与张所说的罗氏相仿。这个娘姨数月前已被马大人收为第三个姨太太。时金彪自然不敢实说，只说代为打听。

一次，酒过数巡后，张文祥向时打听马新贻过去做官情况，时金彪一时不慎透露出了当年合肥被俘真相，说当年同时被他释放的那个姓张的，正是当年庐州知府现在的抚台马新贻。张闻后又惊又恼，想不到恩仇如此巧合，十分恼恨当年竟犯下这样大错，亲手放走了仇人。

期间，张文祥想到了一个接近马新贻行刺的机会，让时金彪待马大人回来时，说明庐州被俘之事，请马顾念恩情，赏自己一个前程，在衙门里求一个差使。然而，时金彪说马新贻面善心狠，杀人不动声色，他最忌讳被俘一事，这样做怕不仅得不到差使，性命也难保。张文祥只好作罢。

数日后，时金彪赴江宁公干，张亦离开了抚署。马新贻在回籍返浙途中，又奉旨调补两江总督。此间张文祥曾回宁波一次，后回到新市暂住。同治八年八月张来到江宁城，伺机下手，这时时金彪已随李宗羲到山西抚署当差去了。张到督署附近徘徊，看到了墙上贴有每月二十五日考课武弁的总督榜文，于是决定趁机下手。

从这种说法来看，张文祥并非为了个人私怨而杀马新贻，主要是为了同伙在东南的发展，也为诸兄弟报仇。就他个人来说，

两江总督衙门旧照

甚至到最后也不知道自己的妻子被马新贻纳为了三姨太，只知道成了马的侍女。至于庐州放走仇人之事，也是后来才知道的。不过案情确实复杂，新仇旧恨交织，阴差阳错间张文祥也算是为自己，"为天下人除此恶贼"。

这一说法为陈先生根据先祖笔记等整理而成，在诸多刺马缘由中是相对较为可信的。

另外，还有一种说法，说是马新贻支持洋人，疯狂镇压各地乡民起义，引起了朝中清议派的反对，因而派张文祥刺杀了他。或者说张文祥就是因为马新贻霸占了自己的妻子而刺马等等。总的来说，张刺马缘由说法众多，也都各有道理，在民间广为流传。至于事实真相究竟如何？哪种说法最为可信？目前尚无定论。

为何草草了案

张文祥刺马案涉及多方利害关系，错综复杂，为了避免节外生枝，或者维护各方体面，最后几经会审，仍以"海盗挟仇报复"为名定案。

首先，马新贻早年被俘一事，如果照实上奏，不但会使马死后声誉扫地，更会贻笑天下，有损清廷威严。另外，马新贻作为两江总督，纳张文祥之妻（或者霸占所谓的曹二虎之妻），霸占民妻之嫌明显，这无论如何难以上奏。张文祥在被审讯时，曾

在供词中说："早知当年俘虏的是马贼，当时就该杀了他，决不会让他活到今天。"张之万、魁玉在单独提讯时金彪时，时也招供了马新贻庐州被俘以及娶张文祥之妻的经过，可见这两件事着实不假。不过，在大审时，时金彪与张文祥对质，时全改原供，对马被俘和罗氏一事只字未提，只说自己在漳州被俘时，结识张文祥，张念同乡之情，予以释放。这也许是审讯前就特意安排好的。

其次，张文祥在供词中说："我受天下人主使，为天下人除害，杀此恶贼。"又说，马新贻杀害他们难以计数的兄弟，破坏他们大事，尤为可恨，天下人都可以杀他。由此可以看出，这绝非挟私怨致此。而曾国藩等之所以将这一重大政治事件，推说成个人私怨，据说是因为当时太平天国初被荡平，清廷尚怀余悸，曾氏不愿以此震撼朝廷，激起他变。再者，天京被攻破后，曾国藩和左宗棠曾迭奏"江南余孽，早已肃清"，如今又出此大案，如果据实上报，自己也脱不了干系，因此经过幕僚研究，仍以"海盗挟私报复"定案，以求大事化小，息事宁人。

正是在这种大事化小思想的指导下，审讯档案中，把有关马新贻的不利证词全部删改，只留下私怨所致的有关情节。对马庐州被俘以及纳罗氏为妾之事，多为隐瞒。一桩惊天大案，就这样被草草了结，历史真相也被长期掩盖。许多大官僚，如曾国藩、杨昌浚等还纷纷上书奏请恤典，清廷也就迭谕褒扬，马被赐谥"端敏"。几个地方还建立了专祠以示纪念。

由于时代久远，加之有关资料多被篡改，刺马案的内幕究竟如何仍为许多专家、学者所关注，相信随着研究的深入，这一事件的来龙去脉，幕内幕外，将会水落石出。

图为清朝官员审理案件，冤民讲述案情。杨乃武与小白菜奇案即是当时影响较大的一桩冤案。

14

杨乃武
与小白菜奇案

"杨乃武与小白菜案"为清末四大奇案之一，当时震惊朝野、家喻户晓。清同治十二年（1873年）十月，浙江省余杭县的余杭镇一个豆腐店伙计葛品连暴病身亡。知县刘锡彤因与本县举人杨乃武有仇，就诬陷杨乃武与葛品连之妻毕秀姑（小白菜）合谋毒死了葛品连。杨乃武的姐姐杨菊贞（淑英）坚信弟弟不会做出"谋夫夺妇"的事情，就两次上京告御状。后慈禧太后亲下谕旨由刑部开棺验尸，真相大白，杨乃武与小白菜的冤案才得以昭雪。在这一桃色案件曲折的案情中，隐藏不少扑朔迷离、真假难辨之疑点。比如，小白菜的身世，杨乃武与知县刘锡彤结仇的原因，大案是如何引发的等一系列问题，都成了令人费解之谜，这些疑谜大大激发了后人的好奇心。

小白菜与杨乃武果有奸情吗

　　关于小白菜的身世一直以来就有多种说法。有人说她是南京人，父亲是个教书先生，太平天国时随父母逃离南京来到余杭。不久，父母相继去世，她成了孤女，后被喻敬天妻喻王氏收养做女儿。还有的说她原是一个土妓或者是葛家的一个童养媳。

　　而据杨乃武的后人称，小白菜姓毕，名秀姑，余杭人，童年时父亲就已去世，其母王氏改嫁小贩喻敬天，随母到了喻家。小白菜容貌秀丽，人很聪慧，但不为继父所喜，加之无伯叔，亦无兄弟，常常被市井无赖调戏、侮辱。因她喜欢穿件绿色衣服，系条白色围裙，人又清秀，就被起了个绰号叫"小白菜"。

　　不管小白菜的真实身世如何，反正杨乃武冤案是由她而起的，她也就自然而然地成了故事的主人公。既然是故事的主角，人们关注的程度肯定不同于那些小角色，所以，她和杨乃武之间的"情事"就被演绎出了几个版本。

　　为何要在"情事"上加注引号呢？因为，有人说她与杨乃武之间本就没有什么私情可言。

　　小白菜嫁给葛品连后，因葛家无可居之屋，他们便寄住在秀姑继父喻敬天家。因为小白菜模样长得标致，经常会遭到一些市井无赖的骚扰，喻敬天怕惹麻烦，就催逼葛品连、秀姑搬出，另找住处。葛品连继父沈体仁，不久前帮杨乃武家修房子，知道杨家是三楼三底，除自家居住外，还有空房一间。经沈体仁介绍，杨乃武同意将空房出租给葛品连住，每月租金一千文。于是，这年四月二十四日葛品连与毕秀姑搬进了杨家。杨乃武夫妇见秀姑聪明伶俐，都很喜欢她。秀姑也称呼杨乃武夫妇为伯父伯母，叫杨乃武的姐姐为姑妈。

　　因为葛品连常不在家，平常只有秀姑一人，杨氏夫妇也常常请她同桌吃饭。秀姑有时也请杨乃武教她识字念经。然而，日子一长，那些占不到便宜且嫉恨杨乃武的市井无赖，便捏造谣言，肆意污蔑杨乃武奸占小白菜，还张贴了"羊（杨）吃白菜"的招贴。

　　谣言传到葛品连耳里，他也起了疑心，几次潜回家，在门外屋檐下偷听。不过，只听到杨乃武在书房里教秀姑念经写字，并未发现私情。葛品连将谣言和偷听的情况告知了母亲沈喻氏，沈喻氏也见到过杨乃武与小白菜同桌吃饭，心里也有点怀疑，便将这件事向邻居说起。于是街头巷尾，流言就多了起来。为了避嫌，同治十二年（1873年）闰六月，葛品连与秀姑搬到了喻敬天表弟王心培家楼上住。

　　据王心培说，他曾留心观察过，并未见到杨乃武来过，也未见秀姑再到过杨家，可见杨乃武与秀姑根本没有私情，如果有的话，二人不可能会断得这么干净。

可是，关于杨乃武与小白菜的关系，市井中还有这样一种说法：

某日，年轻貌美的小白菜与英俊威武的杨乃武不期而遇，杨乃武顿被小白菜的美貌吸引。恰好，小白菜和葛品连托人介绍租住的正是杨乃武家的房子。出于好感，再加上怜惜，杨乃武就让小白菜帮忙做些事，给她点钱以贴补家用。二人朝夕相处，不觉生情，私下里互换信物。杨乃武还许诺小白菜，等他中了举人，就帮小白菜与葛品连解除婚约，自己则休掉杨詹氏娶她为妻。可是两人的私情却被丫鬟葛三姑察觉。还好葛三姑答应为二人保守秘密。

虽然如此，杨乃武与小白菜的私情还是被杨乃武的妻子杨詹氏和姐姐杨菊贞（淑英）发觉。在家人的逼迫下，杨乃武答应斩断私情，专心求取功名。因为割舍不下与小白菜的感情，杨乃武还不时与小白菜相会。

为了避免节外生枝，杨詹氏提醒葛品连应尽快与小白菜圆房。杨詹氏的话引起了葛品连母子的警觉，就商量尽快从杨家搬出来。

见此情形，不愿失去杨乃武的小白菜私下找杨乃武商议。而此时的杨乃武，不知是为了避免麻烦，还是真的一心为了考取功名，就坚决地劝小白菜以名节为重，斩断私情。

小白菜愤而生恨，指责杨乃武一番后，搬出了杨家。

因为同情小白菜，人们多愿意相信小白菜与杨乃武是清白的，是因恶人陷害才遭此厄运的。或许正是因为这一点，后世文人才故意对故事进行了顺乎民意的演绎。可是，这样一来，真相难免就会变得模糊不清了。

小白菜、刘子和与葛品连

要叙述杨乃武的冤情，还有必要澄清一下小白菜与刘子和，即诬陷杨乃武的知县刘锡彤的公子的关系。但是，这个问题也不容易说明白，因为关于这一点，民间也流传着不同的说法。

其一：小白菜搬出杨家之后，那些曾大造谣言的市侩无赖便肆无忌惮地去王心培家调戏秀姑。知县刘锡彤大儿子刘子和（又名刘海州），是个花花公子，素知秀姑长得美艳，对其垂涎已久。一天，在其姘妇、县衙里的女佣的密谋下，以帮做针线活为名，把秀姑骗到了家里，让刘大公子暴力奸污了秀姑。

秀姑惧怕刘公子权势，又怕事情败露后，不见谅于自己的丈夫，因此忍辱不敢声张。

不料，这个女佣又把小白菜受辱之事，告诉了不守妇道的女人阮桂金。阮桂金与粮官何春芳有染，她又将这件事告诉了何春芳。何春芳早欲染指小白菜，得知此事后愈加放肆，于八月二十四日潜入王心培家，要奸污小白菜。当小白菜挣扎叫嚷时，正巧葛品连下工归来，何春芳才悻悻而去。这件事街坊邻居均有闻知。

支持这一说法的人们无疑是先认为小白菜是个善良的女子，并把小白菜置于弱者的地位，或者说他们宁愿让小白菜遭遇奇耻大辱，也不愿意相信小白菜会做出什么对不起别人的事。

相反，同情杨乃武的人则更愿意相信另一种说法：搬出杨家后，小白菜以葛品连流火病未好为由拒绝马上圆房。可在盂兰会上，余杭知县刘锡彤的儿子刘子和见到貌美如花的小白菜后，竟然神魂颠倒。刘锡彤的师爷陈竹山为了讨好主子，就设计让刘子和迷奸了小白菜。

清醒之后，小白菜痛不欲生，但生米已经煮成熟饭，再加上县衙女佣从旁相劝，就顺坡下驴甘心接受了刘子和的一份真情，并时常与刘子和幽会。刘子和也决心不辜负小白菜，改头换面，娶小白菜为妻。

此种说法，对于小白菜来说似乎残酷了点，或许对于善良的人们来说，也是不忍接受的一个结局。但是，苦于找不到更有力的证据，证明哪种观点更接近事实，所以我们权且相信这两种说法都有可能性吧。

杨乃武与小白菜这一奇案的诱因还是葛品连之死，即如果能说清楚了葛品连的死因，杨乃武也不至于被屈打成招了。

关于葛品连的死，人们的说法也是不一样的。有人认为，葛品连是被刘子和害死的。

自从刘子和钟情于小白菜之后，就整天朝思暮想如何将小白菜娶回家，可是碍于葛品连，刘子和一直无计可施。于是，他又找到了那位"绍兴师爷"陈竹山。陈竹山听说葛品连正好犯了流火病，就想出了一个毒计，趁喻敬天来爱仁堂买药时偷换上桂圆和洋参。流火病属热症，桂圆、洋参都是热补，服之口鼻会出血，足以致人死亡。

就这样，在神不知鬼不觉中，刘子和心愿得偿，毒死了葛品连。

还有人说，葛品连根本就是正常死亡，并不是谁害死的，就算是吃了东洋参及桂圆而死，那也是因为不懂医理，误食而亡的。

经过是这样的：十月初七日那天，葛品连旧病复发，身发寒热，两脚红肿。秀姑知他痼疾，劝他不要上工了，休息两天再说，葛品连不听。初九日早晨，葛品连在上工时，实在坚持不住，浑身发冷，就回到家中。秀姑见他叫冷，忙给他盖上两床棉被。葛品连以为自己气弱体虚，要秀姑取一千文钱，托喻敬天买来了东洋参及桂圆。随后秀姑为其煎汤服下，并托王心培之妻去告知其母喻王氏。喻王氏赶来，见葛品连仍卧床发抖，时有呕吐，照料了半天就回家去了。

当天下午，葛品连病情变坏，口吐白沫，秀姑忙请王心培叫人。两家母亲到时，葛已不能说话了。随后忙请来了医生，医生说是痧症，弄来万年青、萝卜子煎汤灌救，无效，申时气绝身亡。

熟知杨乃武与小白菜的故事的人们都知道，葛品连的死与杨乃武是一点关系都没有的。但是也有人对此产生怀疑，真的没有吗？既然有人振振有词地说出了杨乃武与小白菜的私情，那么，葛品连的死会与他一点干系都没有吗？

当然，知道结局的人都知道，葛品连的死确实和杨乃武没关系，可是鉴于上面的材料，有人提出这样的疑问也是可以理解的，只是对杨乃武本人来说就显得有些不公了。

杨乃武因何与刘锡彤结仇

在杨乃武与小白菜的故事中，杨乃武的命运自始至终都没离开过知县刘锡彤。因为一己私仇，刘锡彤就让杨乃武背上了"夺妻谋夫"的罪名。杨乃武虽然最后得以活命，却也落了个革除举人功名的结局。

可是，要弄清楚二人的仇怨，似乎也不是一件容易的事情。

杨乃武性情耿直，为人正派，疾恶如仇。由于平日看不惯地方官吏欺压百姓，常为百姓打抱不平，帮助弱小代写状纸，也常把官绅勾结、欺压百姓的事编成歌谣，四处传唱。

余杭仓前镇，距离县城十余里，地临苕溪，周运畅达，为当年漕米汇集的地方。百姓完粮，官方陋规极多，交银子有火耗，交粮米有折耗。仓前镇粮官何春芳，在官府明令取消"脚踢淋尖"征粮的陋规之后，仍然在量米时踢三脚，将溢出斛外的米，作为耗米归己所有。受其欺压的中小粮户，苦不堪言。

虽然粮官对杨家不敢如此盘剥，但杨乃武见状不平，依然代小粮户写状纸，请求官府革除钱粮积弊，减轻粮户额外负担。而何春芳捏词反诬杨乃武煽动农民抗交皇粮，从中牟利，反咬了杨乃武一口。

知县刘锡彤为官贪暴，对杨乃武多管闲事本就不满，当即传讯杨乃武。杨乃武谴责地方官包庇下属为非作歹，欺压

审案的清朝官员

黎民百姓。刘锡彤竟反诬杨乃武吵闹公堂，怒斥哄逐杨乃武出衙。杨乃武十分气愤，于夜间在县衙照墙上贴了一副对子："大清双王法，浙省两抚台"，讽刺刘锡彤违背朝廷王法与抚台的禁令，盘剥百姓。由此，杨与刘锡彤、何春芳等结下仇怨。

清末法庭门口

据相关资料记载，杨乃武与刘锡彤的结怨还有一种说法。

刘锡彤曾是余杭县城外一处关卡的九品小税吏，负责增收来往商船的课税。借工作之便，刘锡彤对老百姓大行敲诈勒索之事，百姓对他是深恶痛绝。当时还是秀才的杨乃武，决定找机会为老百姓出口气。

恰好，那一年当地要修桥铺路，杨乃武就自告奋勇承担起到杭州府采购基建物资的任务。当时的杭州任知府正好是杨乃武的老师。把所购置的建材装完船后，杨乃武去拜会了他的老师，他还请老师给自己出了一张免税的公文。杨乃武是想利用这份公文算计一下刘锡彤。

押运货船回到余杭关卡时，杨乃武不但没对查税的税吏说明船上是为公家买的建材，也没把知府的免税公文给检查的人看。检查的人把他的船当作了商船，就扣押了他的船，并让他回杭州府取钱。

杨乃武回到杭州后，立即去见老师。他对老师说："刘锡彤扣船敲诈，见了免税的公文欲夺取撕掉，被自己抢得快，才抢得这半截。"当然，公文是他自己撕毁的。刘锡彤也太胆大了！知府大怒，遂立即发签免去了刘锡彤的税吏之职。

刘锡彤被莫名其妙地免了职，当然不肯善罢甘休，他多方探察，才知道是当地秀才杨乃武做了好事，从此对杨恨之入骨。

他到北京花了5000两银子，弄到了余杭知县的官职，寻机报复。不过其时杨乃武已经考中举人，刘也一时找不到报复的机会。

这段记载是否属实不得而知，杨乃武与刘锡彤如何结的仇，也就成了不解之谜。就这么一件事情也说不明白，可见其中的隐情还不知有多少呢。

小白菜有意诬陷杨乃武吗

不管杨乃武自己觉得怎么冤枉，在他的有生之年确实背上过"夺妻谋夫"的罪名，这是不可辩驳的事实。可是，据估计，最让杨乃武不甘心的除了那些贪官污吏所受的制裁太轻之外，恐怕就是小白菜对自己的诬陷了。

这一点也是后人比较关注的问题，因为它的澄清不仅会呈给人们事情的真相，也在无形中对人性本质的东西进行了一次考验。按理说杨乃武对小白菜是有恩在先，或者干脆就是有情在先，为什么小白菜还要诬陷他呢？

关于这一问题，人们也是说法不一。同情小白菜的人认为，小白菜是受了别人的欺骗才诬陷杨乃武的。经过是这样的：

葛品连去世时，在场的亲人并未见尸体有什么异状，都认为是病死的，并没有什么怀疑。但是，由于江南十月是小阳春天气，气候很暖，葛品连身胖，至十日入殓时，尸体口鼻有淡黑色血水流出。葛品连的干娘冯许氏见状，对沈喻氏说，品连死的可疑，要慢点入殓。沈喻氏爱子心切，又见尸体脸色发青，也起了疑心，就叫来地保王林代缮呈词，到县衙喊告。

十一日，知县刘锡彤接到沈喻氏呈词，即准备带领仵作（检验命案死尸的人）前往验尸。恰巧，这时当地一个秀才出身的绅士陈湖（即陈竹山），到县衙给人看病。此人一向巴结官府，包揽词讼，从中牟利。有一次因为帮地主逼租使一个贫苦农民被关进牢房，后经杨乃武反诉救出，因此对杨十分痛恨。

他听到葛品连身死不明，即对刘锡彤说，外面早有传言，说杨乃武与葛品连之妻有私。自葛从杨家搬出后，葛妻经常吵闹，还把头发剪去，今葛品连之死，恐另有隐情。

本就对杨乃武恨之入骨的刘锡彤，听到陈湖（即陈竹山）的话信以为真，当即认定杨乃武就是害死葛品连的凶手，于是，仵作沈祥的验尸结果就成了这样：

把手脚趾灰暗色，认作青黑色；口鼻里血水流入两耳，认作是"七孔流血"；用银针探入喉管作淡青色，认作青黑色；将用过的银针不按规定用皂角水擦洗，以为银针变色，就断定葛品连为服毒身死。

刘锡彤立即下令将小白菜带回县衙。回到衙门后，刘锡彤立即坐堂审问小白菜，逼问其毒药从何而来，如何毒死丈夫？小白菜称不知丈夫是服毒身死，更不知毒药从何而来。刘锡彤百般劝诱，小白菜始终说不知。夜间再审，刘锡彤不再问毒药来源，却问她与何人通奸，小白菜只说没有。后又问她居住在杨乃武家时，是否与杨有过私情，小白菜只说杨乃武除教她识字念经外，并没有别样不好之事。审问多时，

清末带枷的犯人

仍审不出奸情。

可是，曾经侮辱过小白菜的刘子和和何春芳，唯恐逼问奸情，小白菜说出他二人苟且之事，当夜即叫阮桂金入狱诱骗恐吓小白菜。阮桂金对小白菜说：葛品连是被毒死，验尸已经明确。外面都传言是你谋杀亲夫，如果这个罪名成立，你就要被活活割3600刀凌迟处死；你在杨家住过，如果你说是杨乃武指使你毒死丈夫的，你就判不了死罪了，而杨是新科举人，有功名，也不会判成死罪；如招出刘大公子之事，不但知县刘大老爷不会相信，还会被判为诬陷好人，罪上加罪，更不得好死。小白菜沉默不语。

第二天再审时，刘锡彤再次逼问毒药及奸情，小白菜还是说不知道。刘锡彤就叫动刑，一连三拶（音 za，旧时夹手指的刑具），小白菜熬刑不过，又不敢说出刘大公子之事，只好违心按阮桂金所说供述。说是本月初五日，杨乃武带给她一包药，说可治流火病，结果丈夫服后就死了。

就这样，杨乃武背上了谋害葛品连的罪行。

关于小白菜诬陷杨乃武的过程，还有一种说法：

杨乃武和小白菜分手后，经过努力还真中了个举人。衣锦还乡后，杨乃武决定设宴庆祝一下。在邀请的客人名单中，杨乃武把小白菜一家人也列上了。并且他还决定亲自去请这家人。

这天，他来到小白菜家，正赶上小白菜不在家，只见到了生病在床的葛品连。杨乃武向葛品连说明了来意，可没想到葛品连竟生起气来，还把杨乃武赶出了门外。杨乃武只好悻悻地离开。可是没走多远就碰到了葛三姑。

当天下午，葛品连就犯病了，喝了小白菜煎的药后病情越来越重，最后一命呜呼了。沈喻氏见尸体口鼻流血，怀疑儿子是中毒而死，就让地保王林写了呈词，控告小白菜与杨乃武合谋害死了葛品连。在刘锡彤的威逼之下，小白菜因忌恨杨乃武的负情在先，就招供是杨乃武毒死了葛品连。

现在看来，小白菜还真有可能是有意诬陷杨乃武。

慈禧太后为何要主持公道

　　且不说小白菜是否真的有意诬陷杨乃武，因为那已经不重要了，不管是有意还是无意，杨乃武终归是惹上了官司。事情发展到这一步，人们关心的更多的就是在审案过程中，刑部官员为什么一定要为杨乃武翻案？事情惊动慈禧太后以后，为什么慈禧太后也要为杨乃武与小白菜这么两个小人物做主呢？

　　葛品连被杀案，经过几番折腾后，杨乃武被定下了"夺妻谋夫"罪，按律必须问斩。尽管杨乃武不服，但终因受不了严刑拷打，杨乃武还是招认了。可是，杨乃武的姐姐杨菊贞（淑英）却坚信弟弟不会做出那种有辱门庭的事，决定上京告御状。然而，第一次上京不但无功而返，还让杨乃武重新经受了一番皮肉之苦，致使杨乃武仰天长叹："而今天下一般黑，京官疆吏一窝生，今天没有包龙图，冤沉海底无处伸。"

浙江籍京官、翰林院
编修夏同善像

　　但是，杨乃武的姐姐不甘心，决定再次上京告状。

　　或许就是杨菊贞的不屈，打动了上苍，感动了身居要职的京官们站出来替杨乃武主持了公道，这也是为什么正直的人们坚信朗朗乾坤之下必然会有人主持公道的原因吧。

　　可是，事情远没有那么简单，从下面的文字中我们就会发现这一点。

　　有人首先提出了这样一个观点，即如果没有杨乃武同科举人们的举动，恐怕京官们根本就不会关注这件事。

　　杨菊贞第二次上京前，杨乃武让姐姐先到杭州看望自己的几个故交。

　　当时，有个浙江籍的京官、翰林院编修夏同善，因为丁忧期满要回京，"红顶商人"胡雪岩为其饯行。胡雪岩的一个西席吴以同作陪，吴以同就是杨乃武的故交，同学同年，深知杨之为人。席间，吴以同向夏同善讲述了杨乃武冤案的曲折经过，并且请他在京设法帮助。夏同善答应回京后，相机进言。随后，杨菊贞到杭州先后拜会了杨乃武的三个好友，即吴以同、汪树屏（其祖父在京里做过大学士，哥哥汪树棠也在京里做官）以及夏同善的堂弟夏缙川（是个武举）。这三人都热情予以帮助，并且写了信，叫杨菊贞到京后去找夏同善。

　　胡雪岩了解到杨菊贞进京的盘缠没有着落后，慷慨解囊，鼎力相助，赠送杨菊

翁同龢像

贞 200 两银子，这对杨家来说，无疑是雪中送炭。

到京后，杨菊贞凭借这些关系，先拜见了夏同善，送上其弟夏缙川等的书信及控诉状。夏同善夫妇对此深为同情。后经夏介绍，杨菊贞又遍叩在京浙江籍大小官员 30 余人，接着向步军统领衙门、刑部、都察院投送诉状。夏同善多次访问大学士、户部侍郎、都察院左都御史翁同龢，请他去刑部查阅浙江审理该案的全部卷宗。

翁同龢对此也深为同情，在查阅了案宗后，把本案内情面奏两宫太后，请朝廷重视。正是在同乡京官仗义执言、翁同龢出面干预以及都察院、步军统领衙门的重视下，两宫太后才为该案发了谕旨："着由刑部饬浙江巡抚杨昌濬，督同臬司（按察使署）亲提鞫讯，务提实情，毋枉毋纵。"同时又叫御史王昕到浙江私访。

可是，杨昌濬接到谕旨后，依然敷衍塞责。而慈禧太后对地方大吏承办的要案，也不愿轻易更张，以避免拖累人证为名，还是不准提京复审，只是指示浙江学政胡瑞澜复查此案，再行申办具奏，审理时候不要用刑。没曾想胡瑞澜再审时偏徇逼供，依然维持原判。

此时，京中的一些浙江籍举人、进士、翰林等，也认为这件案子如果有冤屈不能平反，不仅是杨乃武、葛毕氏两条人命问题，更关系到浙江读书人的面子，因此不断上疏，请求提审京城。翁同龢在刑部看了胡瑞澜的奏疏后，发现逼供和不实之处，为伸张正义，又同夏同善、张家骧等臣，亲见两宫太后，请将此案提交刑部研鞫。翁同龢、夏同善等奏说，此案如不提京复审，平反冤情，浙江将无人肯读书上进。至此，慈禧太后才于光绪元年（1875 年）十二月十五日下了谕旨：提京审问，着刑部彻底根究。

毫无疑问，杨乃武案能有如此进展是和杨乃武的关系以及浙籍在京官员对朝廷施加的压力分不开的。

不过，还有人提出了一个更深刻的观点。

京审之后，案情已经大白，本应依据大清律例，如实上奏，予以惩处。但是，刑部再审后，准备题拟奏章时，统治集团内部却掀起了一场激烈的争论，俨然形成了对立的两派。一派以大学士翁同龢，翰林编修张家骧、夏同善为首，边宝泉、王昕等参与，这些人大多都是浙江人，附和他们的也以浙江人为多，所以称为浙江派。

该派认为不仅要让冤案彻底平反，还要严厉惩办各级办案官吏，以平民愤。另一派以四川总督丁宝桢为首，附和的多系湖南、湖北人，称为两湖派。因为这一派都是封疆大吏，因此又称实力派。这派认为刑部对此案不应平反，承办此案的各级官员也并非一无是处，不应给予任何处分。

特别是此时正在京城办事的丁宝桢听说刑部要参革杨昌濬等官员，竟跑到刑部大发雷霆，面斥刑部尚书桑春荣老耄糊涂，说这个铁案要是推翻，以后就没有人做地方官了。他还质问验骨的司官，说人已死三年，毒气早就消失了，毒消则骨白，刑部验尸何足为凭！

慈禧太后旧照

这样一闹，刑部也拿不定主意，对参革各员的奏疏，一改再改，迟迟不能上复。对此，翁同龢、夏同善等商议由御史王昕出面，再次上书两宫太后，弹劾杨昌濬和胡瑞澜，疏云："现刑部勘验，葛品连委系因病身死，胡瑞澜承审此案，熬审逼供，唯恐翻异，已属荒谬；而杨昌濬于刑部奉旨，行提人证，意公然谓刑部不应请提……臣揆胡瑞澜、杨昌濬藐法欺君，肆无忌惮……案情如此去离，大员如此欺罔，若非将原审大吏，究出捏造真情，恐不点头以昭明允而示惩儆。且恐此端一开，以后更无顾忌，大臣倘有朋比之势，朝廷不无孤立之忧。"这份奏疏指出了朋比为奸、欺君枉法的危害，无疑触及了统治者的神经。另外，由于慈禧太后的宠信太监安德海死于丁宝桢之手，慈禧太后对丁极端厌恶和憎恨，丁宝桢大闹刑部，更加深了慈禧太后的愤怒，这也加速了案件的平反过程。

就是在这种情况下，一直到光绪三年（1877年）二月十日，刑部的奏疏才交上去，其中还没有提及惩办杨昌濬、胡瑞澜。二月十六日慈禧太后的平反谕旨下发，对杨乃武案做出了最后的判决，还下令革去了杨昌濬、胡瑞澜的官职。

由此可见，杨乃武的冤情能够平反昭雪，的确不是简单一个天理就能说了算的，实在是多方力量抗衡、较量、博弈的结果。从这一点看，杨乃武不能不算是一个幸运之人，尽管他只是借助别人维护自己利益的机会赢回了清白，尽管几个被免职的官员不久就官复原职。

图为清东陵的定东陵。这是慈安太后、慈禧太后两位太后的陵寝。两陵毗邻，规制相同。

15

清东陵

被盗之谜

　　在清朝统治时期，清东陵是一块与世隔绝、神圣不可侵犯的皇家禁地。由于中国数千年来奉行的厚葬之风，清东陵的地宫内更是随葬着清朝统治者积聚的无数价值连城的奇珍异宝。然而在 20 世纪初，清东陵却遭到一场毁灭性的浩劫。1928 年春夏之交，这座规模宏大、体系最完整的清代皇陵发生了一桩震惊中外的盗墓奇案，堪称地下宝库的慈禧太后定东陵和乾隆帝裕陵地宫被炸开，墓中珍宝被洗劫一空。令人奇怪的是如此备受关注的盗宝奇案，后来却不了了之。谁是这次盗墓的真正凶手？神秘的皇陵地宫是怎样被打开的？地宫里面究竟埋藏着怎样价值连城的珍宝？这些长期萦绕在人们心头的疑问一直都没有人给出答案。

东陵浩劫的罪魁是谁

　　1928年7月4日至7月10日间,清东陵发生了最为惨重的浩劫。据当地老村民回忆,由于事前的军事封锁,大家都不敢出门,只听到陵区内炮声隆隆,还以为是剿匪或者军事演习。可是等到一切平静下来,有大胆者进陵,才发现皇陵被盗了。乾隆帝裕陵和慈禧太后定东陵地宫被炸开,现场一片狼藉,墓中富可敌国的珍宝被洗劫一空。

　　清东陵发生的惊天掘墓开棺案被报道后,舆论立刻哗然,社会各界纷纷要求严惩凶手,保护文物。清室遗老们更是义愤填膺,悲痛欲绝,溥仪号啕大哭,发誓报仇。那么究竟是谁,犯下了这令国人至今痛惜不已的弥天大罪呢?

　　相信今天的人们,大多都通过书籍、影视等作品了解到,是一个叫孙殿英的军阀盗掘了皇陵,这个人也因此留下了"东陵大盗"的万世恶名。然而查阅史料却发现,当时孙殿英并没有受到任何法庭的传讯和起诉。孙殿英在东陵案发后还曾宣称,那是土匪盗陵,自己所率部队得到的珍宝完全取自土匪手中。

　　难道真有另一支土匪盗取了皇陵,孙殿英只是坐收渔翁之利?直到今天,在谁是真正的盗墓者这一关键问题上,就是研究清东陵的专家们也时常陷入困惑。东陵罪魁是否还另有其人?孙殿英是个什么样的人物,他是如何被后人定为盗陵元凶的?最后又怎样逃脱了惩罚?这中间究竟有着怎样的惊天内幕?

　　孙殿英,河南永城人,名魁元,一般也叫孙老殿,因为出过天花满脸麻子,也有人叫他孙麻子。此人出身贫寒,自幼就跟流氓地痞鬼混,出入赌场,精于赌技。年长后更是不务正业,闯荡江湖,广结流氓恶棍、军警胥吏,开设赌局,贩卖毒品,坑骗钱财。后来孙殿英又加入了豫西的庙道会,利用该组织贩运鸦片,制造"红丸",大发横财,并购买枪支,纠集徒众,发展势力。1922年,孙投靠河南陆军第一混成团团长兼豫西镇守使丁香玲,被委为机枪连连长。

清东陵建筑群

清东陵位于河北省遵化市西北30公里处,界于京津、唐山、承德之间。清代入关后的第一位皇帝——顺治帝,最先安葬在这里,其后葬在这里的还有康熙帝(景陵)、乾隆帝(裕陵)、咸丰帝(定陵)、同治帝(惠陵)四位皇帝。另外还有孝庄太后、慈安太后、慈禧太后等后陵,以及五座妃园寝,一座公主陵。

图为清东陵孝陵神道。孝陵是顺治帝的陵墓。

依仗丁的权势，大肆贩毒。1925年春，孙又投靠镇嵩军憨玉昆任旅长和国民革命军第三军副军长。同年秋，又率部投靠山东督办张宗昌。1928年，国民革命军北伐中原，奉军大败。原属奉系的孙殿英接受蒋介石收编，摇身一变成为国民革命军第12军军长，进驻河北东陵附近。正是在孙部驻防期间，清东陵迎来了这次惨重的浩劫。

不过，由于事前孙殿英发出告示要在此地进行军事演习（也说是剿匪），清东陵方圆数十里内全部戒严，没有人知道盗墓者的来龙去脉。东陵盗案发后，面对强大的舆论压力，负有管辖权责的平津卫戍区总司令阎锡山下令严查。起初各方对盗墓者的猜测众说纷纭，并没有十分明确的目标。而这其中首先把矛头指向第12军的是一个叫和钧的满族守陵官员。

和钧奋笔疾书向溥仪报告了东陵被盗后的惨状，同时指出当时国民革命军第12军就驻扎在东陵附近的遵化，很可能是这支部队看见陵内守护形同虚设，从而监守自盗。不过这个报告在当时并没有引起人们的注意，真正让人们对第12军产生怀疑的

清东陵龙凤门

是随后又发生的一件事。

这年8月的一天，北京琉璃厂规模最大的古玩铺"尊古斋"迎来了一位神秘的客人，此人携带了一批罕见的绝世珍宝，并急于出手。老板黄百川热情地接待了他。双方经过一番讨价还价，最后以十万元秘密成交。不料，走漏了风声，事情败露，二人因涉嫌贩卖国宝罪被北平警备司令部拘捕。经过审讯后得知，这位涉嫌销售东陵珍宝的神秘男子正是第12军的师长谭温江。

这一事件被报道后，舆论再次哗然，人们自然把怀疑的目光投向了身为谭温江顶头上司的十二军军长孙殿英。

面对这种情况，1928年七八月间，孙殿英向自己的顶头上司发出了一系列报告文电，解释了这些珍宝的来龙去脉，日本人创办的《顺天时报》连续13天全文刊登了这些文电内容。其中孙殿英详尽记载了东陵被盗前后十二军的换防调动情况，并着重指出：应乡绅之请求，派部剿办盘踞马兰峪之悍匪马福田，这一仗剿获战利品若干，列出清单上缴。从清单上看，这些从土匪手中缴获的战利品大都是十分贵重罕见的珍珠翡翠。

在偏远贫瘠的遵化马兰峪，这些珍宝来自何方？显然出自地下皇陵。那么报告中所说的马福田惯匪，究竟是什么来头，是否有盗陵之举呢？据考证，北伐战争后期，原来占据东陵的奉军溃退关外而国民革命军尚未到来之际，东陵地区游兵散勇、土匪、强盗活动频繁，这其中确以土匪马福田势力最大。

马福田是清东陵东沟村人，早年就是一名土匪，专靠"绑票"过日子，后来投靠奉军当了团长。奉军败退后，他又纠集散兵游勇做起了土匪。对于马是否盗陵，今天有关专家分析："也是可能的。因为在东陵盗案发生18年后的1945年，马匪又窜回东陵，把当时没挖的几个陵盗掘了。"但是这次

裕陵　清 | 清朝修建裕陵整整用了50余年，裕陵的规模、质量在清帝陵中均属上乘。但谁也不曾想到裕陵地宫会遭到严重破坏。

东陵被盗是否是他所为，就不得而知了。

由于当时清东陵被盗案情况复杂，土匪盗墓的可能性确实很大，孙殿英的报告立即发挥了作用。与此同时被捕的谭温江也一直否认自己参与过盗陵，关于珍宝来源，他也解释是缴获自土匪。因为查无实据，案件的审理一时陷入僵局。

事情并未就此结束，同年8月4日，在驶往青岛的一艘名叫"陈平丸"的轮船上，青岛警察厅抓获了两名逃兵，从他们身上搜出36颗珍珠，还有国民革命军第12军的标志。经过一番审讯，一名叫张歧厚的逃兵承认参与了东陵盗墓，从而把人们的目光再次引向孙殿英。

当时的报纸记载了张歧厚的自供："今年五月（公历7月）间……由军长（孙殿英）下命令，教工兵营用地雷将西太后及乾隆帝二坟炸开……我这三十六颗珠子就是在西太后的坟里拾的。我因当兵不易发这些财，再跟着队伍打仗去也无益，所以才由杨各庄偷着跑到天津卖了十颗珠子，卖了一千二百元钱……"这是第一份直接指证孙为盗墓嫌疑人的重要证据，产生了极大的影响。

南京国民政府迫于舆论压力，开始催促平津卫戍区总司令阎锡山尽快破案。1928年11月，当时的四大集团军首脑都派出自己的代表组成高等军法会来会审此案，东陵盗墓案真相一时大有水落石出之势。

对此，不仅清皇室，社会各界人士也都翘首以待，期望早日查明真相，给大家一个交代。然而,令人奇怪的是,如此备受关注的案件,却一拖再拖,迟迟不见下文。直到1929年4月底,也就是东陵被盗将近一年后才开始预审,经过匆匆一个半月的审理后,高等军法会在6月中旬,宣布了预审终结,结论是:东陵盗案系遵化驻军勾结守陵满员,盗墓分赃。对于所谓的"遵化驻军"是哪支部队?幕后主使究竟是谭温江还是孙殿英?判决草案模糊不清,含糊其辞。

按照程序,高等军法会将"预审判决草案"的全部卷宗,呈交南京国民政府,静候最高当局的复核、宣判和执行。然而,案卷上报后却再也没了下文。为什么会这样呢?原来,当时无论是阎锡山还是蒋介石都是各怀鬼胎,明争暗斗,双方的军事大较量即将展开。而孙殿英手握一部分兵权,是双方都力争拉拢的对象。因此,谁也不愿意得罪孙殿英。

1930年4月,中原大战爆发。孙殿英见反蒋势力强大,再次易帜,投靠冯玉祥和阎锡山集团,被羁押在阎锡山辖区北平陆军监狱的谭温江也获得释放。这个东陵要犯,正如当时一家报纸所言"不知何故又将其释放",自此东陵盗案不了了之,成为民国历史上最大的悬案之一。

1949年后,曾在孙殿英身边任参谋长的文强回忆,孙曾不无得意地对他说:"乾隆帝墓中陪葬的珠宝不少,最宝贵的是乾隆帝颈项上的一串朝珠,上面有108颗珠子,听说是代表十八罗汉的,都是无价之宝。其中最大的两颗朱红的,在天津与雨农(戴笠)见面时,送给他做了见面礼。还有一柄九龙宝剑,有九条金龙嵌在剑背上,还嵌有宝石,我托雨农代我赠给委员长(蒋介石)和何部长(何应钦)了⋯⋯"孙还说:"慈禧太后墓被崩开后,墓室不及乾隆帝墓大,但随葬的东西就多得记不清楚了⋯⋯(其中的)翡翠西瓜托雨农代我赠宋子文院长,口里含的一颗夜明珠,分开是两块,合拢就是一个圆球,我把夜明珠托雨农代我赠给蒋夫人(宋美龄)。宋氏兄妹收到我的宝物,引起了孔祥熙部长夫妇的眼红。接到雨农电话后,我选了两串朝靴上的宝石送去,才算了事⋯⋯"

这段记载也许回答了清东陵盗墓案最终风平浪静的又一原因和一些不为人知的内幕,更成为今天人们判断孙殿英是盗陵主谋的引用最广的证据。除此之外,有关学者还从民国时期的档案中发现了一些蛛丝马迹,比如一份档案中曾提到在乾隆帝裕陵地宫内发现一个军用铁尖锄,还有带着黄色炸药痕迹的墙砖碎块。另一份档案记载,案发后,当地百姓曾经看见第12军的士兵到集市上,许多人裤脚沾满白灰。这个奇怪的现象意味着什么呢?专家认为由于东陵地宫为三合土夯成,地宫渗水,地上积满白灰浆,这正好表明了第12军盗墓是实。再说定陵和裕陵规模宏大,坚固无比,如果没有主使,组织大量人力,也不可能在短时间内得手。

从现在掌握的资料来看,学者们认为尽管不能怀着先入为主的观念武断谁是真正的东陵大盗,但孙殿英无疑仍是最大的嫌疑人。

神秘的地宫是怎样被打开的

众所周知，历代皇陵都修建得固若金汤，甚至传说地宫还布满机关暗器。清东陵裕陵是乾隆皇帝的陵寝，修建于清朝最鼎盛时期，耗银200多万两，遍选天下精工美料，陵墓美轮美奂，坚固无比。慈禧太后的定东陵建于清末，工程前后耗银227万两，持续14年，直到她死前才完工。陵墓金碧辉煌，奢华程度连皇宫紫禁城也难以匹敌。皇陵最重要的部分就是那高高封土宝顶下的地宫，那是安放帝后棺椁的地方。但据资料记载，陵墓的地宫"系用尺厚四尺纵横之玉石十三层建筑砌成。墓门三层，其外层门，系用尺余厚之玉石制造，第二、第三两层，系铁质包金者，墓门内又有数千斤重之石球，由门外用巨绳牵引，使其自动滚入门后之深槽内封锁盗墓者。至墓门外更有五尺厚墙一堵，以资掩护"。因此，如果不能准确地找到入口，要想进入地宫是相当困难的。由此，我们不禁疑问，当年东陵盗墓者是如何进入地宫的？

从陵墓被盗后拍摄的照片看，起初，匪兵们确实不知道地宫入口在哪里，而是遍地乱挖，宝顶上、配殿外、明楼里，都留下了他们挖掘的痕迹。那么他们后来又是如何找到入口的呢？

有一种说法是，盗墓者找到了当时建造陵墓的知情者，在其帮助下找到了入口。有的书上是这样叙述的：工兵营在陵寝各处连续挖了两天两夜找不到地宫入口。孙殿英急了，派人把当地地保找来。这个地保是个40多岁的小地主，听说是要为盗皇陵当"参谋"，顿时吓得脸色蜡黄，浑身发抖，但又不敢得罪这个军长，只好说："陵寝面积这么大，我也不知道入墓穴的具体位置，还是找几个附近的老旗人问问吧！"孙殿英一听，立即派人抓来了五六个老旗人。但这些老人也不知道地宫入口，孙殿英以为他们不说实话，开始还好言哄劝，渐渐失去耐心，就用鞭子抽、烙铁烙。老人哪经得起这般折腾，不大一会就死去两个，有一个实在受不了这罪，说出离此地10多公里有个姜石匠，曾参加过修筑陵墓，兴许还记得地宫入口的位置。

这个姜石匠是否知道地宫入口呢？我们知道，古时修筑皇陵，为了不让外人知道地宫入口，封墓的工匠往往都被处死，不会留下活口。如果姜石匠参与了封闭陵墓最后一关封闭隧道，他有活下来的可能吗？当年慈禧太后入葬时，的确有81人被留下封闭墓道，并被告知完事后从另一隧洞出去。工匠们都知道这意味着什么。姜石匠也在其中，但是他却不想就这么死了，因为他都40多岁了，几天前才听说老婆给他生个独生子，他可不想连儿子都没看上一眼就死了。他正胡思乱想间，脚下一滑摔倒在地，恰巧被他自己搬的石头砸在身上，当场昏死过去。监工见他半天不醒，断定

图为清东陵之裕陵地宫。裕陵是乾隆帝的陵寝，地宫深 54 米，全部用石构拱券。

这家伙已经死了，就让人把他扔到了荒山上。谁知这个石匠命大，半夜时分就醒过来了。他见自己不在墓地里，连高兴都忘了就拼命跑回了家。

得到姜石匠知道地宫入口的消息后，不顾深更半夜，孙殿英马上命人把姜石匠"请"到东陵。姜石匠迷迷糊糊不知发生了什么事，孙殿英对他说，请指点一下进入慈禧太后寝宫的墓道入口就送你回去。姜石匠知道是怎么回事后，吓得跌坐在椅子上。姜石匠想，我怎么能做这种缺德事呢？孙殿英用元宝、金条来引诱，姜石匠还是一言不发。孙殿英很不高兴，真想大刑伺候他一番，可是，他又一想，如果这个笨蛋经不住折腾，没了小命，我不就找不到墓道入口了吗？于是，他眼珠一转，把桌子一拍，对着姜石匠骂道："妈的，给你脸你不要脸，再不说把你儿子抓来！"姜石匠一听这话，扑通一声跪倒地上。第二天，姜石匠乖乖地帮孙殿英找到了墓道口。

故事也许不可信，不过当年调查东陵盗案的国民政府接收委员会主任刘人瑞曾经接到报告：当时盗墓部队挖掘时，有人看见有两名白胡子工兵在现场。工兵中可能有这么大岁数的吗？刘人瑞当时就怀疑这二人可能是当初筑陵时的工人。今人分析，这种情况是完全可能的，按照古制，东陵周围几个村庄住着的都是守陵人的后代，不排除会有个别当年参加或者目睹过建陵的幸存者，盗墓部队很可能找到了这类了解内情的人。

还有一种说法认为，清代负责皇家陵寝建筑事务的机构样式房保存有大量陵寝设计施工时的图纸、烫样，这些资料清楚地记录了清东陵的结构秘密。清帝退位后，样式房随之衰落，这些曾经属于清宫秘档的物品，随着样式房工匠们的四散谋生，而大量流落到民间。由此，当年的匪军可能找到了一份这样的施工图纸，从而最终顺利找得了地宫入口。

当然，当时的情况究竟如何，已经无法知道，但不管怎样，盗墓匪兵们最终还是进入了地宫。今人可以想象，由于害怕传说中的暗器，走在这阴森恐怖、霉臭刺鼻的斜坡甬道上，士兵们肯定是精神高度集中，相当害怕。东陵被盗后，当地留下一些传说，其中就有盗陵士兵死于地宫的。有人说是胆小吓死的，有人说是争抢财宝自相残杀，还有说士兵中墓中的暗器死的，众说纷纭，莫衷一是。

至于匪兵们如何打开慈禧太后棺椁的，有些资料倒是可以给我们提供一些信息。在一本名为《世载堂杂忆》的书中有一段据称是盗陵连长的回忆：他们是用刀斧砍开光芒四射的金漆外椁的。外椁被砍开后，匪兵们看见了一具红漆滇金的内棺。匪官们怕伤及棺内宝物，就严令匪兵不要用刀斧去砍。于是，匪兵们小心翼翼地用刀子撬开了内棺。该连长说："当时将棺盖揭开，见霞光满棺，兵士每人执一大电筒，光为之夺，众皆骇异。俯视棺中，西太后面貌如生，手指长白毛寸余……珠宝堆积棺中无算，大者由官长取去，小者由各兵士阴纳衣袋中。于是司令长官下令，卸去龙袍，将贴身珠宝搜索一空。"孙殿英在谈起当时的情景时不无炫耀地说："老佛爷（慈禧太后）像睡觉一样，只是见了风，脸才发了黑，衣服也拿不上手了。"

另外，据《孙殿英投敌经过》一文记载："乾隆帝的墓修得堂皇极了，棺材里的尸体已经化了，只留下头发和辫子。陪葬的宝物不少，最宝贵的是颈项上的一串朝珠，有108颗，听说是代表十八罗汉，都是无价之宝。其中最大的两颗朱红的……"

清东陵终于在盗匪们的贪欲下，惨遭破坏，留下了永远无法弥合的重创！

有多少珍宝被盗，如今流落何方

慈禧太后的定东陵和乾隆帝的裕陵这次被挖掘盗走了多少稀世珍宝，成了永远的历史之谜，我们只有通过一些相关的资料管中窥豹，对其有个大致的了解。据有关资料记载，早在慈禧太后生前，地宫刚修好之时，就有大量殉葬物品陆续放入，直到慈禧太后入葬关闭地宫为止。

这些珍宝本身的材质就已价值连城，其所包含的艺术价值更是无法估量。比如翡

慈禧太后定东陵隆恩殿 ｜ 定东陵被盗文物不计其数，许多文物已经无法追回。

翠西瓜，青皮、红瓤、白籽黑丝；翡翠甜瓜，有白皮黄籽粉瓤的，有青皮白籽黄瓤的。又比如玉藕，藕上有污泥，且在节处生出绿荷叶，开出粉红荷花。这些珍品件件巧夺天工，总价值无法估量，说其富可敌国毫不夸张。

乾隆皇帝在位期间，国家强盛，文化繁荣，乾隆帝本人精通书画诗词，酷爱金鼎玉石陶瓷。在他死后，他生前喜爱的那些物品大多陪葬入地宫。不过，由于史料记载有限，我们已经无法对这些宝物一一历数。其中的书画、金鼎玉石、瓷器等等，宝物之多、价值之大不可计数。史料记载，孙殿英从地方强行征集了30辆大车。后人推测这些车就是用来运送东陵珍宝的。

孙殿英率部离开后，听到风声的散兵游勇和土匪一起奔向东陵，他们很快扒开地宫入口，蜂拥着钻入地宫，将剩余的珠宝洗劫一空。

那么，这些价值连城的珍宝最终流落到了什么地方呢？珍宝的命运大致有四：一部分被孙殿英用来四处行贿，落入了当时一些权贵之手。比如前面已述的，送给戴笠、蒋介石或何应钦、宋氏兄妹、孔祥熙夫妇等等。另外，孙

斗彩描金海水云龙纹扁瓶　清

慈禧陵地宫孙殿英当年盗墓的入口

殿英的上司国民党
陆军上将徐源泉，
也接受了孙的大
量贿赂，甚至还传
言徐在湖北汉口附
近的仓阜镇上修建
的徐公馆地下还埋
藏有一部分珠宝；
一部分被孙部下瓜
分，比如前面提到
的张歧厚，只是一
个普通的士兵，在

慈禧陵的宝顶，即地宫上方的坟丘。

地宫被盗后还从里面拣到了46颗珠子。那么，可想而知孙部的其他官兵们也自然人人有份。这些珠宝或者被变卖或者流落民间，下落不明；一部分珍宝被变卖或走私到国外，比如上面提到的师长谭温江就试图把大批珍宝变卖到琉璃厂古玩铺，这只是其中的一个花絮，当时变卖东陵珍宝的交易相当活跃。据记载，东陵珍宝被盗的消息也刺激着北平天津一带颇为兴盛的古玩业的老板们。当时，小小的遵化城几乎住满了一些"形迹诡秘"的生意人，这些人都是闻讯前来寻宝和购宝的古玩商。由于这些交易都是在极秘密状态下进行的，交易双方都秘不外宣，从而造成东陵珍宝的大量流失。比如1928年8月14日有则新闻，天津警备司令部又在海关查获企图外运的东陵文物，计有35箱，内有大明漆长桌一张、金漆团扇及瓦麒麟、瓦佛仙、瓦猎人、瓦魁星、描龙彩油漆器、陶器等，系由某古董商委托通运公司由北平运到天津，预备出口，运往法国，价值2.2万元。同时，在遵化还截获了所谓国民政府内务部接收大员宋汝梅企图携带的铜质佛像24尊，以及乾隆帝所书用拓印条幅10块等。当时有关东陵珍宝的这种报道屡见不鲜；孙殿英向上司徐源泉上交的两箱珠宝，有史料记载，东陵盗案曝光后，徐源泉未敢全部私藏，而是由北平卫戍司令部出面，把它们存入大陆银行，当时还曾请古玩专家进行鉴定何为乾隆帝葬物，何为慈禧太后葬物。后来随着高等军法会审理的不了了之，这批文物送到何处去就不知道了。有说当时被送到了故宫博物院，但后来随着抗战和内战的相继爆发，这部分文物究竟被送到了中国台湾地区还是留在了大陆，或者一部分留在了大陆，一部分被送到了中国台湾地区，就弄不清了。

总的来说，这些无价珍宝最终被弄得七零八落，不知去向。

慈禧太后墓中珍宝知多少

清内务府的《孝钦后入殓、送衣版、赏遗念衣服》册中，对慈禧太后墓中的珍宝有着详细的记载：

光绪五年三月二十五日（1879年4月16日）在地宫安放了金花扁镯一对，绿玉福寿三多佩一件，上拴红碧瑶豆三件。

光绪十二年三月二日（1886年4月5日）在地宫中安放红碧瑶镶子母绿别子一件，红黄碧瑶葫芦一件，东珠一颗，正珠一颗，红碧瑶长寿佩一件，正珠二颗。

光绪十六年二月二十九日（1890年3月19日）在地宫安放正珠手串一盘，红碧瑶佛头塔，绿玉双喜背云茄珠坠角，珊瑚宝盖、玉珊瑚杵各一件，绿玉结小正珠四颗。黄碧瑶葡萄鼠佩一件，上拴红碧瑶豆一件。红碧瑶葫芦蝠师一件，上拴绿玉玩器一件。绿玉佛手别子一件，上拴红碧瑶玩器一件。红碧瑶双喜佩一件，上拴绿玉一件。

光绪二十八年三月十日（1902年4月17日）在地宫安放白玉灵芝天然小如意一柄，白玉透雕凤龙天干地支转心璧佩一件，红碧瑶一件。

光绪三十四年十月十二日（1908年11月5日）在地宫安放金镶万寿执壶二件，共重一百九十七两七钱一分，上镶正珠四十颗，盖上镶正珠六十颗，米珠络缨一千零六十八颗，真石坠角。金镶珠石无疆执壶一件，共重九十一两六钱，上镶小红宝石二十二件，底上镶小东珠二十颗，盖上镶碎东珠二百零四颗，米珠络缨五百三十四颗，真石坠角。金镶珠石无疆执壶一件，共重九十三两七钱，上镶小宝石十六件，底上镶小东珠二十颗，盖上镶小东珠二百零四颗，米珠络缨五百三十四颗，真石坠角。金镶真石玉杯

定东陵地宫中的慈禧太后棺椁

（右）錾盘肠纹金指甲套正面和背面，（左）百子如意纹金镯 清

金指甲套采用传统捶打、錾刻、焊接等工艺制成。上部围成圆筒状，錾刻了盘肠形纹，下部做成半包围形，指尖上翘，卷边。金镯采用了范铸、錾刻、焊接等工艺。镯头平直，两端开合处有童子相对而视。边饰是曲线优美的绳纹。每只镯子上有多个隐去的童子。金镯里面有"如意"二字。因此金镯是当时"多子多孙，吉祥如意"的象征。

金盘二份，每盘上镶东珠二颗，共重六十六两五钱五分。金镶珠杯盘二份，每盘上镶东珠八颗，杯耳上镶东珠二颗，共重六十八两三钱二分。雕通如意一对。

　　光绪三十四年十月十五日（1908 年 11 月 8 日）在地宫中安放金佛一尊，镶嵌大小正珠、东珠六十一颗。小正珠数珠一盘，共二百零八颗。玉佛一尊。玉寿星一尊。正珠念珠一盘，计珠二百零八颗，珊瑚佛头塔，绿玉福寿三多背云，佛手双坠角上拴绿玉莲蓬一件，珊瑚古钱八件，正珠二十二颗。正珠念珠一盘，计珠二百零八颗，红碧瑶佛头塔、镀金点翠，镶大正珠，背云茄珠，大坠角珊瑚纪念蓝宝石，小坠角上穿青石杵一件，小正珠四颗，镀金宝盖，小金结六件。正珠念珠一盘，珊瑚佛头塔，背云烧红石金，纪念三挂，蓝宝石小坠角三件，加间小正珠三颗，珊瑚玩器三件，碧玉杵一件。雕珊瑚圆寿字念珠一盘，计珠一百零八颗。雕绿玉圆寿字佛头塔，荷莲背云，红碧瑶瓜瓞大坠角上拴白玉八宝一份，珊瑚豆十九个。珊瑚念珠一盘，碧玉佛头塔，背云红色，纪念三挂，红宝石小坠角三件，催生石玩器三件。

　　这些都是慈禧太后生前明记在案的地宫殉葬物品，无一不是价值连城的宝物。慈禧太后死后，随之入殓的物品更多、更珍贵，内廷大总管李莲英的嗣长子李成武是慈禧太后的贴身侍卫，熟知内情，在《爱月轩笔记》中详细记着：

　　"太后未入棺时，先在棺底铺金丝所制、镶珠宝之锦褥一层，厚约七寸。褥上覆绣花丝褥一层，褥上又铺珠一层，珠上又覆绣佛串珠之薄褥。一头前置翠荷叶，脚下置一碧玺莲花。放好，始将太后抬入。后置两足登莲花上，头顶荷叶，身着金丝串珠彩绣礼服，外罩绣花串珠挂，又用串珠九练围后身而绕之，并以蚌佛十八尊置于后之臂上。以上所置之宝系私人孝敬，不列公账者。众人置后，方将陀罗经被盖后身。后头戴珠冠，其旁又置金佛、翠佛、玉佛等一百零八尊。后足左右各置西瓜一枚，甜瓜二枚，桃、李、杏等宝物共大小二百件。后身左旁置玉藕一支，上有荷叶、莲花等；身之右旁置珊瑚树一枝。其空处，则遍洒珠石等物，填满后，上盖网被一个。正欲上子盖时，大公主来。复将珠网被掀开，于盒中取出玉制八骏马一件，十八玉罗汉一份，置于后之手旁，方上子盖，至此殓礼已毕。"

图为 1936 年北京周口店猿人遗址发掘情形

16

"北京人"化石

失踪之谜

 1927年春天，在美国洛克菲勒基金会的支持下，周口店考古拉开了序幕。1929年12月2日，从北京大学地质系毕业的裴文中，在一个洞里发现了一枚"北京人"头盖骨。1931年，因为裴文中赴法国学习古人类学，贾兰坡开始主持周口店的挖掘工作。1936年，考古队员发现了许多头盖骨碎片。贾兰坡将这些头盖骨的碎片对碴粘好后竟然得到了两个完整的头盖骨。不久，他们又找到了一个头盖骨碎片。几天之内连续发现三个头盖骨，这一令人激动的消息传遍了全世界。

 "北京人"化石的出土，为认识人类的起源做出了重大的贡献。但十分不幸的是，第二次世界大战以前挖掘出来的"北京人"化石除了三颗放在瑞典实验室的牙齿以外，其余都神秘地失踪了。

"北京人"化石如何失踪

周口店考古是在 1937 年 7 月 7 日卢沟桥事变爆发两天后停止的。当时周口店发现的所有古人类化石，都保存在北平协和医院里。可是，随着日本和美国的关系越来越紧张，人们也越来越担心，如果两国之间发生战争，日本一定会占领协和医学院，那么，珍贵的"北京人"化石恐怕就会落入日本人的手中。怎么办？要么把化石运到抗战大后方重庆去，要么在北平找一个妥善的地方把化石秘密收藏起来，要么就想办法送去美国暂时保管，只有这三条路可走。经过认真的思考、比较，人们认为还是送到美国去比较安全。可是，在发掘周口店之前就有过这样的约定，即经费由美国洛克菲勒基金会提供，但标本不得运出中国。

"北京人"牙齿化石 旧石器时代早期，距今约 50 万年。1934 年北京市房山周口店第一地点出土。

周口店全景 北京市房山区，因 20 世纪 20 年代出土了较为完整的北京猿人化石而闻名于世，成为古人类研究史上的里程碑。在周口店发掘出的大量人类化石，为研究人类早期的生物学演化及早期文化的发展提供了实物依据。

为了确保化石的安全，协和医院的负责人与远在重庆的中国政府多次协商，最后征得同意，可以委托美国大使馆把化石运到美国暂为保管，但是等到战争一结束化石就得运回中国。

"北京人"
复原模型

此图是根据历年所出土的"北京人"遗骨化石，经过科学研究复原的模型。

1941年2月初，包装在两个大木箱里的"北京人"和山顶洞人的化石，被移交给了即将离开北平撤回美国的美国海军陆战队，由海军陆战队上校阿舒尔斯特负责。12月5日，因为该部队要乘火车离开北平去秦皇岛，阿舒尔斯特就又让一名叫福莱的军医负责看管这批装有化石标本的箱子。福莱军医受命后，先行将这批箱子寄往秦皇岛霍尔坎伯兵营，接着他也赶到了那里。他打算在那儿改乘预计8日到港的美国轮船"哈里逊总统"号回国。

出人预料的是珍珠港事件爆发了，没等"哈里逊总统"号赶到，日军就占领了霍尔坎伯兵营，在那里的所有美国海军陆战队队员都成了俘虏，后来被押送到了天津战俘营。两个星期后，这些行李被运回天津，福莱军医领回了他的大部分行李。他把他个人箱子打开，发现属于他自己的现代人头骨标本不见了。而上校委托他保管的箱子虽然也在，

但他没有打开检查，也就是说虽然箱子好像未被日军打开过，但并不能确定"北京人"化石是否还在箱子里。

初到天津战俘营时，福莱德行动还没受到限制，他就寻机将行李分别保管在三个地方：瑞士人在天津开设的仓库、法租界的巴斯德研究所以及几个中国朋友那里。后来，福莱军医没有了行动自由，他就不知道这些箱子的下落了。

其实，日本人早就注意到了"北京人"化石。据《裴文中关于"北京人"化石标本被劫及失踪经过报告》介绍，早在1941年12月8日珍珠港事件爆发前，日本东京帝国大学教授长谷部言人及其助教高井冬二就来过北平，高井当时还提出要到新生代研究室工作两周的请求。珍珠港事件爆发那一天的清晨，日本人迅速占领了协和医院，并详细检查解剖系的铁柜，然后进行封存，并派兵守护。

几天后，日本占领协和医院的负责人田冈大尉找到裴文中，说保险柜中所存放的全是石膏模型，追问"北京人"化石的去处。因为化石标本的装运是悄悄进行的，裴文中并不知情，所以也就无从说起。

　　另据有关报道说，日本人发现化石标本不见了之后，一面在报上大肆宣扬"北京人"化石"被窃"，一面指派侦探锭者繁晴负责搜寻工作。大约两个月后，锭者传出在天津找到了"北京人"化石的说法。但是很快就否定了找到的东西与"北京人"化石有关，之后不久，搜索工作就停止了。

　　二战结束，日本宣布无条件投降后发布的公告，声称已将劫掠到东京的一批古人类化石连同劫掠的发掘工具一起，移交给了盟军当局，以便归还中国。然而中国政府从盟军总部接收到的日本归还物品清单中，却没有"北京人"化石。盟军总部也应中国政府之邀，动用驻日盟军参与广泛搜寻，结果一无所获。

　　目前，唯一健在的"北京人"头盖骨的"见证人"就是我国古人类学家胡承志。当年他年仅24岁，任北京协和医院新生代研究室技术员。据他回忆，1941年11月份的一天上午，大约是在珍珠港事件爆发前的18天到21天之间，也就是3个星期左右，他突然接到美国的新生代研究室名誉主任魏敦瑞的女秘书的通知，把"标本装箱运走"。第二天，在医院解剖科技术员吉延卿的帮忙下，胡承志开始了小心的装箱工作。

　　他把化石从保险柜里一件件取出，给每件化石都穿了6层"衣服"：第一层包的是擦显微镜用的细棉纸；第二层用的是稍厚的白绵纸；第三层包的是医用吸水棉；第四层是医用细棉纱；第五层包的是白色粉莲纸；第六层用厚厚的白纸和医用布紧紧裹住。包完之后将化石装入小盒，并用棉花将小盒填满，然后分装在两只没有上漆的白色大木箱里。两个木箱一大一小，大的长48寸、宽22寸、高11寸；略小一点的木箱长45寸，宽和高均为22寸。木箱内6面都垫有弹性很好的黄色瓦垄纸数层。小盒逐一放入木箱后再用木丝填满，然后将木箱封盖、加锁，并在外面分别标上"CASE1"和"CASE2"的字样。

　　装好之后，胡承志把箱子送到了协和医院总务长博文的办公室，然后，他就离开了，再也没有从事化石工作研究。

　　胡承志认为"北京人"头盖骨被不懂化石价值的日本人砸烂扔掉的可能性不大。"因为化石包装得极考究，整整包了6层。但凡有点文化的人，即便不完全了解化石的真正价值，也不会轻易将之丢弃。"

　　从整个运送的过程看，"北京人"化石并未真正遗失。但它们究竟在哪里呢？是被埋藏在哪儿，还是被人有意隐藏起来了？这就不得而知了。

追寻"北京人"化石

　　北京房山周口店发现的"北京人"遗址，毫无疑问是 20 世纪古人类学研究中最具价值的贡献，因为它将人类历史的年代推前了数万年，至今仍是目前全球发现最完整、最丰富、最具说服力的古人类活动遗存。也就是说，无论从科研角度还是从政治角度看，找到"北京人"头盖骨化石都是极具历史意义的一件事。所以，抗战胜利后，裴文中等中国许多古人类学者、考古学家一直都没放弃过对"北京人"的寻找工作。

龙骨山洞穴　北京市房山区周口店，原始遗址是指人类有文字记载以前的人类遗址，包括人类化石、原始部落遗址、原始人生产和生活器具、原始艺术及劳动产品等。这些遗迹和遗物距今时代久远，反映了人类起源的某些独特性质，因而成为现代人们探索、研究人类生命的起源和发展，人类社会的发展及演变的重要实证。

1945 年 8 月 28 日、11 月 26 日，裴文中先后两次致函地质调查所原所长翁文灏和现任所长李春昱，在信中，裴文中说："猿人标本前曾装二大箱交美国大使馆，惟未能运出，战争即行爆发。一年后东京帝国大学人类学教授长谷部言人和高井冬二来平，拟继续研究。曾找过胡顿问话未果。后日人至秦皇岛、天津及北平各

"北京人"头盖骨出土时的情景

处寻找，谓未找见，此后亦再无人追究……胡顿等猜疑标本或为日人得去，而故作不知。"信中裴文中还提出了至秦皇岛察访的请求，并提请赴日调查团代为留意"北京人"化石一事。

在此期间，裴文中还致信在美国的魏敦瑞，希望能寻求到麦克阿瑟情报参谋的合作，同时，他还在《纽约时报》发表了有关中国猿人标本失踪的文章。

同年 12 月，为了提高搜寻效率，裴文中应《大公报》记者徐盈之邀，撰写了《"北京人"在哪里》一文，在重庆、上海、天津三地发表。此举果然见效，文章发出不久，社会上就出现了"北京人"化石在日本的消息。1946 年 1 月 19 日，一听到消息，翁文灏马上

"北京人"头盖骨

旧石器时代早期，距今约 50 万年。1927 年北京市房山周口店第一地点出土，这是修复后的第一件"北京人"头盖骨化石的正面和后面，第二次世界大战时，不知去向。

给美国马歇尔将军写了一封信，请求把"北京人"化石归还中国。可是，得到的东西虽与"北京人"化石有关，却不是"北京人"化石。

空欢喜了一场之后，中国政府又指令中国驻日代表团切实追寻，教育部还委派"清理战时文物损失委员会"专家李济之前往日本协助。但是结果却不令人满意，日方以"根据现有情况无法进行更深入的调查"将责任推得一干二净。

1948 年 12 月 6 日，裴文中写信给李春昱说："弟前于李济之先生赴东京之时，曾函他，请询问高井冬二和长谷部言人，因他二人寻找之时，距遗失之时甚近，且曾询问在丰台集中营之美军陆战队官兵，更加利用日军军力寻找，当有所知。然而据李先生到平时云，美军总部以不知二人下落为辞，竟求与二人一见而不可得。现高井冬

二仍在东京帝大地质系任助教，岂能以不知下落回答之"，"日方之复函，谓曾询问日军中之在秦皇岛者，彼等当不知之，即知之亦否认之。故弟认为，关键仍在东京之盟军总部。如询问高井和长谷部及当时之日宪兵'锭者繁晴'，更为有力，且可得确实消息"，"对化石之下落推测，则为日人所得（即长谷部），因何以彼于寻找后，即不再寻找？协和之胡顿，亦如此想法；惟博文则认为不可能。然无论如何，则询问高井等，可得第一手资料，则无疑问。高井现对人表示（现弟之一学生在彼处读书），曾寻找数月，毫无结果。纯系搪塞之辞。我们应知者为：曾于何处、何人寻找过，所得结果如何？要他历述所找之经历，他不能否认没有找过"，"惟找到之希望甚微，我始终认为，关键在'盟总'"。

为什么美方不调查被俘的陆战队员，也不愿中国方面会询高井？由此信可知，盟总和美国方面并不热心此事。由此，我们可以判断化石不排除流入美国的可能，因为美国科学家和陆战队员不但是当事人，还是化石遗失的最后见证人，按理说他们是最清楚化石的去向的，即便不知道在哪，至少他们也应该知道化石是在什么时候、什么地方丢失的。可迄今为止美方人士没能提供任何有利于化石回归的证据，这不能不让人产生怀疑。

看来，要找到"北京人"头盖骨化石只有靠我们自己了，可是，它又在哪里呢？

"北京人"化石可能在哪里

关于"北京人"化石的下落，流传有各种各样的说法。有人说"北京人"化石在运送美国的途中遗失了，可是从时间上来判断，这种可能根本不存在，因为"哈里逊总统"号早在抵达秦皇岛之前的长江口就触礁沉没了，福莱军医当然不可能带着化石登上这艘船。

周口店"北京人"遗址

周口店"北京人"遗址位于北京西南房山区境内，距市区约50公里。该遗址自1927年开始系统发掘，在前后几十年的发掘过程中，先后发现了四十多个猿人个体化石材料、十余万件石器、丰富的人类用火遗迹以及大量的古脊椎动物化石。1961年3月4日被列为全国重点文物保护单位；1987年12月11日被联合国教科文组织列入"世界遗产"清单。

还有人说"北京人"化石现在在美国，并且持这种观点的人还不少。1972年，美国总统尼克松访华，为了表示诚意，他想找到"北京人"化石作为礼物送给中国，但没有成功。可是，此事却引起了随行人员中的一位金融家贾纳斯的兴趣。回国后，

1927 年"北京人"遗址发掘现场（上图）
现存最早的周口店第一地点照片（下图）

他悬赏 5000 美元寻找"北京人"化石，虽然得到了很多线索，却都不是要找的标本。有一次，贾纳斯接到一位女士的电话，那位女士说"北京人"头盖骨化石就在她的手上。贾纳斯很激动，迫切要求与女士见面，双方约定在帝国大厦 102 层楼见面。见面后，女士只给贾纳斯看了一些照片。看着照片，贾纳斯疑为真品。可是，就在他们交流的过程中，有人给他们拍照。那位女士很生气，抓过照片就走了。贾纳斯没能追上。可是，后来照片传到北京，裴文中看后认为这不是"北京人"头盖骨化石。

20 世纪 80 年代，美国的一位古人类学家夏皮罗在他的《"北京人"》（Peking Man）一书中说，一位原海军陆战队军人曾告诉他，化石辗转到驻津美海军陆战队兵营，被埋在了 6 号楼地下室木板层下。他因此提出了"北京人"化石在天津的地下室被调包的观点。人们也是据此判断"北京人"化石可能在美国的。经过调查，那个兵营现在是天津卫生学校，6 号楼已在唐山大地震时倒塌，可是，根据图纸发现，这座楼没有木板层，铺的是水泥地面，所以化石不可能被埋在这里。

1993 年 3 月 8 日，美国海军某部军官、历史学家布朗又提出了"北京人"头骨化石可能在纽约的观点。《纽约邮报》还曾发布过他悬赏 25 万美元寻找"北京人"头骨化石的消息。

说"北京人"化石在美国的还有一种说法，当时守护在美国海军陆战队总部与美国驻华大使馆相通的便门口的一个卫兵，半夜时曾看到两个人将一箱东西埋在了大使馆门外十几米的后院里。所以，人们猜测，这箱东西说不定就是"北京人"化石。对此，长期研究"北京人"去向的中国学者、光明日报出版社社长李树喜认为，既然中美已经就保管头盖骨化石事宜达成官方协议了，就不存在私埋的可能性。可是，谁都知道私埋的结果，不但可以说化石失踪了，还可以将其据为己有，运回美国了。难道这种可能性不存在吗？

不管支持"北京人"化石在美国的人有多少，毕竟到目前为止还没有一个确切的消息，所以，人们不免产生疑问，"北京人"化石会不会没在美国，而是在日本呢？道理很简单，如果当时美国陆战队队员的确在秦皇岛成了日军的俘虏，那么化石不在日本人手里又能在哪呢？

可是，如果这种说法成立的话，又如何理解战时日本方面的搜寻呢？针对这一点，有人说日本人不过是为了掩人耳目而已。不过，不可否认，化石也的确有不在日本人手里的可能。李树喜就认为化石在日本的可能性基本可以排除，并且据他说贾兰坡在世时也不相信"北京人"头盖骨在日本。认为化石标本不在日本，是基于化石本身的研究价值考虑的，也就是说化石只有用来研究才有价值。李树喜曾说："从常理来推测，'北京人'头盖

遗失化石清单

第一箱第一盒："北京人"的牙齿（分装74小盒）、"北京人"的牙齿（分装5小盒）、"北京人"的残破股骨9件、"北京人"残破上臂骨2件、"北京人"的上颌骨2件、"北京人"的上颌骨1件（发现于山顶洞底部）、"北京人"的上锁骨1件、"北京人"的上腕骨1件、"北京人"的上鼻骨1件、"北京人"的上颈骨1件、"北京人"的头骨碎片15件、猩猩牙齿化石3小盒、"北京人"的头骨碎片1盒（属于"L地"的头骨I及II）、足趾骨两盒（是否属于人的很可疑——贾兰坡注）、"北京人"的第一节脊椎骨（是否属于人的很可疑——贾兰坡注）、"北京人"的残下颌骨13件（其中有一件最完整的尚未研究——贾兰坡注）

第一箱第二盒："北京人"头盖骨

第一箱第三盒："北京人"头盖骨

第一箱第四盒："北京人"头盖骨

第一箱第五盒："北京人"头盖骨（1929年从"E地"发现）

第一箱第六盒：山顶洞人女性头骨

第一箱第七盒：山顶洞人女性头骨

第二箱："北京人"头骨，从"E地"发现、山顶洞人头骨（男性老人）、硕猴头骨化石2件（其中一件最完整，尚未研究——贾兰坡注）、硕猴下颌骨化石5件、硕猴残上颌骨化石3件、硕猴头骨化石残片1小盒、山顶洞人下颌骨4件、山顶洞人脊椎骨1大盒、山顶洞人盆骨7件、山顶洞人肩胛骨3件、山顶洞人膝盖骨3件、山顶洞人头骨残片3件、山顶洞人附骨6件、山顶洞人骶骨2件、山顶洞人牙齿1玻璃管、山顶洞人下颌骨残块3件

"北京人"头盖骨 旧石器时代早期，距今约50万年。1935年北京市房山周口店第一地点出土。这是为数不多的完整的"北京人"头盖骨之一，二次世界大战时，和山顶洞人化石一起丢失。

1937 年的龙骨山全景（上图）
1935 年"北京人"遗址发掘现场（下图）

骨之所以珍贵，主要在于其研究上的重要价值，关注的人多才有意义。假如在日本，无论是在政府手中，还是在民间，都应该将它公布出来，没有秘而不宣的道理，这样做没有任何意义。"

　　不过，这种想法是不是有些幼稚呢？毕竟这样最起码的行为，现实中的日本确实没有做到。战时日本从中国掠夺了大量文物，按上面的道理，日本应该主动归还，可是日方不但不配合，还要极力阻挠文物的回归。这种事情在一段时间以来时有发生。

　　尤其是 20 世纪 80 年代后期，古生物学家周兴国到东京举办"恐龙展"时，想进一步探查"北京人"的情况，请求与高井冬二面谈，可是却遭到了拒绝。在高井冬二的婉拒信中他不但否定化石到过日本，还断言化石"由海上运到了美国"。

　　可是，此举并不能扰乱周兴国的视听。周兴国认为，化石在日本的可能性比在美国的更大，因为日本有很强的掠夺性，化石遗失这件事毕竟是在日本人控制的局势下发生的。并且，日本在这方面也是有先例的，二战期间就窃取过一具在爪哇发现的梭罗人头骨化石，并且直到战后才被追回。

也有人认为遗失的头盖骨化石就在国内。对此，周口店古人类学研究中心的主任助理张双权说，经常会接到说见过"北京人"头盖骨的电话，但是进一步追查的时候，往往又都不是那么回事。

另据曹家骧的《考古发现漫笔》记载，1996 年初，一个叫仰木道之的日本人，从他的朋友的朋友处得知"北京人"头盖骨化石被埋在距北京城外东 2 公里的地方，那还有一颗作了记号的松树。1996 年 5 月 3 日，中国方面得到这一信息后，各路专家先对北京日坛公园"埋藏"地点进行了探测，然后于 6 月 3 日上午正式发掘。发掘了近 3 个小时，一无所获。

在种种谜团无法解开的情况下，有人提出了不耐烦的猜测，装化石的两个箱子保存在秦皇岛的库房中时，该库房曾被日军抢劫两次，说不定在战乱中日军把化石摧毁了，而他们并不知道。如果真是这样，那岂不是中国，乃至全世界、全人类的一大损失？好在，就在人们要陷入绝望的时候，又出现了一种新说法——"北京人"头盖骨在沉船"阿波丸"号上。这一说法是由 20 世纪 70 年代美国方面提供的资料率先披露的。

"阿波丸"号是一艘日本远洋油轮，船长 154.9 米，宽 20.2 米，深 12.6 米，总吨位 11249.4 吨，建造于 20 世纪 40 年代，1945 年 3 月 28 日，被日本军队征用。在新加坡，"阿波丸"号装载了大批撤退的日本人，准备驶回日本，可是，在 4 月 1 日午夜时分，行至中国福建省牛山岛以东海域时，被正在巡航的美军潜水舰"皇后鱼"号发现。"阿波丸"号遭到数枚鱼雷袭击，3 分钟后沉没。船上 2009 人中只有三等厨师下田勘太郎一人生还，其他乘客、船员以及船上装载的 40 吨黄金、12 吨白金、40 箱左右的珠宝和文物、3000 吨锡锭、3000 吨橡胶以及数千吨大米，全部沉入海底。

1972 年，美国总统尼克松首次访华时，原想把"北京人"化石作为礼物送给中国，可是心愿未果，就又准备了一份大礼——"阿波丸"号沉没在中国海域的具体方位和装载货物清单。"北京人"头盖骨化石很可能也在上面。

1977 年初，我国对"阿波丸"号进行了打捞。在打捞过程中发现，伪满洲国政要郑禹的家藏小官印（玉印）及郑孝胥安葬时分赠后人的圆砚竟然也在船上。这说明，"阿波丸"号上果然有中国的文物，"北京人"头盖骨或许真的在这艘船上。

但也有人提出了疑问，按时间推测，如果化石真的落在了日本人的手上，那也应该是 1941 的事，为什么当时不将化石运回日本，而要等到 1945 年才装上"阿波丸"绕道东南亚运往日本呢？

如果，"北京人"头盖骨化石不在船上，那又在哪呢？在中译本著作《黄金武士》中，作者引述美国相关人士对话称，对于举世关注的"北京人"头盖骨下落一事，"我可以对《圣经》发誓，这些化石（"北京人"头盖骨）和其他财宝一起被放在（日本）皇宫的地下室里。"

说得像真的一样，不过在经过了那么多的失望之后，人们不免会想这会不会只是文学作品用来吸引人眼球的一个噱头呢？

没有消息就是好消息，只要不能确切论证"北京人"头盖骨已经化为乌有了，那就有找到的可能，我们拭目以待吧。

寻找时光中千丝万缕的遗迹,探索悠久的渊源,直击苍茫的历史。

图文并茂的理想读本,带您进入一个精彩 神秘的未知世界 探究历史真相。